U0086166

世界哲學家叢書

愛　默　生

陳　波　著

1999

東 大 圖 書 公 司 印 行

國家圖書館出版品預行編目資料

愛默生／陳波著．--初版．--臺北市：
　東大，民88
　　　　面；　　　公分．--(世界哲學家
　叢書)
　參考書目：面
　含索引
　ISBN 957-19-2273-0 (精裝)
　ISBN 957-19-2274-9 (平裝)

　1.愛默生 (Emerson, Ralph Waldo,
　1803-1882)-學術思想-哲學

　145.35　　　　　　　　　　88000402

網際網路位址　http://www.sanmin.com.tw

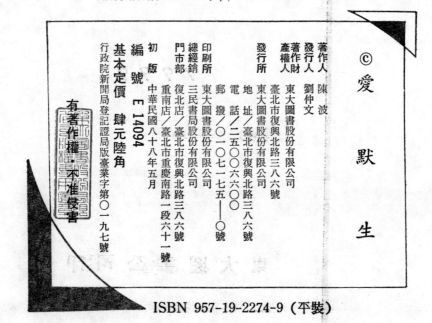

© 愛　默　生

著　作　人　陳　波
發　行　人　劉仲文
產權作財人　東大圖書股份有限公司
　　　　　　臺北市復興北路三八六號
發　行　所　東大圖書股份有限公司
　　　　　　地址／臺北市復興北路三八六號
　　　　　　電話／二五○○六六○○
　　　　　　郵撥／○一○七一七五──○號
印　刷　所　東大圖書股份有限公司
總　經　銷　三民書局股份有限公司
門　市　部　復北店／臺北市復興北路三八六號
　　　　　　重南店／臺北市重慶南路一段六十一號
初　　　版　中華民國八十八年五月
編　　　號　E 14094
基本定價　肆元陸角
行政院新聞局登記證局版臺業字第○一九七號

ISBN 957-19-2274-9 (平裝)

「世界哲學家叢書」總序

　　本叢書的出版計畫原先出於三民書局董事長劉振強先生多年來的構想，曾先向政通提出，並希望我們兩人共同負責主編工作。一九八四年二月底，偉勳應邀訪問香港中文大學哲學系，三月中旬順道來臺，即與政通拜訪劉先生，在三民書局二樓辦公室商談有關叢書出版的初步計畫。我們十分贊同劉先生的構想，認為此套叢書(預計百冊以上)如能順利完成，當是學術文化出版事業的一大創舉與突破，也就當場答應劉先生的誠懇邀請，共同擔任叢書主編。兩人私下也為叢書的計畫討論多次，擬定了「撰稿細則」，以求各書可循的統一規格，尤其在內容上特別要求各書必須包括（1）原哲學思想家的生平；（2）時代背景與社會環境；（3）思想傳承與改造；（4）思想特徵及其獨創性；（5）歷史地位；（6）對後世的影響（包括歷代對他的評價），以及（7）思想的現代意義。

　　作為叢書主編，我們都了解到，以目前極有限的財源、人力與時間，要去完成多達三、四百冊的大規模而齊全的叢書，根本是不可能的事。光就人力一點來說，少數教授學者由於個人的某些困難（如筆債太多之類），不克參加；因此我們曾對較有餘力的簽約作者，暗示過繼續邀請他們多撰一兩本書的可能性。遺憾的是，此刻在政治上整個中國仍然處於「一分為二」的艱苦狀態，加上馬列教

條的種種限制，我們不可能邀請大陸學者參與撰寫工作。不過到目前為止，我們已經獲得八十位以上海內外的學者精英全力支持，包括臺灣、香港、新加坡、澳洲、美國、西德與加拿大七個地區；難得的是，更包括了日本與大韓民國好多位名流學者加入叢書作者的陣容，增加不少叢書的國際光彩。韓國的國際退溪學會也在定期月刊《退溪學界消息》鄭重推薦叢書兩次，我們藉此機會表示謝意。

原則上，本叢書應該包括古今中外所有著名的哲學思想家，但是除了財源問題之外也有人才不足的實際困難。就西方哲學來說，一大半作者的專長與興趣都集中在現代哲學部門，反映著我們在近代哲學的專門人才不太充足。再就東方哲學而言，印度哲學部門很難找到適當的專家與作者；至於貫穿整個亞洲思想文化的佛教部門，在中、韓兩國的佛教思想家方面雖有十位左右的作者參加，日本佛教與印度佛教方面卻仍近乎空白。人才與作者最多的是在儒家思想家這個部門，包括中、韓、日三國的儒學發展在內，最能令人滿意。總之，我們尋找叢書作者所遭遇到的這些困難，對於我們有一學術研究的重要啟示（或不如說是警號）：我們在印度思想、日本佛教以及西方哲學方面至今仍無高度的研究成果，我們必須早日設法彌補這些方面的人才缺失，以便提高我們的學術水平。相比之下，鄰邦日本一百多年來已造就了東西方哲學幾乎每一部門的專家學者，足資借鏡，有待我們迎頭趕上。

以儒、道、佛三家為主的中國哲學，可以說是傳統中國思想與文化的本有根基，有待我們經過一番批判的繼承與創造的發展，重新提高它在世界哲學應有的地位。為了解決此一時代課題，我們實有必要重新比較中國哲學與（包括西方與日、韓、印等東方國家在內的）外國哲學的優劣長短，從中設法開闢一條合乎未來中國所需

求的哲學理路。我們衷心盼望，本叢書將有助於讀者對此時代課題的深切關注與反思，且有助於中外哲學之間更進一步的交流與會通。

最後，我們應該強調，中國目前雖仍處於「一分為二」的政治局面，但是海峽兩岸的每一知識分子都應具有「文化中國」的共識共認，為了祖國傳統思想與文化的繼往開來承擔一分責任，這也是我們主編「世界哲學家叢書」的一大旨趣。

傅偉勳　韋政通

一九八六年五月四日

自　序

　　對體系化的哲學漸生厭倦、被只見概念不見人的哲學分析弄得有些疲憊時，由於一個並非偶然的機緣，我遭遇到愛默生，讀了他的〈論自然〉、〈美國學者〉、〈神學院高級班致辭〉和〈自助〉等名篇。他的文字把我帶入一個瑰偉奇麗如夏夜的星空、汪洋恣肆如無邊的大海、催人奮發如奔突的火山般的境界。從他的作品中，我感受到了哲學家的深邃、宗教家的虔敬、演說家的激情以及詩人的睿智和美。我的情感和心弦被撥動了，與愛默生的「姻緣」因此結下。具體時間是在1990年秋季。

　　正如愛默生所言，「萬物都是雙重的」，「每一件事物都有兩面」。他的文字的神奇美感也帶來了某些另外的特質：有些散漫，有些堆砌，有點漫無邊際，充滿了比喻、象徵和暗示，但很少有嚴格意義上的「論證」；其思想缺乏透明性和系統性，有些難以把捉。初讀愛默生的有些篇章，覺得每一句、每一行都很美，但讀完以後，掩卷而思，他究竟要對我說什麼，或者究竟說了些什麼，則常常是一頭霧水，甚是茫然。我逐漸找到了原因，即我看到題目之後產生的閱讀預期與實際讀到的文字之間的反差。後來多次潛心再讀，愛默生的思想主旨及其內在結構慢慢地在我腦海裡清晰起來。實際上，他反覆強調和論證的是如下兩點：「超靈」作為宇宙萬物之根源與歸

宿；人的無限性與個人的自立自助。這兩個核心要素最終被納入到
具有某種內在統一性的鬆散體系中，誠如愛默生所言：

> 我本人不能運用在討論心智科學時被認為至關重要的體系化形式。但是，
> 假如人們可以這樣說而不嫌自吹自播的話，我可能會說：他本人滿足於描
> 摹曲線的片斷，只記錄他已觀察到的事實，而不企圖把它們排列在一個構架
> 裡。但他也追求一個體系——一個像任何其他體系一樣宏大的體系，……❶

他所不信任的只是「形而上學家所急欲達到的那種完善的體系」。我
們今天比以往任何時候都更能理解愛默生對「完善的體系」的這種
懷疑。

　　對愛默生思想的上述看法決定了本書的結構：在對他作為詩人
哲學家的一生及其思想歷程作了簡短描摹之後，依次探討了他關於
自然、個人、社會和意識的理論，其中有一條統一的線索即他所謂
的「超靈」貫穿其中，從而使它們成為一個相互關聯的整體。最後
一章則對他的哲學的淵源、特質、地位及其影響作了概略式討論。
考慮到本書很可能是第一本系統介紹和研究愛默生哲學的中文著
作，因此書末列出了關於愛默生的相當詳盡的文獻目錄，以供有同
好者作為入門參考。

　　讀寫愛默生，對於我個人來說也是一次思想的洗禮。我已年逾
不惑，人到中年，頭頂的毛髮漸漸稀少，人生的閱歷漸漸豐厚：經
歷過一些事件，遭遇過各色人等，受到過公正或不公正的對待。個
中滋味，雖少與人言，但吾心自知。讀寫愛默生，使我對此類際遇

---

❶　*Emerson's Complete Works*（以後縮寫為 *ECW*）,Riverside Edition,
　　London: George Routledge and Sons, Limited,1903, vol. XII, p. 11.

有一種哲人式的了然與領悟，因而心境仍趨平靜。他的「人應當自
立自助」的諄諄教誨，則幾乎給我不屈的魂靈中注入了一種強心劑：

> 人生在世，如若不能兀自獨立、被人當作有個性的漢子，不能結出按其天
> 性應有之果實，反而與眾人混為一體，被成百上千地看，按我們所屬的黨
> 派來集體評估，以我們所屬的地理區域，如南方或北方，來推測我們的意
> 見 ── 那豈不是一種莫大的恥辱？不能這樣啊，我的兄弟們和朋友們！ ──
> 看在上帝面上，我們不能這樣生活。我們要用自己的雙足行走；我們要用
> 自己的雙手勞作；我們要說出我們自己的心裡話。❷

> 固守住你自己，千萬不要模仿。每時每刻你都可以用終生積蓄的力量表現
> 出你自己的天賦；而你只能臨時地部分地占有別人獲得的才幹。每個人幹
> 得最出色的事，除了他的造物主誰也不能教給他。除非他將它表現出來，
> 否則沒有人知道也不可能知道它是什麼。……❸

我確切地知道此生我應做什麼和能做什麼，並且也確切地知道
我所做的特別是將要做的事情是有價值的。我將竭盡鄙誠，爭取成
就一些有意義的事情。

寫到這裡，我想應該提到《世界哲學家叢書》主編之一傅偉勳
先生。我因拙著《萌因》的機緣，與他發生交往。他要我把該書手
稿寄至他美國家中，閱後給予熱情首肯，隨即邀請我再為此叢書撰
寫兩本。我提出了處於我專業領域範圍內的馮・賴特和當時正感興
趣的愛默生，為他所接受。以後又多次書信往返。他在去世前不久，

---

❷　*ECW*, vol. I, p. 114.

❸　*ECW*, vol. II, p. 81.

還從臺灣中央研究院文哲所寄送一篇他新近發表的論文給我。來信均以「陳波兄」相稱，開始時甚感不安，後來也以「這是一種中國式的文人傳統」而坦然接受。既然受惠於他，自然希望對他這個人及其學問有所了解。於是讀了他的自傳，獲悉了他的心路歷程；粗讀了他的幾本著作，知道他所涉專業領域極廣，儒、釋、道及西方哲學特別是歐洲大陸哲學皆在他的視野之內；掌握的語言工具也較多，至少英、德、日文能熟練運用；特別是有一副悲天憫人的學者情懷和「血濃於水」的中國情結。他是幾套大型國際性英文叢書的主編，我記得他在某套叢書的序言中明確寫道：若華裔青年有合適的研究成果，他願優先予以推介（大意）。他晚年罹患癌症，遂開始對死亡學（實即生命學）的探討。但據說他並非死於癌症，而是死於一次偶然的小手術事故。聽到此，對於命運之神的陰差陽錯、鬼使神差真是徒呼奈何！我這裡唯一能做的就是表示對先生的深深的懷念和悼念之情：傅偉勳先生，安息吧！

本書的寫作跨越了兩個不同的國家：在中國大陸做了很多前期準備，如搜集和研讀一批相關的文獻資料，並寫作了一小部分初稿。去年9月到芬蘭國際交流中心(CIMO)資助，應邀到芬蘭赫爾辛基大學哲學系作訪問研究。此行當然另有任務，我則抽暇將開了頭的《愛默生》一書寫完。赫大圖書館豐富的藏書，方便的檢索手段，以及寬鬆的借閱制度，大大方便了本書的寫作，對其速度和質量都產生了正面的影響。在此我謹對我的芬蘭主人們表示誠摯的謝意。

另外尚需提及的是，大陸近年來出版了三種愛默生著作的選譯本：

⑴《愛默生集：論文與講演集》，上下卷，趙一凡等譯，三聯書店1993年版。此書實際上收入了愛默生大部分最重要的著作，即

他的全集中的一至六卷以及其他一些散見論文。

　　(2)《自然啟示錄》，博凡譯，上海社會科學院出版社1993年出版。此書選譯了愛默生的〈論自然〉、〈美國學者〉、〈神學院高級班致辭〉、〈自助〉、〈詩人〉、〈經驗〉等名篇。

　　(3)《愛默生文選》，張愛玲譯，三聯書店1986年出版，後又以《愛默生選集》之名納入《張愛玲作品集》，由廣州花城出版社1997年出版。

　　總的來說，這些譯文都品質不俗，大大方便了本書的準備和寫作。本書所引譯文，大都根據上述三種之一核對原文酌改而成，少數則是由我本人新譯的。在此謹對上述譯者們的辛勤勞動表示誠摯的謝意。

陳　波

1999年3月15日於北京大學燕北園

愛默生

目　次

第一章　生涯：詩人哲學家

太陽可以落；他的希望永不落。
星星升起來；他的信念升得更早。
他的目光緊盯著茫茫的銀河，
顯得更加深沉和更加古老。
時間總是默默無言
呼應著他極度的磨難。
他說話言辭比細雨還輕盈，
重新帶回黃金時代的盛景。
他的行為贏得了無限敬仰
使一切功績都黯然無光。

他手裡幹過的工作
他不懊悔也不誇贊。
事實自會替自己說話；
如同不知悔悟的自然
將她的每一作為留下。
　　　　——愛默生：〈性格〉一文序詩❶

　　這首詩在某種意義上可以看作是愛默生的夫子自道：他一生經歷了許多不幸事件，幼年喪父，新婚喪妻，中年喪子，晚年故宅遭焚。從形象上看，他瘦高個，躲在顴骨和睫毛後的一雙眼睛具有直逼人心的力量，整個神態顯得文雅、平靜而略帶憂鬱。就是這位外表柔弱的紳士，在他誕生近半個世紀的祖國 —— 美利堅合眾國急需從舊歐洲移植的精神文化氛圍中解脫出來，獲得自己在精神文化上的真正獨立時，挺身而出，自覺肩負起作為美國民族精神的表述者和代言人的使命，在 19 世紀中葉的美國發起和領導了一場觀念革命，從而在美國思想文化史上占有重要的地位。

　　這一點可以從下述事實得到印證：在 1863 年巴黎國際博覽會上，美國的產品乏善可陳，但其展品也另有值得誇耀之處，即在末尾陳列著比爾茲塔特(Bierstadt)的〈落基山脈〉和丘奇(Church)的〈尼亞加拉瀑布〉，緊靠著的還有一幅精美的愛默生畫像。安排美國展覽的人們把愛默生的畫像與表現美國最壯麗、最為人熟知的自然風光的繪畫擺在一起，認為它同它們一樣能吸引歐洲人，令他們欽佩。這再好不過地說明了愛默生在當時所達到的聲望和地位。❷

　　那麼，愛默生究竟何許人也？他的一生中經歷了哪些重大事件？留下了哪些重要著述？有可以稱之為「愛默生哲學」的東西嗎？如果有的話，其構成要素和精神實質是什麼？他在美國思想文化史上究竟造成了什麼樣的影響？他的思想在今天仍有現實意義嗎？所有

---

❶　*ECW*, vol. III, pp. 87–88.譯詩據《愛默生集：論文與講演錄》(趙一凡譯，三聯書店1993年版，上卷頁551–552) 酌改。

❷　參見 *Literary History of United States*, ed. by Emory Elliot, Columbia University Press, 1988, p. 381.

這些問題，就是擺在讀者面前的這本書所要解答的。

1.1　求索：青少年時期

美國波士頓地區的康科德 (Concord) 小鎮以及與它齊名的列克辛敦(Lexington)在美國歷史上負有盛名，曾是獨立戰爭時期發難的地方，後來又由於愛默生和梭羅 (Henry David Theoreau, 1817–62) 等人的活動而成為著名的文化中心。拉爾夫・沃爾多・愛默生 (Ralph Waldo Emerson, 1803–82) 曾在這裡生活達四十多年，直至去世。

愛默生的祖先是拓荒者，於1635年就來到了康科德郡，除三十二年的短暫間隔外，一直占據著康科德教堂的佈道壇。愛默生在回憶中稱，我的美國祖先雖然貧窮，但很自信、不可屈服。他們辛勤勞動、省吃儉用，卻擁有自由和安寧。……光線從油紙窗上勉強透過，他們卻憑藉這暗淡的光線閱讀上帝的教導。他的一位先輩每天晚上都向上帝祈禱，願他的子孫後代永遠不要變成富人。這個祈禱不幸真的應驗了，愛默生家族的大多數人生來都不富有。

他的父親威廉・愛默生 (William Emerson) 是一位唯一神教牧師——「波士頓所曾出現過的最大度的佈道者」。但是，為生活提供麵包的人常常被報以石頭的回擊，他直到死時仍是個窮人。1796年，他與造酒師約翰・哈司金斯 (John Haskins) 十六個孩子中的第十位露絲・哈司金斯(Ruth Haskins)結婚，共生有八個孩子，包括六個男孩、二位女孩，其中三位不幸於早年夭折。除做牧師外，父親不得不在離居住地波士頓三十哩以外的哈佛鎮開辦了一所學校，以貼補家用。他父親愛好藝術、音樂和文學，曾有佈道詞印行問世。在參

與創辦《文摘月刊》(*Monthly Anthology*) 之後不久，就成為它的一名編輯。1811年，他因病去世，年僅42歲。留下了五個孩子，全是男孩，愛默生在其中排行老二，只有8歲。

母親露絲·愛默生艱難地擔負撫養大家庭的重擔。教堂曾為孤兒寡母提供過資助，一些親戚也曾給予過幫助。姑母瑪麗·穆迪·愛默生 (Mary Moody Emerson) 實際上協助他母親一起撫育這個大家庭。這位小婦人是非常虔誠的加爾文派教徒，但性情急躁，善於言談，對愛默生的思想習慣和語言能力有很大影響。愛默生後來回憶說：「那位好心的姑母關心我，並在我的青年時代給我教誨（願上帝給她酬報）；她常常給我講述她和我的祖先們的種種美德。他們許多代人都是牧師，而且他們的虔敬和許多人的口才至今在教堂裡為人傳頌。」但愛默生這樣談到自己：「蔑視祖先是我的秉性，死者已在幽暗無光的夜裡長眠，我的事業與生者在一起。」❸

為維持生計，母親開設了一個小旅店，以供寄宿生租用。所以，沃爾多從小就懂得去了解和喜歡人們，也學會了樂觀地對待貧困。冬天，他和哥哥威廉共用一件大衣，因而一個外出時，另一個只好呆在家裡。儘管他失去了在外面玩耍的機會，但冬天的夜晚對他來說卻別有情趣——聽房客們聊天；或在母親的藏書室裡滿足自己強烈的求知欲；或躺在被窩裡，重溫著柏拉圖《對話錄》中平靜的冒險經歷。禮拜日去教堂時，他總是隨身帶著帕斯卡(Blaise Pascal)的《思想錄》，留待抽空翻閱。早年貧困的經歷反而養成了愛默生兄弟之間的親情和進取精神，五兄弟中有三人考入哈佛大學。在求知和

---

❸ *The Journals and Miscellaneous Notes of Ralph Waldo Emerson*（以後縮寫為 *Journals*），ed. by William H. Gilman et al, The Belknap Press of Harvard University Press, 1960–1970, vol. II, p. 316.

自修的道路上，他們都執著地追求著共同的目標。每個人都是先靠自己闖出一條道路，然後再幫助其他兄弟。這些年代形成的強烈的家庭觀念，無疑是愛默生後來獲得精神力量的主要來源。

2歲時，愛默生曾被其父親戲稱為「遲鈍的學者」。3歲時先入托兒所，後進文法學校。1811年，入波士頓拉丁文學校，並開始作詩。1817年進哈佛大學。讀書期間半工半讀，給校長打雜當差役，暑假時則回哥哥開辦的學校教書，以此支付學費。在哈佛期間，主修文學和哲學等課程，數學成績總是很差。在一些德國思想家和蘇格蘭哲學家如里德(Thomas Reid)和斯圖亞特(Dugald Stewart)等人身上下過一些功夫。積極參與學生社團活動，藉講演鍛鍊口才；並利用一切空餘時間廣讀詩歌、小說、戲劇批評、散文作品，並嘗試寫作，其論文〈論道德哲學的目前狀況〉在作文競賽時與人並列第二名。1821年夏天，從哈佛大學畢業，在五十九人的畢業班上位列第十三名。在畢業典禮上作為班級詩人朗誦獻詩，儘管前面有六位學生拒絕了這一榮譽。在哈佛後期，越來越喜歡稱自己為「沃爾多」。總起來說，愛默生在哈佛的表現並不出色：他既沒有哥哥威廉的那種執著和勤奮，又沒有兩個弟弟查爾斯和愛德華的機敏。

要說愛默生在哈佛做了一件什麼重要的事情，那便是開始了他以後終生堅持的記日記（或札記）的習慣。他的日記和手稿達一百八十二冊，已由哈佛大學出版社分十六卷出版。開始時他的日記都是長文章：為某一課程或者為參加某個競賽而寫的文章或片段，但漸漸地就形成了他終身沒有改變的模式：他總是從一個偶然的念頭，一個偶然的事件，或是科學雜誌上報導的一件事實，或是某個哲學家的一段話開頭——從某個引起他注意的東西開頭。他對它思辨、分析，挖掘出它與其他事件的類似之處。當他思路中止時——有時

裹著衣巾，暗啞如同赤足的托鉢僧，

單行排列，無窮無盡地行進著，

手裡拿著皇冠與一捆捆的柴。

她們向每一個人奉獻禮物，要什麼給什麼，

麵包，王國，星辰，與包羅一切星辰的天空。

我在我那矮樹交織的園中觀看那壯麗的行列，

我忘記了我早晨的願望，匆忙地

拿了一點藥草與蘋果。日子轉過身

沉默地離去。我在她莊嚴的面容裡

看出她的嘲弄——已經太晚了。❻

其他的例子不勝枚舉，不過大都不如這首詩如此明顯地發展了日記中的原意。

從哈佛畢業時，愛默生只有18歲，像路燈柱一樣又高又瘦。他進入其兄威廉開辦的女子學校任教。1822年，在一家唯一神教派評論刊物上發表匿名文章〈論中世紀宗教〉。 1823年，在其兄威廉去德國學習神學期間，與其弟愛德華共同管理學校。1824年，愛默生打定主意要繼承家族傳統，致力於神學研究，並做一名牧師。他在當年的日記中對自己作了一番驚人冷靜且客觀準確的自我剖析，分析了自己的長處和短處，如「我的推理能力相對來講是弱的，我也不能指望去寫巴特勒的《宗教的比擬》或休謨的論文。」他決心「要在神學方面有所建樹」。「牧師的職責是雙重的：公開的講道和私下的影響。很少有人能獲得前一項任務的圓滿成功，然而對於這一點我卻很有信心。……每個聰慧的人都以徹底征服自己為目標，……

---

❻ *ECW*, vol. IX, p. 196. 譯詩據《愛默生選集》（張愛玲譯）酌改。

我深信我的職業將使我的思想、儀態、心靈和外表都獲得新生。」❼
這番自白頗有點青年人不諳世事的狂妄，但他的誠實產生的深沉的
謙卑抵銷了這種狂妄。他後來確實在佈道和講演方面獲得了成功，
為他贏得很高的聲譽。

1825年初，他關閉其兄開辦的女子學校，於2月進入哈佛神學
院中級班學習。但入學不到一個月，因眼疾發作，不得不中斷學習，
在馬薩諸塞州凱爾姆斯福德開辦了一鄉村學校，重操教業。其後幾
年間，為健康問題所困擾，包括風濕病、肺病以及某些心理疾患。
1826年11月，在其叔父資助下，乘船到南卡羅萊納州的查爾斯頓旅
遊，並於新年間到達弗羅里達州的聖奧古斯丁島，在那裡待了兩個
半月，其間與拿破崙的外甥阿希爾 · 繆拉特(Achille Murat)建立了
友情，對這位「一貫的無神論者」甚感興趣。春天返回波士頓，繼
續他於上一年10月獲准的講道生涯。

愛默生天性靦腆，血氣不足，但在講壇上卻獲得了極大的成功。
他善於抓住聽眾的心理，運用典故或具體事例說明某一哲理。他的
講演哲理性強，玄妙深奧；語言又獨闢蹊徑，洋洋灑灑，氣勢磅礴，
多為警句格言，精細鋒利，往往一句話就是一個獨立的意義單位。
每句話他都盡力賦予象徵意義，閃爍著智慧和靈感的火花。一位聽
了他佈道的婦女在給她姐姐的信中說：「啊，莎莉！我們以為會碰
到一位『虔誠的鄉巴佬』，可是出乎意料，他竟是位天使！」詩人洛
威爾(James Russell Lowell)也在一封給友人的信中寫到：

> 愛默生的講演，無頭無尾，甚至他自己也會覺得沒有條理；
> 可是，……他所講的可比作日月星辰般的原始物質，假如你

---

❼ 參見*Journals*, vol. II, pp. 237–242.

耐心稍等片刻,你會覺得星雲般的東西到頭來旋轉成了行星,整個體系就有了重心。聽他講演,我一直覺得內心深處有個聲音在歡呼:「啊哈,這真是天使的福音!」❽

　　1827年聖誕日,愛默生在新罕布什爾州的康科德佈道時,遇見富家少女愛倫・塔克(Ellen Tucker),後者正值妙齡,年方17,比愛默生年輕七歲。他們倆於次年12月訂婚,並於1929年9月成婚,當時愛倫正患肺病。他們的婚姻僅僅持續了一年零八個月。1831年2月8日,愛倫因病辭世,年僅19歲。他目睹了她最後幾小時虔誠辭世的經過並寫道:「我的天使今晨升天,我在世上孤身一人,有一種異樣的愉悅之感。」❾在妻子死後的兩年多時間裡,他每天早晨都到她的墓地拜謁,希望自己盡快隨她而去,因為痛苦的咳嗽就「像一個教堂司事在他的胸膛裡唱著挽歌」。1828年,其弟愛德華精神錯亂,後又因健康衰退,乘船去波多黎各,在那裡的美國領事館受雇任職。1831年,其弟查爾斯也因健康原因去了波多黎各。這些事件加在一起給愛默生的情感以很大的打擊。

　　更重要的是,在此期間愛默生還經歷了一次精神和信仰方面的危機。1829年3月11日,他被任命為波士頓第二教堂的初級牧師。這個教堂屬於唯一神教派,它否認正統加爾文教的三大基本教義:原罪論、預定論和上帝選民論,相當寬容。因此,作為這個教派的牧師,愛默生在佈道時有很大的自由,他的許多次佈道聽起來就像是他進入成熟時期以後所寫的反對偶像崇拜的那些論文的雛形。但是他越來越覺得不自在,不能忍受任何信條的束縛,不論它們本身

❽　轉引自方杰譯:《美國的文學》,頁78。

❾　參見*Journals*, vol. III, pp. 226–228.

是多麼寬容。他始終沒有失去對聖靈存在並可以接近的信仰，但是
他逐漸意識到任何將宗教信仰建立在外部的「證明」，諸如奇蹟、
證言甚至聖雄本身之上的努力，都注定要在19世紀哲學、自然科學、
批判的文學以及比較人類學的成就面前瓦解。其例證之一，就是他
的兄長威廉在德國學習神學期間，接觸到對《聖經》的所謂歷史學
批判，受到極大震撼，最後放棄了牧師生涯，轉而選擇律師作為終
身職業。因此愛默生主張，信仰的唯一證明不是這種外部證明，而
是個人的心靈對信仰的體驗，並且它只能由心靈自發地完成。愛默
生把自己的一生建立在這塊內在信仰的磐石上。

　　但愛默生所宣揚的學說引起了那些反對變革的人們的反感。他
建議把山頂上的佈道嘗試著運用於教堂儀式中，不應墨守成規；並
明確反對某些繁瑣的儀式，尤其是與「最後的晚餐」聖禮有關的儀
式。他引用《聖經》說：「上帝的王國不是肉和酒，而是公正、和
平，與聖靈中的歡樂。」 ❿1832年，他寫信給教堂執事會要求改革
聖餐禮儀，遭到拒絕。於是他決定辭去牧師職務，並於當年9月做
了〈聖餐儀式〉的佈道，解釋說：

> 基督教的目標就是要使人變得善良而明智，因此它的制度應
> 該像人的需求一樣富有彈性。
> 作為一名基督教牧師，我不願做任何我無法全心全意為之的
> 事情。既然已經說到這種地步，我也就說明了一切。對此禮
> 制我絕無敵意，我只是聲明我對其缺乏同感。如果我不是負
> 有主持此種儀式的職責，我也絕對不會將這種見解強加於他
> 人。我的抵制將止於我對它不感興趣。⓫

---

❿　*ECW*, vol. XI, p. 25.

在與教堂斷絕關係時，愛默生既未攻擊制度也未攻擊人，他只是心平氣和且非常順利地把對他而言已過時的古老傳統偶像從自己的靈魂中驅逐出去了。當時有人評論說：他是一個反對偶像崇拜的人，不用錘子就溫和地把偶像從其座位上打倒了，甚至這看起來好像是一種崇拜的舉動。

這實際上反映了愛默生一貫的行為風格。他很有分寸感和幽默感，從不主張或採取任何過激的行動。一次愛默生在某所大學講演結束後，主持的牧師立即做祈禱以作為這個演說的解毒藥：「我懇求上帝，不要再讓我們不斷地去聽那些胡說八道了，就像剛才在這神聖的桌子上聽到的一樣。」當人們要愛默生對這種公開的侮辱予以回擊時，他只說了一句話：「這位牧師是一個有責任心的、直率的紳士。」他並不因別人的愚蠢而激動。

然而，在那些保守派的眼裡，愛默生反對偶像崇拜的舉動絕不是溫和的。在他們看來，他是在把魔鬼推上寶座以代替上帝，並將因此受到懲罰。一向對他寄予厚望的姑母瑪麗在得知他辭去牧師職務後寫道：

> 我相信他對一個人格化的上帝確無切實的信仰。他的語言混亂而晦澀——一種異教徒式的宏大的混合物……也算改革家！從錯的一頭開始嗎？取消一個簡單的儀式，這個儀式曾經世世代代把耶穌的追隨者們團結在一起，並且宣告了他的復活！⓬

⓫ *ECW*, vol. XI, pp. 26–28.

⓬ Ralph L. Rusk, *The Life of R. W. Emerson*, Charles Scribner's Sons,

當她後來讀到愛默生的第一本隨筆集時，她感到徹底失望了，稱這本書是「無神論和假獨立的奇怪混雜」，「有礙基督教的體面」。她甚至後悔愛默生「沒有在早年有出息時就進入墳墓」，卻活下來寫這些丟臉的東西。❸

早在1831年，隨著他對教會事務興趣的衰減，愛默生把重心逐漸移至文學領域，廣讀同時代大師特別是卡萊爾 (Thomas Carlyle)、柯勒律治 (Samuel T. Coleridge)、華茲華斯 (William Wordsworth)、歌德 (Johane Wolfgang von Goethe) 等人的作品。在辭去牧師職務後，愛默生一度健康不佳，於是在 1832 年聖誕日乘船去歐洲旅行，以便能當面向這些「舊世界」的大師們討教。次年 2 月抵馬耳他，健康狀況大為好轉。他懷著極大的熱情，自南到北遍遊意大利，在羅馬度過從復活節開始的一週，又在弗羅倫薩拜見了蘭多 (Walter Savage Landor)，把西斯廷教堂的宗教盛況描述為「婦女頭飾和愚蠢行為」，但又發現聖彼得教堂的教皇復活節儀式是「一種壯麗景象」。然後經日內瓦，於6月到達巴黎，抱怨它是「一個喧鬧的現代紐約」，但又喜歡那裡的咖啡館和活躍氣氛。在巴黎國家植物園，這位年輕的旅行家觀察到「蝎子與人類之間有著神秘的關係，……我不停地說『我要做個博物學家』。」❹7月抵達倫敦，拜見了穆勒 (John Stewart Mill)、柯勒律治和華茲華斯；在蘇格蘭拜訪了隱居鄉下的卡萊爾。這是一天晚上，主人遞給年輕的美國人一只煙斗，自己也拿著一只，在徹底的靜默中，兩人抽著煙，直到就寢時分，他

1949, pp. 167, 283−284.

❸ 同上。

❹ *Journals*, vol. IV, pp. 199−200.

們互相握了握手，祝賀在一起度過了一個富有成效的夜晚。然而，在隨後的幾次拜訪中，當他比較了解卡萊爾的哲學時，愛默生發覺自己有些失望，因為卡萊爾的目光過分專注於「舊世界」凋謝的榮耀，在「新世界」活生生的美面前沒有完全睜開眼睛。「卡萊爾的見解過於偏狹，他的談話從來不超出天上的範圍。」愛默生認為，他如此狂熱地謳歌偉大的人，以至於無法欣賞普通人的偉大。不過，此行也使他與卡萊爾建立了終生友誼，此後兩人一直保持書信往返，並從中得到收穫。

愛默生還在許多歐洲名人身上發現了同樣的缺點，因為這些人仍為他早已放棄的政治信仰和倫理教條所困擾。「千百年來，這些可憐的歐洲人一直坐在天堂的大門前，渴求能看一眼裡邊的美。現在大門已被打開，而這些人卻睡著了。」例如，他這樣談到了與柯勒律治的會見：「那次訪問與其說談了一次話，不如說開了一次眼，除滿足了我的好奇心外，再沒有任何用處。」❺談到華茲華斯時他寫道：「從一次談話判斷，他給人留下的印象是：他有一個狹隘的、地地道道的英國式心靈，他是一個用總的馴服和服從換取了他罕見的高尚的人。離開了他的老路，他的見解沒有什麼價值。」❻

帶著歐洲之行的失望，愛默生於1833年9月乘船回國。歐洲沒有什麼要告訴他的，他卻有許多東西要告訴美國。在回國途中所記下的日記裡，滿懷信心地提到了一本計劃中的關於自然的書，不過唯一擔心的是他回國後將在「什麼地方、以何種方式謀生」。十分湊巧，當時興起的「學園運動」（一次成人教育運動，參加者湊集資金，聘請講演人）給他提供了謀生的手段。以後二十五年裡，差

❺ *ECW*, vol. V, p. 17.
❻ *ECW*, vol. V, p. 27.

不多每個冬天，愛默生都為學園作巡迴講演，先是在新英格蘭和紐約，後來他的足跡逐漸達到南方的聖路易斯和北方的蒙特利爾。有時候這種講演給他帶來的收入少得可憐，但這種講演給他提供了無法估價的發展他的思想的機會。他本來興趣廣泛，尤其善於對事物進行類比，在學園他發現可以講的題目範圍極廣，從自然史（他的第一個講演題目是「水」）到他更加熟悉的人物生平或文學。這種講演的約束和所提供的自由正合愛默生的心意：他可以任意選擇題目，只要把演說控制在一定的長度，並且在規定的時間之前將講稿準備好就行了。準備講演的需要對他來說是一種鞭策，今天我們看到的他的許多作品都是脫胎於學園的講演稿。在這些作品中可以看到突兀的話題轉換和語氣變化，這是他最初形成的抓住聽眾的那些技巧的痕跡。

1934年11月，愛默生和母親一起搬回到老家康科德鎮。這是一塊他所熟悉的土地。在寂靜的河流上端座落的那幢牧師的舊住宅，可以說就是他家的故居，因為他的祖父曾在這裡居住，他童年也曾在這裡度過了許多幸福的時光。他拜會過當時康科德鎮的牧師、日後他的繼祖父埃茲拉‧里普利(Ezra Ripley)。後來他寫道：「有些人曾使英格蘭、意大利或希臘在人們的想像中變得肅然起敬，但他們自己卻像一根地軸，總是固守在同一個地方。……靈魂不是旅遊者，智慧的人留在家中。」[17] 因此，下一件要做的最好的事情便是返回一個人所來自的地方，他決定「凡是不完全、不特別屬於我工作範圍的講演、詩歌和著作，我都不講不寫」，沉下心來做自己要做的事情。[18]

---

[17] *ECW*, vol. II, p. 79.

[18] *Journals*, vol. IV, p. 335.

　　這前後還有其他幾件事情值得一提。從歐洲返回的當年 10 月，就在波士頓第二教堂講道，幾乎每個禮拜天都講，並在波士頓連續做關於博物學、偉人生平和英國文學的講演。這種講演報酬豐厚，愛默生一年掙到800美元。1834 年，他得到亡妻愛倫的一半遺產，約11600美元；1837年得到了另一半。這筆總數約23000美元的遺產，提供了每年 1200 美元的年收入。愛默生儼然覺得自己是個富人了，於是在1835年花了3500美元在康科德買了一幢房子。在近五十年的時間內，它一直是他那人口不斷增加的家庭的住所，也是主要由他發起的那場思想和精神運動的中心。

　　1835年1月，與比他年長八歲的莉迪婭・杰克遜(Lydia Jackson)訂婚，並於同年 9 月結婚。莉迪婭的祖先也是來自英國的移民，她本人是個聰慧、受過良好教育的婦人，在嚴格的加爾文教氛圍中長大，但仍是一個宗教問題探求者。由於莉迪婭的靈活性，以及她探查理智和精神領域的意願，使得她很適合分享愛默生的生活。不過，隨著時光的流逝，愛默生堅持其不妥協的哲學激進主義立場，而她則漸趨保守。兩人的婚姻是穩定而沉悶的。愛默生由愛倫燃起的熱情似乎一直處於封存狀態。

　　1835年，馬薩諸塞州東列克辛敦教堂要求他出任牧師職務，他予以謝絕，但同意每個禮拜天在當地講道，或找人代講。

　　以上這些「好事」為兩個不幸事件所沖淡：愛默生的兩個弟弟愛德華和查爾斯先後於 1834 年和 1836 年因病去世，給他以重大打擊。例如，他在1834年10月18日的日記中寫道：「得到我親愛的弟弟愛德華在波多黎各聖約翰城於本月第一天去世的消息，此生的一大希望之柱就這樣倒下了。我明白我失去的是我本身的一部分。」

　　無論我的未來生活會有什麼好運，

　　美麗的東西失去了，再也不會返回。⑲

當查爾斯去世時，愛默生稱那是一個「陰鬱的時刻」。

1.2　成熟：中年階段

　　定居，第二次結婚，以及早些年的求索和磨歷，使愛默生的人格和思想進入成熟期。在隨後的一些年裡，他正處於其精力、能量的巔峰期，思考、寫作、演說都特別具有創造力且富於成果。這自然而然地使他成為新英格蘭超驗主義運動的精神領袖，而他的新住宅則成為一批超驗主義者聚會的場所。

　　1936年7月，瑪格麗特・福勒(Margret Fuller)來愛默生家拜訪，逗留三週，於是組成非正式小組，後被戲稱為「超驗主義俱樂部」，活動持續到1843年。常在愛默生家出入的，當然有這位女權運動的先驅福勒，她的眼睛「在夜裡也看得見」，她玩概念遊戲就像魔術師玩弄彩球一樣。有作家霍桑 (Nathaniel Hawthorne)，他使清教徒對宗教的愛和異教徒所愛的宗教之間的鬥爭成為不朽。「小販先知」阿爾柯特(Bronson Alcott)也是其中之一，他的個性等於柏拉圖的智慧加聖弗朗西斯的健康。還有亨利・梭羅(Henry D. Thoreau)，一個神聖的漫遊者，他的資本是一年大約25美元的收入和無限的愛；他領悟到愛默生用更具有理論色彩的文字贊美的自然的神秘，並身體力行地把愛默生的理論體現在他那獨特的生活方式和散文文體中，始終不懈地觀察康科德的大自然。牧師喬治・里普利 (George

⑲　*Journals*, vol. IV, p. 325.

Ripley)，他進行了超驗主義運動的烏托邦試驗——創辦並管理位於波士頓市郊的公有制的布魯克農場達五年之久；以及他的妻子莎拉・里普利(Sarah Ripley)，這位身著新英格蘭外衣的希臘女神，她洗衣服、擦地板以及在丈夫創辦的學校裡講授荷馬 (Homer)、維吉爾(Virgil)和亞里士多德。還有姑母瑪麗・愛默生，一位四英尺三英寸高的跳動的情人，穿著她的「壽衣」和猩紅披肩在康科德來去匆匆，她的機智足以把當時的傳統習俗與自負撕成碎片。此外，還有西奧多・帕克(Theodore Parker)、克拉克(James Freedman Clarke)、錢寧叔侄(William Ellery Channing 和 William Henry Channing)、赫奇(F. H. Hedge)，……夠了，所有這些流光溢彩的人物使康科德鎮成了美國的雅典，因為西元前 5 世紀的雅典也聚集了一批像蘇格拉底(Socrates)、柏拉圖(Plato)和歐庇里德斯這樣的天才人物。

嚴格說來，超驗主義者從來沒有發展一個有效的組織形式，因為他們堅信激進的個人主義，只能允許相互之間鬆散的聯繫和約束，排斥其他一切有礙個人自由的東西。他們也不願詳細闡釋自己的主張，因為其信條之一就是拒絕接受一切程式化的教條。他們喜歡發出神諭式的預言，喜歡人們把他們看成是能夠預卜未來變化的預言家，並竭力反對別人用某種「主義」把他們籠而統之地拴在一起。因而，這就使得很難用幾句話來概括超驗主義的立場。粗略說來，超驗主義是從唯一神教出發並把它作為攻擊目標的，它從康德哲學和後康德唯心主義，英國同時代人如柯勒律治、卡萊爾等人的浪漫主義哲學思想，傳統柏拉圖主義和新柏拉圖主義，東方思想如印度教、孔子儒學等等中吸取了不少成份。從詞源上來說，「超驗主義」(transcendentalism)就來自康德哲學中的「先驗」(transcendental)一詞。❷在認識論上，超驗主義反對洛克式的經驗論，認為它否定了

直接的宗教經驗的可能性，從而把人類與上帝分割開來。他們主張把開明的唯理論與某種神秘主義結合起來，把自發的、理智的直觀作為人達至終極價值——真、善、美的主要的和最高的手段。在倫理學上，他們宣揚健全的個人主義，宣揚人的「自立」與「自助」：依靠自己來抉擇什麼是對的和應該做什麼。在宗教問題上，他們具有某種泛神論傾向，認為統一的宇宙心靈——「超靈」貫穿於自然、社會和人的精神世界之中，因而它們之間能夠相互感應和相互作用。愛默生說過，他唯一的信條是——「作為個人的人的無限性」。這的確是他的、也是超驗主義運動的至理名言，我們既可以把它看作是超驗主義體系的一部分，也可以把它看作是超驗主義者試圖解決的核心問題。

愛默生除作為超驗主義運動的精神領袖外，還在此運動中作了一些具體事情：例如經常在家裡與他的超驗主義朋友們不定期聚會，討論如下一些問題：「美國的天才」、「種族的進化可以超越個體嗎?」、「泛神論」以及「歌德的天才及其特性」等。1840年7月，與瑪格麗特·福勒一起創辦文學、哲學、宗教雜誌《日晷》(*The Dial*)，並為其撰寫發刊詞闡述該雜誌的宗旨：

> 所有高尚的東西都是針對著生活的，我們的事業就是如此。我們不想高談闊論、故弄玄虛，或者變換著花樣反覆強調個別主張；而是想在可能的情況下體現一種精神。那種精神提高人們的道德境界，恢復他們的宗教情緒，給予他們崇高的

⑳ 在康德那裡，「先驗」(transcendental)與「超驗」(transcendent)是有嚴格區分的：前者是指先於經驗具有的，而後者是指超越於經驗、經驗所不能達到的。而愛默生經常混用這兩個詞，不太注意它們的差別。

目標和純粹的歡樂；那種精神將人們拔擢到高貴的自然狀態，進而剝去籠罩著自然景致的憂雲愁霧，使實踐的力量與思辨的力量達到和諧與統一。**㉑**

在1842年福勒辭職後，愛默生繼任《日晷》雜誌的編輯，直至1844年4月出版最後一期後停刊。在長達四年的時間裡，《日晷》一直宣揚著超驗主義觀點，以致被看作超驗主義運動的「官方」刊物。但愛默生對他的超驗主義同道所進行的幾個烏托邦試驗，如布魯克農場，則始終持懷疑態度，因為這與他的「每個人應當自立自助」的個人主義主張相衝突。

1936年9月，愛默生匿名出版了他的第一本著作《論自然》(*Nature*)**㉒**。匿名發表作品是當時的一種風氣，但人們很快就猜到了誰是它的真正作者。當時在波士頓流傳著一個笑話：誰是*Nature*的作者？上帝和愛默生。《論自然》包括一個導言和八章，分別論及自然、物用 (commodity)、美 (beauty)、語言 (language)、訓誡 (discipline)、唯心主義(idealism)、精神和前景。在此書中，愛默生提出了一個關於整個宇宙的理論，這就是他的「對應」學說：自然萬物都對應於普遍的心靈、靈魂，後者是印章，前者只不過是它的印記。愛默生首先邀請讀者同他一道從各個角度來考察自然——把它作為物質的源泉、審美的對象、斯多亞哲學的導師，然後提出了一個誘人的可能性：或許人們有一天能夠解開自然這個巨大的謎，人們預言的「人駕馭自然的王國」，或許就會井然有序地出現在人的感官面前。在破解這個巨大的謎時，我們有兩件東西引路：知性

㉑　《愛默生集：論文與講演錄》，頁1292。

㉒　後收入*ECW*, vol. I, pp. 7–80.

的科學和理性的直觀，前者告訴我們如何透過表面的雜多去把握自然背後隱藏著的同一性；後者則使我們沉浸在極度欣悅的瞬間，從而領悟到我們與自然的隔膜是一種扭曲狀態，實際上有一個統一的宇宙靈魂貫穿在我們和自然之間。《論自然》的最後一章讀起來就像是《聖經》中的「啟示錄」：「人藉以安身立命的不是物質，而是精神」；「人是立於廢墟中的神祇」；「人是他自身的侏儒」；自然界裡充滿了預兆，預示著人將會重新獲得他所神秘地拋棄了的力量。隨著「精神的注入」，世界的創傷將會癒合，人駕馭世界的王國將給予人比他現在夢想的上帝還要巨大的力量。

就其篇幅而言，《論自然》只不過是一部小冊子，但卻是一部綱領之作，因為此書孕育著愛默生將要說出、感知或思考的全部內容。他後來寫的論文、講演和詩歌如果與它相比，就好像是同一枝幹上長出的枝條。但《論自然》出版後並沒有引起多大反響，第一版印了五百本，花了十二年時間仍未賣完。但隨後的兩次演說〈美國學者〉(1837) 和〈神學院高級班致辭〉(1838)，卻產生了極其強烈的社會反響。

1837年8月13日，愛默生應全美大學優等生榮譽學會哈佛分部的邀請，在哈佛大學一年一度的慶祝新生入學的活動中發表演說。他本人早在1828年就被選為這個榮譽學會的會員。他選擇的題目是〈美國學者〉，演說開頭提出的觀點就不同凡響：「我們仰仗別的民族的日子，我們向其他大陸討教的漫長的學徒期就要結束了。」㉓他嚴厲批評美國文化的落後，呼籲一種真正屬於美國的新文化，探討了學者在一個民主和商業社會中的地位，具體論及了學者分別從自然、歷史和書本以及行動中所獲得的教益，最後談到了學者的責

㉓　*ECW*, vol. I, pp. 83–84.

任：揭示表象背後的種種事實，以此來激勵、提高和指導眾人，並著重強調了個人自立自助的必要性及具體做法。整篇演說氣勢如虹，鋒芒畢露，妙語迭出，在當時引起轟動，祝酒時愛默生被稱為「使我們萬眾一心」的「康科德精神」；霍爾姆斯(Oliver W. Holmes)則將這篇演說譽為「我們思想上的獨立宣言」。

　　1838年7月15日，愛默生應邀在哈佛神學院高級班發表演說，這次他把矛頭直指歷史上基督教的種種形式，其中包括唯一神教派。他認為，歷史上的基督教的主要謬誤就在於：它們硬要把耶穌的本來是富有解放意義的言辭當作一部毫無生氣的聖典高高地供奉起來，使它失去生命力。愛默生不贊成「充滿啟示的時代已經過去，《聖經》已經合上了」的說法。他認為，一個真正的牧師的作用是使我們看到上帝不僅過去在，而且現在仍然在；他的聲音不僅曾經聽得到，而且仍然聽得到。既然耶穌可以給希伯萊的《舊約全書》之後增加一個《新約》，今天的美國同樣可以再出一個新救世主，為今天的苦難眾生和不信神的人們帶來新的福音。

　　愛默生的演說引起了軒然大波。如果說以往他挑戰過去的權威如莎士比亞或柏拉圖還可以容忍的話，這一次他挑戰耶穌基督，挑戰歷史上的基督教，對於教會人士和持保守思想的人們來說，則是太出格了，完全不能忍受。哈佛神學院地位顯赫的院長安德魯‧諾頓(Anderews Norton)在報紙上著文猛烈抨擊愛默生，並由此引發一場激烈的小冊子論戰（愛默生本人沒有參加）。在這之後，愛默生整整三十年被禁止登上哈佛講壇。

　　愛默生在給卡萊爾的信中將這稱之為「洗臉盆裡的風波」，但它在兩方面產生了重要影響：一方面使愛默生不得不完全靠世俗的文章和講演來維持生活——本來他辭去教堂職務以後，仍然充當著「替

補」佈道人的角色；另一方面，它也使他認識到早先關於神啟的理解還不完善，單單說出真理，指望它靠自身的力量最終獲得勝利，是不夠的。他發現，先知能否使人信服還要看聽眾是否願意傾聽。哪些力量有助於真理的傳播，哪些力量會阻礙真理的傳播呢？這將會在他以後的思考、寫作、講演中反映出來。

這前後的一些年裡有一些事件值得一提。

在1836–1844年間，愛默生迎來了四個孩子的出生：兒子沃爾多，1836年；女兒艾倫，1839年，梭羅的母親當助產士；女兒伊迪絲，1841年；兒子愛德華・沃爾多，1844年。特別是經歷了愛子沃爾多5歲時因患猩紅熱夭折，愛默生悲痛欲絕，他在給姑母瑪麗的信中說：

> 我親愛的姑母：我的孩子，我的孩子沒有了。他星期一晚上病了，生猩紅熱，昨天晚上死了。我沒有話可說。我的寶貝，全世界最奇妙的孩子──因為我無論在自己家裡或在別人家裡都沒有看見過一個可以與他比擬的孩子，──他從我的懷中逃走了，像一個夢一樣。他像一顆晨星，使我的世界更為美麗，使我日常生活內的每一個細節都美麗起來。我睡在他近旁，一醒來就記得他……❷❹

後來，愛默生還創作了一首達二百八十七行的長詩〈悲歌〉，悼念這位早夭的愛子。

這些年內愛默生進行了一連串講演，大都在冬季舉辦：1836年，「歷史哲學」系列講演；1837年，舉辦「人類文化」講座，其

❷❹ 《愛默生選集》，張愛玲譯，廣州花城出版社1997年版，頁249。

目的在於「訓練眼力，以便欣賞自然景色的真正和諧」；1838年，舉辦「人類生活」系列講座，題目包括「理智」、「家庭」、「愛情」、「責任」、「天才」、「神怪說」和「動物磁性說」等；1839年，做題為「當今時代」的擴大巡迴講座；1845年，發表「代表性人物」系列講演，等等。1838年，愛默生覺得佈道壇對於他是一種壓力，遂要求東列克辛敦教堂執事會解除他的職責，並於次年1月做了最後一次佈道。

1838年10月，給當時的美國總統范・布倫(Martin Van Buren)寫公開信，抗議把切諾基印第安人逐出他們的故土。1844年，反對併吞得克薩斯，反對同墨西哥作戰，稱「墨西哥將會毒死我們」，並發表演說抨擊西印度的奴隸制。1845年，當得知不准黑人加入新貝得福學會時，拒絕去該學會講演。

此外，這期間還與梭羅建立起親密的友誼，並為梭羅做過一些事情。例如，1841年春天，邀請梭羅入戶並提供食宿，作為他管理花園和在家中打雜的報酬；1843年春天，為梭羅在斯塔騰島找到工作；1845年，允許梭羅在沃爾登地產上搭建一座小屋，這為梭羅後來的傳世之作《沃爾登湖》提供了基礎；1847年，對梭羅因拒交稅款而蹲一夜監獄表示同情，……如此等等。

40年代對於愛默生來說是個多產的時期。除了發表一系列講演外，他還出版了兩本文集、一部詩集。《隨筆：第一輯》(1841)包括十一篇文章，題目分別是〈歷史〉、〈自助〉、〈補償〉、〈精神法則〉、〈愛〉、〈友誼〉、〈謹慎〉、〈英雄主義〉、〈超靈〉、〈圓〉、〈智能〉和〈藝術〉。這些文章是他用日記和以往講演中的段落精心組織而成，其中有不少明顯地受到了他在〈神學院高級班致辭〉以後遭到反對的經歷的影響。這部集子裡最著名的那些篇章的分析涉及到兩

個側面：一是對精神的動力充滿信心的肯定，另一面則是對那些聯合起來對付這種動力的力量的冷靜反思。例如，在有名的〈自助〉一文中，他指出，對自我要求獨立的阻力主要來自社會：「社會處處都在同它的每一個要求真正成為人的成員暗中作對。」㉕個人思想上的膽怯實際上是人群中怯懦習性的反映。在〈圓〉一文中，愛默生試圖找到在思想文化發展史上支配著新與舊之間永恆鬥爭的規律。他似乎在圓中找到了它：圓代表完善，又代表封閉；「我們一生都在學習這樣的真理；圍繞每一個圓可以再畫一個圓；自然沒有終結，而每一個終結都是一個開端；正午時分總有另一縷曙光升起，每個深淵下面還有另一個更深的深淵。」㉖〈自助〉中那個熱情催人向上的愛默生不見了，我們在這裡看到的是一個冷靜的分析家的聲音。這部被其姑母瑪麗稱為「無神論與假獨立的奇怪混雜」的《隨筆：第一輯》，卻在倫敦和巴黎贏得好評，從而奠定了愛默生國際性聲譽的基礎。

《隨筆：第二輯》出版於1844年10月，收入九篇文章，題目分別是：〈詩人〉、〈經驗〉、〈性格〉、〈風度〉、〈禮物〉、〈自然〉、〈政治〉、〈唯名論者與唯實論者〉、〈新英格蘭的改革家〉，其中最有名的兩篇是〈詩人〉和〈經驗〉。在〈詩人〉中，愛默生頌揚他所謂的「詩人」，但後者絕不等同於那些會塗抹幾句分行散文的人。相反，愛默生對那些腐儒式的、酸秀才式的詩人進行了尖銳的抨擊。他堅持認為，一個人在沒有成為一位合格的人之前不可能成為一個詩人，詩人只能是那種通過苦難的歷程把自然（或曰真理或曰存在）贖回到心中，並把這自然表達出來的人，他建起一座精神生活得以

㉕ *ECW*, vol. II, p. 51.

㉖ *ECW*, vol. II, p. 280.

維持的金庫。海德格爾(Martin Heidegger)說他的哲學是對上帝的期盼，而愛默生的哲學則是對詩人的渴求。〈經驗〉一文是愛默生最偉大的作品之一，同時它也是他最令人震驚的文章之一，因為它犀利的鋒芒所指竟然是自我。它從主觀性不可避免這一事實出發，毫不留情地揭示出由此引出的道義、心理方面的結論。全文甚至在語氣上都與愛默生以往的作品不同，開頭便顯出一種極度厭倦的情緒，夾雜著強烈的憤恨和冷冷的嘲諷。這一方面是由於痛失愛子給他以沉重打擊，先是使他陷入可怕的悲痛之中，然後又使他處於更加可怕的麻木狀態。另一方面也由於對改革在冷酷無情的自然和社會面前能否奏效，他日漸增多地持悲觀態度。他越來越覺得，在他身上年輕人的樂觀精神正隨著青春活力一起消失。

　　1846年聖誕節時，愛默生的《詩集》出版。他從8歲多時開始作詩，並且隨著年歲的增長，對詩和詩歌理論的興趣與日俱增。此集是他三十多年詩歌創作的結晶。愛默生一直是以「詩人」自期自詡的。例如，在1835年2月12日給其剛訂婚不久的未婚妻莉迪婭・杰克遜的信中，他這樣談到了自己：

> 我天生是一個詩人，無疑地是一個低級詩人，然而仍舊是一個詩人。那是我的本性與天職，我的歌喉確是「沙啞的」，而且大部分全是以散文寫出來的。然而我仍舊是一個詩人——這裡所謂詩人只是一個人，他能夠感覺到而又摯愛靈魂與物質中的音樂，尤其是物質的音樂之間相符之處。落日，樹林，風雪，某一段河上的風景，在我看來比許多朋友都重要，……❷

---

❷　張愛玲譯：《愛默生選集》，頁242。

關於愛默生的詩，張愛玲評論道：「他的詩名為文名所掩，但是他的詩也獨創一格，造詣極高。我們讀到他的情書與他追悼幼子的長詩，可以從他的私生活中看出他的為人。」❷❽

40年代後期，愛默生開始感到疲乏，用他自己的話來說，他需要在陀螺上抽一鞭子了。於是，從1847年10月至次年7月，他進行了他的第二次歐洲之行。上次他是前來充當學生的來自新英格蘭的前牧師，為的是當面傾聽歐洲大師們的教導。而這一次則不同了，他已經獲得了一定的國際性聲譽，成為一位著名人物，是被邀請來舊英格蘭發表一系列演說的。1847年10月，他到達英國利物浦，並拜訪了他在倫敦的老朋友卡萊爾。在1847–48年的講演季節（冬季），他在利物浦、曼徹斯特以及英格蘭和蘇格蘭的其他一些城鎮發表講演。儘管有一些保守人士和教會人士組織人群反對或抗議他的講演，但整個過程總的說來非常成功。當1848年2月講演季節接近尾聲時，他拜訪了華茲華斯，並再一次回到倫敦拜訪了卡萊爾。倫敦當時沉浸在法國大革命的狂熱之中。儘管愛默生在那裡目睹了憲章派的激烈反應，但他的大部分時間卻被與貴族或知識界的名流們的交往占據了。他們都急於向他顯示禮遇，其中包括作家狄更斯 (Charles Dickens) 和滕尼生勳爵 (Alfred Tennyson)。愛默生參觀各種宴會或社交聚會，進出於歌劇院和劇場，參觀各種博物館及其他設施，還到牛津大學作了一番觀光。5月，正在發生的法國革命把他吸引到巴黎，觀察的結果只是令他懷疑革命的價值是否抵得上為建設兵營而砍伐的樹木。他在那裡還與托克維爾 (Alexis de Tocqueville) 相遇，後者一度出任法國外長，是一位政治思想家、比較歷史社會學的奠基人。6月，他返回倫敦，並再次發表講演，同時廣泛結交各種社

---

❷❽ 同上書，頁2。

會名流，例如與音樂家蕭邦(Frederic F. Chopin)共進晚餐，與卡萊爾一起參觀斯通亨奇。7月乘船只花了十二天時間就回到美國家中。這次歷時九個月的旅行，儘管勞累，卻令人愉快，因為此時他的名聲正值頂峰，每到一地都備受尊重和禮遇。

從英國回來以後，愛默生在美國各地發表一系列各種內容的講演，曾一度不得不為其安排全國範圍內的講演程序表。1858年，他主要由講演獲得的收入達 4162.11 美元。歐洲之行還使他增加了對政治問題的興趣。本來從30年代開始，愛默生對當時的廢奴運動持某種保留態度，就像他不支持任何激進的政治變革特別是武力鬥爭一樣。但事態的發展使他在這個問題上態度日趨激進。1850年，當時的美國政府採取一系列措施要使加利福尼亞獲得州的地位，對此事南方人是反對的。為了緩和南方人的情緒，以愛默生昔日心目中的英雄、馬薩諸塞州的參議員丹尼爾·韋伯斯特(Daniel Webster)為首的立法者們批准了一項強硬的《逃亡奴隸法》，其中規定北部的公民必須協助捕獲和遣返逃亡至北部自由州的奴隸，否則將因此獲罪。這些事態的發展打斷了愛默生悠閑的學者生活，他發表言辭激烈的講演，抨擊《逃亡奴隸法》，譴責韋伯斯特，甚至連後者的死也不能使他的態度有所緩和。他為自由領土黨候選人奔走吶喊；在反對奴隸制協會的集會上發表演說，呼籲廢除奴隸制；呼籲他的同胞們儘快推翻這項「骯髒的立法」。他公開支持激進的廢奴主義者約翰·布朗(John Brown)上尉，並於1857年與其見面；1859年，對約翰·布朗的被捕和處死極為憤慨，預言絞死他將會使絞刑架「變得像十字架一樣神聖」。在美國南北戰爭期間，直言不諱地反對主張奴隸制的南方，帶著巨大的愛國熱情支持國家統一的事業，他宣稱「有時候火藥味也很好聞」，論及戰爭所造成的損失時他說：「截

肢總比患癌症強。」

　　這前後的一些年裡，還發生了其他一些事件。1853年，他母親去世，享年84歲。在父親早逝後，母親艱難而有效地支撐、管理著這個大家庭，使愛默生兄弟個個長大成人，並大都有所出息。1859年，他弱智而低能的弟弟巴克利去世。1855年，愛默生寫信給初出茅廬的美國青年詩人惠特曼(Walt Whiteman)，談到後者的《草葉集》時說：「我對你自由而勇敢的思想表示贊賞，……我祝賀你在開始一項偉大的事業。」但對於惠特曼公開發表他的信又表示不快。1860年3月，與惠特曼在波士頓公地上散步兩小時，試圖說服他緩和一下《草葉集》中性因素的調子，但未能成功。於是，當1874年編輯出版他所喜愛的詩歌選集時，未收錄惠特曼和愛倫・坡(Allen Poe)的詩，惠特曼對此耿耿於懷。

　　更重要的是，在1849-60年間，愛默生先後出版了四本書：一是《論自然、演說詞和講演錄》(1849)，這是他早年著作和文章的彙集，其內容有些前面已經介紹過了。另外三本是：《代表性人物》(1850)、《英國特色》(1856)和《生活的準則》(1860)，它們是愛默生成熟時期的作品。

　　《生活的準則》所要回答的主要問題是：我應該怎樣生活？從40年代晚期開始，愛默生越來越多地流露出悲觀情緒。「我們無力解決各種時代問題。我們的幾何學計算不出流行思潮的巨大軌跡，無法預見到它們的回歸，緩衝它們的對峙。我們只能順從我們自己感情的歸向。倘若我們必須接受一種不可抵制的意旨，那麼我們就最好自己思考，選擇我們自己的道路。」[29]這就是說，愛默生試圖把巨大的「時代問題」轉換成「具體的人生行為問題」。那麼，我究

---

[29]　*ECW*, vol. VI, p. 9.

竟應該怎樣生活呢？愛默生的回答是：與命運一起生活，即帶著我的稟賦和自然加給的限制；用力量去生活，即運用我的能量與意志；用財富去生活，即帶著我在生活中的所得或所失；用修養去生活，使我與自然和社會達到最大的共振與和諧；用舉止去生活，即運用我的生活和行為方式；用崇拜去生活，即具有我的信仰；用思考去生活，使它成為我行動的嚮導；與美一起生活，即體察美妙事物深層的相似與相通；用幻想去生活，即用我的帶有自娛自欺味道的遊戲與面目。於是，〈命運〉、〈力量〉、〈財富〉、〈修養〉、〈舉止〉、〈崇拜〉、〈隨想〉、〈美〉和〈幻想〉這些鬆散的篇章，在愛默生匠心獨運的手裡，就變成了一個關聯著的整體。

　　如果說《生活的準則》著力探索的是「我該怎樣生活?」那麼，《代表性人物》和《英國特色》所要回答的則是：偉大的人物和一個美國與之有很深淵源關係和糾葛的國家是如何生活的？

　　《代表性人物》是愛默生以其1845年冬天開始的一系列講演為基礎，略作修改就發表的，因而全書明顯地帶有講演廳裡那種「無拘無束、無所顧忌的」意味。在開篇〈偉人的作用〉中，愛默生指出：「相信偉人是天經地義的事情。……自然似乎專門為優秀人物而存在。世界是由好人的誠實所維持的。他們使大地變得有益。跟他們生活在一起的人發現生活快樂而富有滋養。……追隨偉人是年輕人的夢想，是對人格最嚴肅的塑造。」[30]在愛默生看來，偉人或代表性人物是一種具有激發作用的人，他們打開我們的眼界，啟迪我們的智慧，鼓起我們的勇氣，使我們有可能變得與他們一樣偉大甚至更偉大。這樣的人可以同時既是英雄又是惡棍，既具有正面品質又具有反面品質。根據這種標準，愛默生從歷史上選取六位，他們

---

[30]　*ECW*, vol. IV, pp. 9–10.

分別是：哲學家柏拉圖、神秘主義者斯維登堡(Emanuel Swedenborg)、懷疑論者蒙田(Michel de Montaigne)、詩人莎士比亞(William Shakespeare)、閱世老手拿破侖(Napoleon Bonaparte)、以及作家歌德。他對其中每一位都既作了熱情的稱頌，又作了無情的批評。

《英國特色》是愛默生1847–48年歐洲之行的產物。剛回美國，他就推出了一系列有關英國的講演，如「19世紀的思想與習俗」。由於講演過於頻繁，並且又捲入一些政治活動，所以把這些講演修訂成書的過程進展緩慢，遲至1856年才最終成書。本書是描述性的，它告訴當時的美國人英國是如何生活的？或者說英格蘭為什麼是英格蘭？愛默生依次向我們展示了英國的各個方面，每一章都有自己的主題。第一章「國土」：「英國是一座花園。」❸第二章「種族」：「英國人的複合性格暴露了一種混合的起源。具有英國特色的一切東西都是久遠的對抗性成份融合的結果。」❸第三章「能力」：「諾曼人一般在英國代表貴族，而撒克遜人則代表民主原則。」❸第四章「習俗」：「我發現在所有的人中，英國人是最固步自封的。」❸第五章「真誠」：「各條頓部落舉族上下都心地專一，這跟各拉丁種族大相逕庭。」❸第六章「性格」：「英吉利種族是抑鬱出了名的。」❸第七章「安樂鄉」(幽默)：「英國是一個幽默的國度。」❸第九章「財富」：「無論在哪一個國家，也不會這樣絕對地崇拜財富。」❸第十

❸　*ECW*, vol. V, p. 37.

❸　*ECW*, vol. V, p. 53.

❸　*ECW*, vol. V, p. 75.

❸　*ECW*, vol. V, p. 101.

❸　*ECW*, vol. V, p. 114.

❸　*ECW*, vol. V, p. 124.

❸　*ECW*, vol. V, p. 140.

章「貴族」：「英國的封建特色，既然快要過時了，所以與民主傾向相對照，就顯得有點兒刺眼。」❸第十一章「大學」：「講究邏輯的英國人培養學者就像培養工程師一樣。牛津是一座希臘工廠，就像威爾頓工廠紡織地毯、舍菲爾德碾軋鋼鐵一樣。」❹第十二章「宗教」：「英國的宗教是良好教育的一部分。」另外幾章分別關於「文學」、「《泰晤士報》」、「懸石壇」和「人物」，最後一章是關於英國的總的結論：

> 英國是目前所有國家中最好的一個。她絕不是一個理想的結構，而是不同時代建成的一群建築物，經過修補、增添和臨時的湊合；不過你看到的卻是所得到的那種蹩腳貨中最好的。倫敦是我們時代的縮影，是今日的羅馬。這種方臉、寬臀的條頓人，排成密實的方陣轉向四面八方；他們構成了現代世界，他們贏得了他們優越的地位，經過多少代的逆境，仍然繼續保持著。他們特點分明，不同於其他領先種族。英國是軟心腸的，羅馬卻不是。英國不公開她的偏見；私生活是她的榮譽所在。私生活中講究真，公開場合講究假，正是這些戀家的人的特點。他們的政治行動不是由公眾輿論決定的，而是由內部密謀和個人與家庭的利益決定的。他們的眼睛只盯著英國。……❹

---

❸ *ECW*, vol. V, p. 147.

❹ *ECW*, vol. V, p. 166.

❹ *ECW*, vol. V, p. 211.

❹ *ECW*, vol. V, p. 283.

以上這些來自各章的簡短引文讓我們大致知道，在愛默生眼裡，美國能從英國人那裡學到些什麼，或借鑒些什麼。這本書是愛默生以平靜的心態寫成的，有人稱它「比這位對神性著了迷的人寫的任何其他作品都來得更老練、敏銳和機智」。

1.3　倦怠：晚年歲月

從40年代後期開始，愛默生就開始不時感到倦怠，有時候情緒也變得低沉和悲觀，並在日記裡不時流露出來。他越來越清楚地認識到，對於處於苦難中的大多數人，例如城市無產者和黑奴來說，他那些關於自我完善的浪漫說教統統毫無意義。「問問那挖溝的苦力，看他能不能解釋牛頓的萬有引力吧。牛馬一樣的終日勞作，還有上百年代代相傳的可怕的貧困，他的腦力早就枯竭了。」❷「千千萬萬的德國人、愛爾蘭人和黑人一樣，面臨著充當犧牲品的命運。他們被用船載，用車裝，從大洋對岸運到美國，又運到各地，去挖溝，做苦工，種植廉價的玉米，然後就早早地死去，最後還用他們的屍骨養肥了大草原上的一叢叢青草。」❸ 從1849年開始，愛默生開始抽雪茄煙。1859年，他在日記中記載了他的恐懼，害怕自己「沒有新思想，生命行將結束。」1866年，他給兒子愛德華・沃爾多朗讀他自己的詩〈終點〉：

> 衰老的時刻已經來臨，
> 應該收帆減速。

---

❷　*ECW*, vol. VI, p. 16.

❸　*ECW*, vol. VI, p. 21.

不過，在他生命的晚年，他還是做了很多事情，夠得上一句中國詩句：「滿目青山夕照明。」

一是頻繁地應邀到美國各地進行系列講演。1863年，到美國中西部各地如位於密西根湖岸邊的芝加哥和密爾沃基 (Milwaukee) 講演；1864 年，發表「美國人的生活」和「共和國的命運」的講演，激勵美國人「覺醒」，「精神飽滿地」糾正政治制度的不公正，宣稱「這個最後建立的國家是上帝對人類的巨大恩賜」：

> 這個國家的天才已經表明我們的真實政策——機會。獲得公民權的機會，受教育的機會，發揮個人能量的機會，掙得足夠的財富的機會。機會的門窗全部敞開。如果可能，我將與整個世界進行自由貿易，沒有海關，沒有關稅。讓我們邀請每個國家、種族、膚色，白人、黑人、紅種人或黃種人，盛情款待他們，為所有的人提供富饒的土地和平等的正義。讓他們參與競爭，成為最強壯、最聰明和最好的美國人。我們的國土足夠廣大，我們的土地能夠為所有人提供麵包。❹

1865年，講演達七十七次；1867年，講演達八十次，達到其講演生涯的頂峰，並兩次去西部旅行，遠至明尼蘇達和衣阿華。

二是美國終於給她最偉大的兒子之一以很多榮譽。1863年，愛默生被任命為一委員會成員，考查美國西點軍校的水準；1864 年，當選為新成立的「美國藝術科學院」院士；1866年，這位因發表〈美國學者〉和〈神學院高級班致辭〉兩次演說而被禁止登上哈佛講壇

---

❹　*ECW*, vol. XI, p. 422.

達三十年之久的「逆子」， 終於得到母校的認可與接納，被授予哈佛大學榮譽法學博士學位，並於次年當選為該校學督，開始忙於大學事務；還應邀在全美大學優等生榮譽協會哈佛分部發表他的第二次演說。1870年，愛默生應邀在哈佛發表以「智力的自然史」為題的講演，原計劃講十八次，但最終沒有完成。1871年，又應邀在哈佛發表另一系列講演，最後因疲勞取消了重複課程。這兩次系列講演加上兩篇未刊演說稿「記憶」和「波士頓」， 以及愛默生在《北美評論》和《日晷》上發表的一些舊文，後來由他的遺囑執行人卡伯特(James Eliot Cabot)編輯成冊，以《智力的自然史》為書名，作為《愛默生全集》的第十二卷出版。

三是愛默生又出版了幾本書。1867年4月，他的第二本詩集《五朔節及其他篇章》出版；1870 年，他的文集《社交與獨處》出版。這也是他的一些演說稿的結集，收入〈社交與獨處〉、〈文明〉、〈藝術〉、〈雄辯〉、〈家居生活〉、〈農耕〉、〈工作和日月〉、〈書籍〉、〈俱樂部〉、〈勇氣〉、〈成功〉、〈晚年〉等十二篇文章。他把經驗教給他的智慧運用於聽眾感興趣的各種實用話題中：他談社交與獨處的優點與缺點；談雄辯的優勢和必要性；談「夫妻關係、父母與子女的關係、鄰里關係」所孕育的危險，但主要是談它們的好處。他談農耕的益處和責任心，但告誡不要給農夫塗上玫瑰色；他還就選擇和閱讀書籍，在俱樂部裡進行有效的談話進行指導。但愛默生特有的文化批判精神並沒有完全睡大覺，在〈藝術〉一文中，他再一次譴責「浮華的要求」和「表面的文章」； 在〈工作和日月〉中，他一方面歡呼現代文明所享受的技術帶來的好處，另一方面又指責「腐敗且殘酷的」政治和「令人羞恥的違約」貿易。他宣稱他「憎恨這樣一些淺薄的美國人，他們希望憑藉債權致富，通過午夜桌子旁的

閑聊來獲取知識，通過顧相學來學習心智構造，或者不用學習就獲得技能，不用訓練就掌握本領。」❹他呼籲國人應該尋求更高尚的動機與目標，以代替迷狂、物質主義和浮華傾向。在本書中，超驗主義的活力沒有失去，只是強調的重心發生了變化。

　　1874和1876年，愛默生編輯的他所喜愛的詩歌選集《詩集》和《詩選》相繼出版。在70年代，由於愛默生的記憶力日漸減退，不能再寫作或講演，他的家人不得不請他的老朋友卡伯特協助將他早年的一些作品整理成集，以《文學和社會目標》為書名於1875年出版，其中收入〈詩歌與想像〉、〈社會目標〉、〈雄辯術〉、〈資源〉、〈喜劇性〉、〈引用與原創〉、〈文化的進步〉、〈波斯詩歌〉、〈靈感〉、〈偉大〉、〈不朽〉等十一篇文章。但此書嚴重地打上了此人以及愛默生女兒艾倫的印跡。卡伯特後來成為愛默生的傳記作家、編輯和遺囑執行人。

　　四是經歷了個人生活中的一些事件。首先是愛默生的一些朋友相繼謝世。早在1850年，他的超驗主義同道、女權活動家瑪格麗特‧福勒‧奧索麗就沉船遇難。愛默生派梭羅到法爾島海灘搜尋她的遺物，並哀悼說「我失去了她這個聽眾」。1852年，他還為出版福勒回憶錄捐款。1862年，梭羅因病謝世，愛默生在葬禮上致悼詞，斷言「這個國家還不知道，或者僅有個別人知道，她已失去了一個多麼偉大的兒子。」1863年，他那位活躍、好心、有才華且思想保守的姑母瑪麗去世，享年89歲。1864年，也是他的超驗主義同道、作家霍桑去世。愛默生哀嘆「此人痛苦的孤獨——我想，那是一種他再也無法忍受的孤獨，所以他因此而謝世。」1865年，林肯被謀殺，愛默生發表演說悼念林肯，稱贊他是「這塊大陸的真正代表」。

---

❹ *ECW*, vol. VII, p. 290.

特別糟糕的是，1872年7月，他長期居住的那座康科德住宅失火，毀壞嚴重。「大火過後的早晨」，他說，「我感到我的大腦裡有一種東西斷裂了」。從那天起，糟糕的記憶力只是間歇地為他服務。晚上，女兒為他讀他的《論自然》的片段，「我不知道這是誰寫的」，愛默生說，「但他一定是位偉大的人物」。

當然，這期間對愛默生的個人生活來說，也有幾件好事情：1865年，他的女兒伊迪絲(Edith)與威廉・福布斯(William Forbes)上校訂婚，此人是鐵路大王約翰・默里・福布斯(John Murry Forbes)之子，後來成為貝爾電話公司董事長。次年，伊迪絲為愛默生生下了第一個外孫。此外，愛默生作為哈佛學督，親眼目睹了他兒子愛德華・沃爾多從哈佛畢業，並於1874年結婚。這個兒子後來編輯出版了十二卷本的《愛默生全集》(1903-04)，在許多年之內此書是愛默生著作的標準版本。

康科德故宅失火後，詩人洛威爾和其他一些朋友集資17000美元修葺房屋，並送愛默生出國旅遊。1872年末，愛默生在女兒艾倫的陪伴下，登上了赴英國利物浦的輪船，開始了他第三次也是最後一次赴「舊世界」的訪問。在倫敦，他又見到了他的老朋友卡萊爾。此後他經巴黎赴地中海地區。穿過意大利，於聖誕日到達埃及的亞歷山大港，並前往開羅，在那裡達到了此次旅行的最高峰：在尼羅河上的旅行。1873年初，他們經意大利和巴黎回到倫敦，按排得滿滿的社會交際日程表生活，既令人疲倦又使人愉快。緊接著訪問了牛津和愛丁堡(Edingburgh)，然後乘船跨大西洋回到波士頓，此時離他70歲生日只差幾天。回來發現，他那被焚的故宅已被朋友們修復一新。

從70年代初開始，愛默生的健康和記憶力就嚴重衰退，演講時

為遺忘所苦。1875年，他停止了從哈佛求學開始一直堅持的私人日記。在1877–82年間，他在智力衰竭中平靜地度過了最後幾年。據傳在他有生的最後一年，在詩人朗費羅(Henry W. Longfellow)的葬禮上，愛默生說：「那位先生是一位可愛而美妙的人，而我把他的名字忘得一乾二淨。」1882年4月27日，他在與家人共享達四十七年之久的康科德住宅中安然去世，此時離他79歲生日不到一個月。

1.4　詩人哲學家

愛默生毫無疑問是一位詩人，在「詩人」的通常意義上是如此，在他自己賦予「詩人」的那種特殊意義上也是如此。他終生愛詩、讀詩、寫詩，出版過兩本自己創作的詩集，編過兩本自己喜愛的詩歌選集。並且，他用詩性的目光觀察著自然與社會，感受它們生命的律動，傾聽它們的天籟，然後用「未經人語」的文字與音調把它們的秘密宣示予人。他的許多隨筆、演說都是一種廣義的「詩」，其中名言警句俯拾即是。

實際上，愛默生與從古希臘至近代歐洲的浪漫主義文學和詩化哲學傳統有著極其緊密的聯繫。他在1842年的日記裡這樣告誡自己：

你一定要讀荷馬、埃斯庫羅斯、索福克勒斯、歐里庇得斯、阿里斯托芬、柏拉圖、普努克洛、普魯提諾、伊安布里克斯、波菲利、亞里士多德、維吉爾、普魯塔克、阿普利烏斯、喬叟、但丁、拉伯雷、蒙田、塞萬提斯、莎士比亞、瓊森、福特、查普曼、博蒙特與弗雷津、培根、馬維爾、莫爾、彌爾

頓、莫里哀、斯維登堡和歌德。❹

他確曾讀過這些人以及柯勒律治、華茲華斯、卡萊爾和東方哲學家
如孔子、孟子的作品以及印度的某些佛經。從他的日記裡可以看出，
荷馬、柏拉圖、但丁、拉伯雷、蒙田和莎士比亞給他的印象最深。

在《英國特色》一書的開頭，在述及第一次赴歐洲的理由時他
寫道：

> 我讀書有限而又雜亂，但這已經激起我想和三四位作家見面
> ——柯勒律治、華茲華斯、蘭多、德·昆西，以及批評雜誌
> 最近而又最強的撰稿人卡萊爾；我生病期間接受勸告去旅行，
> 我想如果我選擇去歐洲的理由，恐怕主要就是這幾個人的吸
> 引力了。如果歌德仍然健在，我也許會漫遊到德國去。❼

愛默生提到的這些人都是浪漫主義文學家，並且同德國唯心主
義哲學傳統有很深的淵源關係，所以愛默生又通過他們接受了一些
德國哲學傳統的影響。有人這樣指出：

> 愛默生構成美國哲學和歐洲浪漫主義之間的直接連環。在他
> 辭去唯一神教堂的牧師職務(⋯⋯)後不久，愛默生到歐洲旅
> 行，在那裡拜見了他的英雄華茲華斯、柯勒律治和卡萊爾。
> 很少有人懷疑這些人對愛默生的影響，以及愛默生在美國浪
> 漫主義中的奠基作用。正如哈羅德·布魯姆(Harold Bloom)

---

❹ *Journals*, vol. VIII, pp. 292–293.

❼ *ECW*, vol. V, p. 8.

所注意到的：「愛默生對美國浪漫主義所起的作用，就像華茲華斯對英國浪漫主義及其變體所起的作用。」**⑱**

愛默生是一位哲學家嗎？在很長時期內，人們對這一問題的回答基本上是否定的，甚至1970年出版的《美國哲學百科全書》的「愛默生」辭條就持這種觀點：

> 如果作為一位哲學家來考慮，愛默生有關「對應」和「補償」的斷言將需要進一步的闡釋和辯護。但是，在一位像愛默生這樣的作家那裡，期望某種類似於認識論的清晰甚至興趣，都將導致對他的誤解。確實，那些把他讀成像康德、謝林和黑格爾，或者甚至是柯勒律治（所有這些人的確對愛默生產生很大影響）這樣的哲學家的人，在很大程度上會錯失他的作品獨有的長處和意蘊。因為愛默生既不是一位批判哲學家，也不是一位觀念論形而上學家，而是一位詩哲。叔本華在給奧渥伯克(Overbeck)的信中說：「在愛默生那裡，我們已經失去了一位哲學家。」
>
> 像他的藝術典範蒙田、帕斯卡和《格言與反思》中的歌德一樣，愛默生是一位隨筆高手，其風格與內容、符號與「意義」達到了難分難解的和諧。他的沉思錄是闡釋性的，而不是規定性或確定性的，並且愛默生選擇來迷醉和誘惑其讀者的非陳述性、啟示錄般地使用語言的方式，對於系統地闡述其主要思想這一約定俗成的任務來說也是不適當的。適合於愛默

---

⑱ Russell B. Goodman, *American Philosophy and Romantic Tradition*, Cambridge University Press, 1990, p. 34.

生作品的是文學批評家的分析，而不是哲學家的評判。他的闡述方式在於：把與通常是範圍很寬的單個主題——「自然」、「友誼」、「財富」、「不朽」——相關的奇思妙想，疊塔般且辯證地並置和有意識地聚結在往往是隨筆、演說詞和講演稿的形式中。事實上，愛默生所有的散文作品都是說教性的，與唯一神教先輩的佈道詞不同的是，它們是世俗的佈道詞，其區別很大程度上是由於它們所傳達的訊息範圍更廣並且精細微妙，以及它們的內心獨白式的強烈的個人色彩。⓮

當然，此辭條最後也沒有忘記肯定愛默生在哲學上是有意義的：一是為了解他那個時代的思想狀況提供了完整的文字記錄；二是啟迪和影響了一些後來歐洲或美國的偉大哲學家，如尼采 (Friedrich Nietzsche)、柏格森 (Henri Bergson)、詹姆士 (William James)、杜威(John Dewey)等人。

由於受此類觀點的影響，愛默生被趕進了哲學史的「荒村陋巷」，一般的哲學史著作幾乎隻字不提愛默生；即使提到的，也常常用少許文字、最多幾頁就把他打發掉了。這對於大多數僅憑哲學史著作去熟悉、了解哲學的一般讀者來說，對於作為哲學家的愛默生的隔膜與無知，就完全不足為奇了。

不過，畢竟還有另一種看法，與上面的觀點大相逕庭，互為頡頏。例如，美國實用主義哲學大師杜威認為，愛默生「是屬於新世界的一位公民，他的名字適於與柏拉圖的名字在同樣廣的範圍內傳誦。」⓯杜威把愛默生看做一名經驗哲學家，一位「理念論者」,他把

⓮　*The Encyclopedia of Philosophy*, ed. by Paul Edwards, The Macmillan Company and The Free Press, 1967, vol. II, p. 478.

理念的東西不是歸諸於實在,而是歸諸於它們在人類生活中的起源。杜威還認為, 當時正在開始的新世紀將明確揭示出：愛默生不僅是一位哲學家, 而且是「民主的哲學家」。 美國著名哲學家桑塔亞那(Georg Santayana)於1898年認為, 愛默生「首先不是一位哲學家, 而是一位具有詩性魅力的清教神秘主義者, 擅長於觀察和製作名言警句。」但他最後又說, 如果說愛默生不是第一等的星體, 那麼他確實是「哲學天空上的一顆恆星」, 而且是唯一的美國恆星。在詹姆士於1910年去世、愛默生百年誕辰過後, 另一位美國哲學家羅伊斯(Josiah Royce)宣稱：有三位代表性的美國哲學家, 各自對美國文化的不同階段給出了經典表述, 他們是：愛德華茲(Jonathan Edwards)、愛默生和詹姆士。❺許多人則把愛默生視為美國迄今為止產生過的最偉大的思想家之一。❺當哈佛大學要建造美國第一幢專門用於哲學的建築物時, 給它選用的名字是「愛默生會堂」(Emerson Hall)。近些年來, 先後有許多哲學家如卡維爾 (Stanley Cavell)、帕克爾(Barbara Packer)、范・利爾(David Van Leer)、韋斯特(Cornell West)、鄧肯(Jeffery L. Duncan)、哥德曼(Russell B. Goodman)等人進行了大量的研究工作, 確立了愛默生作為哲學家的地位。

　　兩種看法的不同實際上反映了哲學觀的分歧。那些認為愛默生不是哲學家的人所據的主要理由是：⑴愛默生的思想缺乏透明性和

❺　John Dewey, *The Middle Works*, Carbondale: Southern Illinois University Press, 1976–83, vol. III, p. 191.

❺　Paul R. Anderson and Max. H. Fisch, *Philosophy in America, From the Puritan to James*, D. Appleton-Century Company, 1939, pp. 329–330.

❺　參見Elizabeth Flower and Muyphey, *A History of American Philosophy*, New York, G. P. Putnam's Sons, 1977.

體系性，上面所引的《美國哲學百科全書》「愛默生」辭條就持這種看法。我們可以把它稱之為「體系假定」。持「體系假定」的人認為，哲學是對於自然、社會和人的精神世界的系統探尋，是一種成體系、有系統的知識；如果一種思想、知識沒有形成體系，它就不配稱作哲學。⑵愛默生缺乏哲學史知識，特別是他對康德哲學的理解不正確，如他經常混用康德嚴格加以區分的兩個詞："transcendental"（先驗的）和"transcendent"（超驗的），這裡後者是指超越於經驗的，即經驗不能達到的，如「物自體」的世界；而前者則是指人的理智中先天具有的統攝經驗的形式。並且，他還混淆使用康德加以區分的「知性」(understanding)和「理性」這一對範疇。我們可以把這一點叫做「源泉假定」。持「源泉假定」的人認為，哲學是一種人類前仆後繼的事業，每一個哲學家應該對先前的哲學家的思想有充分正確的理解；如果他對於哲學源泉的理解不正確，則他的思想的有效性就大成問題。

那些認為愛默生是哲學家的人則持有另一種哲學觀。例如，詹姆士認為，「哲學研究是指這樣一種習慣，它總是看到事情的另一方面，不把習以為常視作理所當然，使約定俗成再次流動起來，想像新奇的心智狀態。」㊼羅素則指出，哲學構成「科學和神學之間的無人地帶」。對於思辨的心靈來說，存在著許多有意思的問題，科學不能找到答案，而神學不能覆蓋它們。㊽這種觀點是我所極為贊同的。在我看來，哲學主要的不是一種知識體系，而是一種看問題

㊼ 轉引自 Josephine Miles, *Ralph Waldo Emerson*, Univ. of Minnesota Press, 1964, p. 42.

㊽ B. Russell, *History of Western Philosophy*, London: Allen and Unwin, 1946, p. 1.

的方法，一種生活態度，一種思維習慣，它不把任何東西看作是理所當然的，它質疑一切現存東西的合理性根據和存在理由，它試圖對有關自然、社會、人生的一切普遍性、根本性和終極性的問題進行思考，試圖弄清人在這個宇宙中的位置及其安身立命之本。盡管它不能提供這些問題的確定的答案，但它的探索常常充滿智慧，別開生面，給人以啟發和指導。正是在這個意義上，哲學就是「愛智慧」，哲學是一門智慧之學。

當我們以上述哲學觀去看前面那兩個假定時，事實上真正成問題的是它們本身。關於體系假定，我完全同意下述看法：

> 也許沒有一個哲學家不是在實際上試圖建立某種體系，賦予自己的思想以普遍性的形式。⋯⋯但是，大千世界的神秘不會屈從於任何公式，沒有一個體系能夠萬古長存。幸好真正有生命力的思想不會被體系的廢墟掩埋，一旦除去體系的虛飾，它們反而以更加純粹的面貌出現在天空下，顯示出它們與陽光、土地、生命的堅實聯繫，在我們的心中喚起親切的回響。⑮

至於源泉假定，更是在現代詮釋學的研究面前擊得粉碎。實際上，任何文本中都沒有一個固定不變的「意思」等待讀者去發現，「閱讀」和「詮釋」是讀者帶著他的全部經驗、智慧、敏悟參與的一個創造過程，是文本和讀者之間的「對話」。讀者從文本中讀到什麼，並不僅僅取決於文本，而且在同樣程度上取決於讀者本人。

---

⑮　周國平：〈每個人都是一個宇宙——《愛默生文選》的啟示〉，《讀書》，1989年第2期，頁33。

於是，一位讀者讀到的東西，另一位完全可能讀不到。在某些特殊的歷史條件下，更有人故意給自己的思想披上古代聖哲的外衣，有意進行創造性誤讀，如歐洲中世紀的許多「偽作」，中國近代思想家康有為的「托古改制」。對於愛默生來說，他堅定地鼓吹個人的自立與自助，反對崇拜任何權威和偶像，包括過去的書本。在他看來，聽別人講是為了自己也能說。因此，他主張用挑剔的態度去讀書，他讀書是「在為幻想和想像尋求一種機械的幫助。……是為了尋找一些光彩，就好像一個人在色彩實驗中使用一幅美麗的圖畫，只是為了用它絢麗的色彩。我所探究的不是普羅克洛，而是關於自然和命運的作品。」❺因此，他建議在閱讀某一位作者時，「不要過於膽怯地探討他那晦澀的意義，而是說，他沒有成功地把你的意識反回給你。他沒有成功，就再叫一個試試。如果柏拉圖不行，也許斯賓諾莎可以。如果斯賓諾莎不行，也許康德可以。」❻你怎麼能指望持這種讀書態度的人會去老老實實地弄懂某位哲學家的所謂「原意」呢？

但你很難說愛默生的讀書觀不正確。用中國習語來說，本來就有兩種讀書態度：一是「我注六經」，一是「六經注我」。「我注六經」的人常常指責「六經注我」的人治學不嚴謹，功夫下得不深，對××思想理解不正確；而「六經注我」者則指責「我注六經」者是書蛀子和書呆子，在過去的書籍面前喪失了自我，不能進行創造。對於這兩者的孰是孰非，我這裡不想作出評判。我只想陳述如下的事實：在哲學史上，有些「橫空出世」的大哲學家常常沒有受過系統的哲學訓練，而是來自其他領域，如尼采最初是語言學家，詹姆

---

❺ *ECW*, vol. III, p. 222.

❻ *ECW*, vol. II, p. 321.

士最初是心理學教授，柏格森最初學習和研究生物學，維特根斯坦
則是學習建築和數學的。很難說他們在哲學史方面有完備而準確的
知識，而他們則是真正意義上的「哲學大師」，他們創作的文本又
成為許許多多哲學教授們終身研究的對象，後者又寫出了許許多多
關於這些書的書。

當以我所贊成的哲學觀去看愛默生時，他無疑是一位哲學家，
至少是一位哲人。他質疑當時流行的傳統、習俗、觀念、制度，無
情地抨擊奢華的物質主義、腐敗的政治以及虛偽的宗教；他對自然、
人生、社會進行深入的思考，提出了許多創見，在當時以至後世都
產生了革命性的影響。關於愛默生哲學思想的下述概括是大致成立
的：

> 人是愛默生思想的中心，本體論、認識論、宗教、倫理方面
> 的推理都源於此。世界成為人意志的實現。這世界包容了人
> 的事業、詩品、宗教，又有人的努力、希望和喪志。人自從
> 生下來以後，不能逃避成己成人的機會，也脫不掉自己的責
> 任，控制不了自己的苦惱和幸福。有形的世界是人精神的最
> 後產物，也是人理智的隱喻。❸

至於愛默生哲學的細節，則請讀者諸君陪我進入本書以後各章了。

---

❸　Milton R. Konvitz and Stephen E. Whicher, eds., *Emerson: A Collection of Critical Essays*, New Jersey, 1962, p. 11.

第二章　自然:「沉澱了的精神」

（有人問我這花的來歷）

在五月裡，海風刺穿我們的寂寞，

我發現樹林裡一個潮濕的角落，

有新鮮的紫陀蘿花，展開它無葉的花朵，

取悅於沙漠與迂緩的小河。

那紫色的花瓣落到池塘裡，

使那黑水也變成艷麗，

紅鳥或許會到這裡來將它的羽毛洗濯，

向花求愛——這花使它自慚形穢。

紫陀蘿花！如果哲人問你為什麼

在天地間浪費你的美，

你告訴他們，如果有眼睛是為了要看的，

那麼美麗自身就是它存在的理由。

與玫瑰爭艷的花，你為什麼在那裡？

我從來沒想到問，我從來也不知道，

但是我腦筋簡單，我想著總是

把我帶到那裡去的一種能量，把你也帶去了。

——愛默生：〈紫陀蘿花〉 ❶

在愛默生眼裡，自然是和諧、美和詩的化身，是我們獲得靈感與啟示的源泉。他不時地沉浸、陶醉在這如詩如畫般的境界中：

> 悄然而落的雪花，片片晶瑩完美；雨雪紛紛，掃過茫茫的水
> 面和原野；麥田裡麥浪滾滾；一望無際的茜草好似波濤起伏，
> 它們數不清的小花在眼前泛起白濛濛的漣漪；樹木花草倒映
> 在波平如鏡的湖水裡；馥郁纏綿如音樂的薰風把一棵棵樹都
> 吹成了風奏琴(wind-harps)；爐火中的鐵杉或松木噼啪作響，
> 火光迸射，把起居室的牆壁和人臉照得通明，——凡此種種，
> 都是最古老的宗教的音樂和畫面。我的房舍座落在低地上，
> 視野有限，又在村莊的邊緣。然而我和友人來到了我們的小
> 河之濱，船槳一划，便把村裡的政治、人物，不錯，把那村
> 莊和人物的世界拋在腦後，進入溫柔的晚霞和月光的王國，
> 這裡玉潔冰清，被玷污了的人不經修持和見習簡直無法入內。
> 我們通體都滲透於這難以置信的美裡；我們把雙手浸泡在這
> 如畫的流水中，我們的目光沐浴在這繽紛的光與影裡。 ❷

但愛默生是一位哲人，他要透過這迷人的外觀捕捉其深層的內蘊。於是，1836年愛默生出版了一本大綱式的、預言般的、詩化的小冊子《論自然》。「自然」(Nature)一詞，在西方哲學傳統中有兩種基本涵義：一是人所處的世界之本性、結構、原理或規律；二是

---

❶ *ECW*, vol. IX, p. 39. 譯詩引自《愛默生選集》(張愛玲譯)，頁152–153。

❷ *ECW*, vol. III, pp. 166–167.

具有這些本性、結構、原理或規律的事物所組成的總體，與通常所謂的「宇宙」、「造化」同義。這兩種意義是相互貫通、不可分割的。愛默生也是在上述兩種意義上使用「自然」一詞的。他說：「當我列舉自然的價值，並且求得它們的總和時，我將在雙重含義上使用『自然』這個詞：既在其普通意義上，又在其哲學涵義上。」❸

　　愛默生認為，從哲學的觀點來看，宇宙是自然和靈魂兩部分構成的。嚴格說來，所有那些與我們相分離的東西，哲學家稱之為「非我」的事物，包括自然和藝術，所有他人及我自身的肉體，都應歸入「自然」的名下。從常識角度說，自然是指未被人改造的事物，如宇宙空間、山川河流、礦物、植物、動物等等。另有一些事物則是由人的意志與自然事物匯合而成，這種合成表現為一座房子、一條運河、一尊雕塑、一幅圖畫等等。不過，在自然的巨大力量面前，人的操作加在一起也是微不足道的，人只不過在自然物上作了一些切削、烘烤、拼接、洗刷工作而已。世界給人的影響廣大而深遠，人對自然的改變畢竟微乎其微，所以我們仍可把人改造過的自然稱作「自然」。用現代哲學術語來說，這後一部分自然叫作「人化自然」。與愛默生時代相比，人對於自然界施加的影響的廣度和深度無疑是大大增強了，人不僅改變了自然界某些事物的形態、生存環境，而且還創造出了許多自然界內根本沒有的新事物，如電子計算機、人造衛星、宇宙飛船等等。但這些事物一旦創造出來之後，就成為一物化的對象，構成與個別認知主體相分離的自然界的一部分，成為人們認知、掌握和利用的對象。因此，愛默生對「自然」的定義和說明，即使在今天也仍然是站得住腳的。

　　愛默生評論說，我們的先輩們與神靈、與自然直接晤面，領承

---

❸　*ECW*, vol. I, p. 11.

天啟，而作為先輩之後人的我們，卻被先輩的往昔、歷史、傳統、習俗、宗教等等所束縛，通過他們的雙眼來「目睹」神靈和自然。愛默生質問道，與先輩一樣長有雙眼的我們「為什麼不該同樣地保持一種與宇宙的原始聯繫呢？為什麼我們不能擁有由我們的洞察力獲得的，而不是由我們的先輩留給我們的詩和哲學？為什麼我們不能擁有上蒼直接啟示給我們的宗教本身而不是這些啟示的遺跡呢？」❹他發出了這樣誠摯的呼籲：「讓我們向那些無聲無息閃耀在我們周圍的偉大精靈叩問吧。讓我們探詢：自然何往？」❺

是的，自然何往？或者說自然在朝向什麼目的地進發？這就是愛默生所要探尋和回答的問題。但他的探索不是科學家式的，而毋寧說是一個自然神秘主義者的。「人對於自然的統治」並不是科學家們精確觀察的結果，而是詩人或藝術家的力量所致，後者作為自然的主人，能夠把自然的分散的形式，例如她的枝葉、花朵、雲彩，整合為一個完整的景觀；她也是神秘主義者的力量所致，他們把自然視為精神的展現，並發展出一種能力，能夠完全沉浸於自然之中，不再有與自然的疏離感，只意識到他與所有造物的恆久的親密關係。自然只對那些熱愛自然而走出來面對自然的人顯示自己的秘密。科學家感興趣的是自然的恆久的客觀的一面，而愛默生的興趣所在則是自然的另一面，即她的多樣的、變化的一面，是「常常染上精神色彩」的一面。他更感興趣的是自然對於人的意義，以及她如何滿足人的需要，而不是自然本身是什麼。

在自然展示給人的四類服務中，愛默生發現了一種精神性日漸增多的順序關係。從單純的「物用」(commodity)或自然的實際用處，

❹ *ECW*, vol. I, p. 9.

❺ *ECW*, vol. I, p. 10.

通過「美」(beauty)、「語言」(language)，最後是「訓誡」(disci-
pline)而日漸增多了自然對於人的價值。我們現在依次對它們進行考
察。

2.1　物用和美

2.1.1　物　用

　　愛默生所謂的「物用」，是自然不憑藉任何中介對於人的直接
服務，即養育人這個物種，這是每個人都能理解的自然的用途之一：

> 我把我們的感官從自然那裡得來的所有好處都歸於「物用」
> 這一總名之下。當然，這些好處只是一種暫時的、間接的利
> 益，它不像那種對心靈有益的根本性恩澤。雖然它是一種較
> 為低級的用途，但就其類型而言又是完善的，而且它是自然
> 的所有用途中唯一能為所有人理解的一種。在這個載著人類
> 飄浮於太空中的綠色星球上，我們開採著穩定而豐富的資源，
> 它們就是用來供養人、使人愉悅地生活的……❻

愛默生還引用英國詩人赫伯特(George Herbert)的詩為證：

> 無數的僕從事奉著人，
> 人無法一一歷數他們。

愛默生指出，自然對於人的服務並不是她的各個部分獨自作用的結果，例如不是太陽，不是風，不是冰，不是雨，不是植物，也不是動物本身能夠使人受益，而是所有這些部分以神秘的組合方式共同作用，施惠於人：風播撒著種籽，太陽蒸發著海水，風又把蒸發的水汽吹向田野；在地球的另一邊，冰又把這水汽凝聚成雨；雨水滋養植物，植物供養著動物，正是上蒼恩澤的這種無盡循環養育了人類。

在愛默生所構造的宇宙體系裡，人明顯地具有一種特別重要的地位：

> 人被置於存在的中心，關係的紐帶從所有其他的存在物貫穿至人。離開這些對象是不可能理解人的，離開人也不可能理解這些對象。對它們自身來說，自然史中的所有事實是沒有價值、沒有生育力的，就像一個單性世界。一與人的歷史聯姻，它們就充滿了生命。❼

但這個體系不是神創萬物以養育人的目的論體系：創造花是為了供養蜜蜂，創造蜜蜂是為了供養田鼠，創造田鼠是為了供養貓，……創造萬物是為了養育萬物的靈長——人。在愛默生看來，人與其他萬物有著同樣的精神起源，他的特殊地位歸功於他具有其他自然物不具有的「理性」或「精神」：

> ……與人類相比，所有其他的存在物都顯得低下。當人類鶴立雞群地產生之後，精神對它格外垂青。精神說：「從這樣的

❼ *ECW*, vol. I, p. 33.

存在物那裡我汲取了歡樂和知識，從其中我發現和擁有自身，我要與之對話；它也能對答如流；它能給予我先已形成且活生生的思想。」事實上，那眼睛，那心靈，總是由這些形式——男人和女人——相伴隨，它們擁有潛藏於事物中心的力量和秩序的無比豐富的信息。……與環繞於人類周圍的既聾且啞的自然遠不相同的是，人類就像靜立於深不可測的思想和德性之海上的噴泉管道，並且在所有存在物中，唯有它們是進入這海洋的入口。❽

　　於是，人憑藉其聰明才智，使自然中的各種成份再生或組合，由此而獲得了有用的生存技藝。他不再等待順帆的風，而借助於水蒸汽的力量，把兩股甚至三十股風裝進他船上的鍋爐裡。為了減小摩擦，他在路上鋪上鐵軌，他登上車頭，身後載著許許多多的人、動物和貨物。火車在大地上疾馳，駛過一個又一個城鎮和鄉村，就像雄鷹和燕子在空中自由飛翔。愛默生驚嘆：「從諾亞時代到拿破侖時代，人類的種種作為使世界的面貌發生了多麼巨大的變化！一個貧窮無依的人卻擁有人們為他建起的城市、船、運河、橋梁。」❾他來到郵局，整個人類都為他跑腿；他來到書店，整個人類都為他把發生的事寫下來，讀出來；他來到法庭，各個民族都來為他主持正義，或糾正他本人的過失；他在路旁建起房子，整個人類每天早晨都來為他鏟除積雪，為他開出一條路來。

---

❽　*ECW*, vol. I, p. 19.

❾　*ECW*, vol. I, pp. 50–51.

2.1.2 美

自然能滿足人的一個更高尚的需求，即對於美的愛。

愛默生認為，很難給「美」下一個準確的定義，而只能列舉它的一些特徵。例如，「我們認為美歸屬於純樸的東西。那種純樸毫無冗餘的部分，它能恰到好處地滿足它的目的」；「不管是創造什麼樣的構造物或者有機物，它越是能夠真正地適應於它自己的目的，它就越是美。」「它與萬物息息相關；它是許多極端的中央。它是最為永恆的特徵；它是最有向善趨勢的特徵。」「美是演變的一剎那。仿佛這種形式恰巧要流入其他形式。任何凝滯、堆砌或者對某一特徵的過分注重，──例如長長的鼻子，尖尖的下巴，駝起的背──都是對流動的反動，因而是畸形的。」「所有的美都是真實的」。這就是說，美具有純樸性、合目的性、勻稱性和均衡性、真實性和永恆性，等等。並且，「這世間有許多種美，例如自然的美，人類容貌和體態的美，風度的美，智慧的美，方法的美，道德的美，或者靈魂的美。」❿

愛默生指出，為了更好地對美進行考察，我們可以從三條途徑考察美的各個方面。

首先，對諸種自然形式的簡單感知可以產生一種愉悅感。對於被圍於令人厭惡的工作與同伴之中的身心來說，自然是一劑良方，它能恢復人已遭損害的健康。但在另外一些時候，自然卻純然以它動人的外觀，不摻雜任何物質的利益而令我們感到愉悅。愛默生以自己的感受作為例證：

> 我是傍山而居的，有時站在山頂上觀賞早晨的景致，從破曉

❿ *ECW*, vol. VI, pp. 272–278.

一直到太陽升起，心中油然而生一種天使般的情感。細長的條形雲像一條條魚兒在深紅色的霞光雲海裡游動。我站在大地上如同站在海岸邊，眺望著那沉寂的雲海。我似乎被捲入它迅速的變幻中；一陣陣狂喜淹沒我的身軀，我感到我的生命在擴展，它與晨風交融為一。自然就是用這樣少、這樣常見易得的要素來給我們的生命灌注神性。**⓫**

　　愛默生指出，巧妙的藝術設計，或者大自然巧妙的製品，是美的前兆和先驅。那種美在人的形態中達到了它的極致狀態，並在女人身上達到了自己的高峰。伊斯蘭教徒說：「真主把三分之二的美麗都賦予了女人。」一位漂亮的女人是一位真正的詩人，她能馴服她那野性十足的配偶。墜入情網的年輕人常常把他心愛的妙人兒的美貌同月亮和星辰、同森林和海洋、同夏日的壯麗混為一談。女人用自己的言談和容貌醫治我們的尷尬。我們看到，她們在智慧上也能影響最最嚴肅的學者。她們可以美化和淨化他的心靈；她們能夠教導他在枯燥和艱澀的研究中採用一種快樂的方法。我們同她們交談，我們希望她們能夠聽我們說話；我們惟恐她們感到疲乏，因而我們練就了一種談吐機敏的本領。這種本領已經超越了交談的內容，它已演變成一種談吐的習慣和風格。這就是說，作為神和自然的寵兒的漂亮女人，能夠把溫柔、希望和口才種植在接近她的男人的心上。作為例證，愛默生述及了 15 世紀的法國美女波琳·德維吉爾 (Pauline de Viguier) 以及 18 世紀英國美女康寧姐妹在當時當地所造成的轟動效應。

　　其次，愛默生指出，對於美的完整性來說，一種精神性成份是

⓫ *ECW*, vol. I, pp. 22–23.

必不可少的；高級的神性的美總是與人的意志結合在一起。「美是
上帝給德性設立的標誌。每一個自然的行為都透露著神性的端莊，
而每一個英雄的行為也浸透著正直，他的光彩照亮了周圍的環境，
周圍的人。」⑫當人完成了一件高貴的行動時，自然也就顯現出一種
偉大的美。例如，當哥倫布的航船靠近美洲的海岸時，土人們從他
們用竹藤搭起來的小屋裡跑出來，在沙灘上站成一排；船的背後是
海；周圍是印第安群島上紫色的山峰。我們能把這些人與這幅活生
生的圖畫分離開來嗎？哥倫布發現的新大陸能不把棕櫚樹林和大草
原作為它的合身的衣裝嗎？自然的美永遠把人的偉大行為據為己有，
並給它著上自己的衣裝。具有美德的偉人則成為他所處環境中的中
心角色。

　　愛默生認為，意志和德性的雄奇、偉大和美甚至能彌補和遮掩
身體形態上的缺陷與不足：

> 一個人如果能夠把一座小小的城市發展成為一個偉大的王
> 國；如果他能夠使麵包變得便宜，能夠灌溉沙漠，能夠挖掘
> 運河連接海洋，能夠征服蒸汽，能夠組織獲得勝利，能夠引
> 導人類的信念，能夠擴大知識的範圍；那麼，他的鼻梁是否
> 本應與他的脊椎骨保持平行，或者乾脆說他有沒有鼻子；他
> 的腿是否筆直，或者他的腿是否截了肢，所有這些都毫無關
> 係。人們將會把他的畸形看作是一種修飾，從整體上看反而
> 有一種優勢，甚至能贏得人們更加崇高的敬意和驚嘆。⑬

⑫ *ECW*, vol. I, p. 25.

⑬ *ECW*, vol. VI, pp. 284–285.

例如，被愛默生視為「代表性人物」的拿破崙，就其自然形態而言，粗短身材，出身低微，但他卻以他的思想、行動、偉績震撼了整個歐洲，成為一位「世界巨人」(the man of the world)，在歷史上重重地打上了他的印跡。「他之所以出類拔萃，是因為他能準確無誤地表現思想和信仰的基調，即廣大活躍而又有教養的人們的目標。……如果發現什麼人具有廣大群眾的力量和感情，如果拿破崙就是法國，如果拿破崙就是歐洲，那是因為他所擺布的是一個個小拿破崙。」❹也就是說，拿破崙的所思、所想和所為反映、代表了普通民眾的所思、所想和所欲為，所以他們聚集在他的麾下，甘願為其馬前卒。愛默生對拿破崙讚譽有加。

我以為，與拿破崙有些許類似的是中國的鄧小平。這位可能不足1.6米的小個子在其政治生涯中三起三落。當他第三次出山時，他已是一位70高齡的老頭了，中國大陸的政治、經濟狀況也幾乎到了崩潰的邊緣，百廢待舉，百廢待興。他以在其政治生涯中獲得的超凡的政治智慧，以使年輕人蒙羞的創新精神和闖勁，領著中國大陸「摸著石頭過河」，大膽地試，大膽地闖，終於找到了一條走向成功之路。他蔑視體系周全的理論，認為理論必須管用，並且只要管用就行。他說話從來用的是「鄧氏語言」，簡短、實際、直指鵠的。在關鍵時刻，他信馬由繮，舉重若輕，敢作敢為。從這位形貌不佳的「小個子老頭」身上，我們看到了一位真正的男子漢、偉丈夫的風度與氣質，深切感受到他的人格魅力以及他的成熟美、智慧美。偉人業績，高山仰止！

最後，自然的美成為心智的對象。「事物除與德性構成一種關係外，還與思想構成一種關係。智慧尋求顯現在上帝的心靈中的事

---

❹　*ECW*, vol. IV, p. 213.

物的絕對秩序。」「自然的美將自身在心靈中變形。它如此變形不是為了進行枯澀、板滯的沉思，而是為了新的創造。」⓯而這種對美的創造就是藝術，藝術作品的產生揭示了人性的奧秘。每一種藝術品都是世界的一種抽象或縮影。它是自然的結晶，是自然的表達，是經人蒸餾過的自然。詩人，畫家，雕塑家，音樂家，建築師都以各自的方式將放射出來的光彩集於一點，各自以他們的作品滿足自己和他人對美的熱愛，正是這種愛美之心才促使他們進行創作。

「藝術是經人蒸餾過的自然」⓰，這一句話是愛默生藝術觀最簡明、最準確的概括。從源泉上說，藝術源於自然，來自世界，是人的心智對於自然之美的一種反映、理解和把握。但藝術是人的作品，它是藝術家們對自然美進行「變形」、「濃縮」、「蒸餾」、「昇華」的結果，其中藝術家的想像力起了關鍵性作用：

> 想像的功績在於它顯示了每一種事物都可以轉化成另外一種事物。有一些事實，它們過去從未離開過一成不變的通常的意義，但是現在，它們突然間扮演起埃留西斯人的神秘儀式中的角色。我的皮靴、椅子和燭臺竟然是經過偽裝的仙女、流星和星群。自然中所有的事實都是智慧的名詞，構成了永恆語言及其語法。每一個字詞都有雙重、三重乃至百重的用法和意義。……能夠覺察到一個事實的表徵意味或象徵特性是一件其樂無窮的樂事，這種樂趣是赤裸裸的事實或事件所無法給予的。生活中沒有任何日子，能像與突發的想像一道顫動的時刻那樣令人難以忘懷。⓱

⓯　*ECW*, vol. I , p. 28.

⓰　*ECW*, vol. I , p. 29.

　　愛默生以為，只有被人的心智理解和把握了的美，體現在人所
創造的藝術作品中的美才是真正的美：

> 事物可以是漂亮的、雅致的、鮮艷的、優美的、俊俏的，但
> 是，除非它們能夠對著想像說話，否則它們就不是美的。這
> 就是美在依然逃避一切分析的原因。它還沒有被人們據為己
> 有；它還不能被人把握。……適當地說，美不在形狀裡，而
> 在心靈裡。⓲

之所以如此，是因為世界就是這樣相對於人的靈魂而存在的，為的
是滿足人對美的愛好。愛默生稱這種要素為終極目的。相比之下，
自然中的美並不是終極性的，它是內在的、永恆的美的嚮導，不是
一個獨立的整體或令人滿意的作品。它必須只作為一個部分而存在，
而不能作為自然的終極原因的最後或最高的表達。

2.2　對應和超靈

2.2.1　對應學說

　　愛默生對自然服務於人的第三種用途的說明，使我們進入到他
最有特色的對應學說。他指出：

⓱　*ECW*, vol. VI, pp. 288–289.

⓲　*ECW*, vol. VI, p. 287.

語言是自然賦予我們的第三件法寶。在一重、二重乃至三重
意義上，自然都是思想的載體。

(1)詞語是自然事實的標記。

(2)特殊的自然事實是特殊的精神事實的象徵。

(3)自然是精神的象徵。❶

這幾句提綱挈領的話是愛默生對語言、自然和精神三者之間關係的
梗概式說明，從中可以發展出許多具體結論。

首先，我們逐漸認識到所有的詞語都是自然事實的標記。不僅
直接描述自然事實本身的詞語是如此，如「手」、「腳」、「桌子」、「黃
河」、「白雪」、「藍天」；而且表達道德事實和精神事實的抽象詞語
也是如此。我們的許多抽象詞語都是植根於描述自然的具體詞語，
是從所表示的物質性狀態轉借過來的。抽象語言只是具體語言的隱
喻性用法，「自然史的用途是幫助我們理解超自然史」❷。愛默生舉
例論證說，「正當」的本義是「筆直端正」，「過錯」的本義是「扭
曲」，「犯法」的本義是「越過界限」，「傲慢的」最初是指「眉毛上
抬」；我們用「心」來表示「情感」，用「大腦」表示「思想」。這就
是說，「思想」和「情感」是由感性的事物轉借而來。甚至「精神」
一詞本身也是如此，它本來是指一種物質性狀態「風」與「氣」，後
來被轉借來表示一種精神、道德狀況，如風度、風範、風格、風姿、
氣度、氣質、氣量、氣派、俗氣、小氣等等，更有中國孟子所謂的
「君子善養浩然之氣」之說。

此外我們還發現，各種語言中的成語都具有極強的感染說服

---

❶　*ECW*, vol. I, p. 31.

❷　*ECW*, vol. I, p. 32.

力，它們都是從表示自然事實的話語轉借、類比過來的。愛默生舉例說，「滾動著的石頭不生苔」，「兩鳥在林不如一鳥在手」，「一個走正道的跛子勝過健步如飛者走歪道」，「趁太陽還照著的時候曬好乾草」，「一滿杯水難端平」，「醋是葡萄酒之子」，「最後一盎司壓垮了駱駝的背」，「長命的樹生根早」，……諸如此類，不一而足。它們的本義只是一些瑣碎的事實，但我們卻借助類比使它們表達某些道德真理。不僅成語如此，一切寓言、童話、諷諭也都亦然。

不過，愛默生指出，詞語由具體向抽象的轉化過程大部分都被自語言形成以來漫長的時間間隔所掩蓋了，但我們能夠在日常生活中從兒童的語言中發現這種傾向。兒童和野蠻人最初僅使用名詞或事物的名稱，他們把這些詞轉化為動詞，用來表達類似的精神活動。也正因為如此，當我們追溯歷史時，我們發現語言更富有圖畫的生動性和具體性，而在語言的襁褓期，語言簡直就是詩，或者說，一切精神事實都是由自然象徵物來代表的。人們發現，這些相同的象徵物構成了所有語言的原初成份。正是在這一意義上，愛默生強調指出，最初的語言就是最終的語言，是本應如此的語言。語言對於自然的這種直接依賴，以及它把外部現象轉化為人類生活中某一部份的能力，永遠也不會失去它感染我們的力量。正是這種力量，使得倔強的農夫和林間隱逸者的談話帶有人人喜愛的辛辣與風趣。

其次，我們還認識到：不僅所有的詞語是象徵性的，而且自然界中的一切事物都是象徵性的。在特定的自然事實和特殊的精神事實之間存在著確定的關係，即愛默生所謂的「對應」：

> 每一個自然事實都是某種精神事實的一種象徵。自然中的每一種景觀都對應於心靈的某種狀態，而心靈的這種狀態也只

能通過把自然的這一景觀當作一幅圖畫呈現出來而得到描
述。㉑

愛默生舉例說，一位狂怒的男子就像一頭獅子；一個狡猾的人好比
一隻狐狸；一位堅忍不拔的漢子被喻為一塊岩石；一位飽學之士成
了一把火炬。一頭小羊即「無辜」，一條蛇是「惡毒」的委婉比喻；
鮮花向我們表達溫柔細膩的情感；光明與黑暗是我們用以表示「知
識與愚昧」的習慣說法，而「燃燒」則象徵愛情。我們身前、身後
可以看到的地方，分別被用來表示我們的「記憶」和「希望」。

愛默生指出：「上述事實說明，對於一個強健的心靈來說，鄉
村生活與那種人為色彩濃厚、草草而過的城市生活相比具有許多明
顯的優越性。我們從自然裡知道的要比從隨意的社交裡知道的多得
多。」 ㉒那些在森林的懷抱中長大的詩人和演說家，與自然朝夕相
處，林子裡一年又一年賞心悅目、令人恬適的變化滋養著他們的感
覺，沒有刻意的計劃，沒有小心翼翼的提防，市聲的喧囂與政界的
騷亂絲毫沒有擾亂他們的修持。……在一種高貴的情感的感召下，
林子裡蕩起波浪，松濤似乎在低語，河流滾動著，閃著亮光，牛羊
在山坡上吃草，這一切都是他年幼時看到或聽到的。這耳聞目睹的
一切，就是一串娓娓動聽的勸告，憑藉這一切，他手中握有了力量
的鑰匙。

最後，我們達到了這樣一種認識，除了自然與心靈之間部分與
部分之間的對應，自然作為整體是整個精神的象徵：

㉑　*ECW*, vol. I, p. 32.

㉒　*ECW*, vol. I, p. 38.

世界是象徵性的，言語的各部分都是隱喻，因為自然作為整體是人類心靈的隱喻。道德本性的規律對應著物質的規律，如同一張臉對應著鏡子中的另一張臉。「可見世界及其各部分之間的關係是不可見世界的標度盤」。物理學公理是倫理法則的一種譯本。

規律的同一，物理學中完善的秩序，以及自然律和思想律之間完善的平行對應，都存在著。❷❸

正因為存在這種平行對應，人就可以從自然中獲得聯想、啟示和靈感。愛默生舉例說，一個人在沉思時看到一條河，他能不由這河聯想到「逝者如斯」嗎？投一塊石頭到溪水裡，那一圈一圈向外擴展的漣漪是所有影響力的一個美妙範型。寫到這裡，我則想到了另一個例子：當中國詩人陳子昂在塞外大漠登樓遠眺時，眼前的自然景觀觸動了他內心的情愫，家事、國事、天下事一起湧上心頭，如鯁在喉，不吐不快，終於使他發出了這樣的千古絕唱：

前不見古人，後不見來者。
念天地之悠悠，獨愴然而涕下。

是自然景觀的描寫？是主觀情感的抒發？是對歷史滄桑的感悟？或者都是或者都不是？這些問題肯定不是簡單的「是」或「否」能回答的。

愛默生論述說，通過所有這些事情：

---

❷❸　*ECW*, vol. VIII, pp. 13–14.

人意識到，在他個人生命的裡面或者背後，潛藏著一個統攝
一切靈魂——在其中，正義、真理、愛、自由的本性，就像
天空中的太陽一樣升起、閃耀。他稱這普遍的靈魂為「理性」。
它並不屬於我、你或他；相反，我們是它的財產和部屬。在
藍色的天空下，人所居住的地球顯得格外渺小，天空帶著永
恆的寧靜，亙古如斯的星辰遍布其上。這天空正是「理性」
的範型。當我們從理智方面考慮它時，我們稱之為「理性」；
當我們從它與自然的關係考慮時，我們稱之為「精神」。精神
就是造物主。精神有它自己的生命。各個時代和所有國家的
人，在他們的語言中將精神實體化，稱之為「聖父」。**㉔**

這就是說，在特殊的自然事實背後隱藏的是特殊的精神事實；
在個別的心靈後面隱藏的是普遍的心靈，在個別的靈魂後面隱藏的
是普遍的創造的靈魂，即愛默生後來所謂的「超靈」。 超靈自身有
生命，因而能夠在其他存在物那裡創造生命，它構成大千世界的本
原、始基、動力源、目的地和最後歸宿。

「超靈」(oversoul)是愛默生哲學的關鍵性概念和支柱。正如錢
滿素指出的：「通過超靈，他的理想主義、超驗主義和神秘主義合成
了獨特的愛默生哲學，自立則是個人把理論付諸實踐的途徑。從詞
法上說，『超靈』有三個組成部分——『靈魂』、『超』，然後合成『超
靈』，它們包含了愛默生對世界的基本看法。」**㉕**

㉔ *ECW*, vol. I, p. 33.

㉕ 錢滿素：《愛默生和中國——對個人主義的反思》，三聯書店1996年版，
頁55。以下關於「超靈」的討論，曾參考和引用此書頁55–77的觀點

「靈魂」表明了世界的精神本質。我在前面反覆說明了在愛默生哲學中物質世界的精神起源。在〈超靈〉一文的開頭,愛默生曾說「人是一股源頭不明的溪流」, 但他很快就指明了這股溪流的源頭:

> 就是那「統一」,那「超靈」,每個人獨特的存在都包含其中,並且跟所有其他的存在融為一體;就是那共同的心,一切誠摯的交談都是對它的膜拜,一切正當的行為都是對它的服從;就是那壓倒一切的實在,它拒斥我們的謀略才幹,迫使每個人表露真情,迫使每個人用他的性格而不是用他的舌頭說話,它始終傾向於進入我們的思想和手,變成智慧、德性、能力和美。我們生活在延續中,生活在片段中,生活在部分和零零碎碎中。與此同時,人身上卻有著整體的靈魂;有著明智的沉默;有著普遍的美,每一個部分和零碎都同樣與它相關聯;有著那永恆的「一」。㉖

這就是說,每一個人都是普遍的宇宙靈魂 —— 超靈流經的渠道,都是超靈的部分與化身。於是,如果他讓靈魂通過他的行為顯露出來,靈魂就會讓我們下跪。當靈魂通過他的智能呼吸時,那就是天才;當靈魂通過他的意志呼吸時,那就是德性;當靈魂通過他的感情流動時,那就是愛。愛默生的這些說法,聽起來與黑格爾的客觀唯心主義如出一轍:絕對理念在自身發展的某個特定歷史時期,需要一些所謂的英雄人物來作為自己的體現與化身,例如在黑格爾眼

和部分詞句,謹向作者致謝。

㉖ *ECW*, vol. II, pp. 252–253.

裡，當時的拿破侖就是騎在馬背上的世界精神；但等到時機一過，絕對理念又會扔掉舊有的旗幟，尋找新的旗幟，以繼續自己的進程，……。

「超」既指靈魂的超驗性質，又指它彌漫、遍及一切事物的性質。談到靈魂時，愛默生描述道：它太微妙了，難以確定，無法測量。它沒有日期，沒有儀式，沒有容貌，沒有特點，沒有人。總之，它無形無質，沒有任何具體的限制，因而一切度量單位如時間、空間都在它身上失去效用。正因如此，「它同一切經驗相矛盾。同樣，它也廢除了時間與空間。」但正是這無形無質的「靈魂制約著萬物」，「滲透我們全身，包含著我們」；「靈魂堅定地向前看，在它前面創造一個世界，在它身後留下了許多世界。」[27]這種性質的「超靈」也太像中國哲學家老子的「道」了：

> 道之為物，惟恍惟惚。
>
> 惚兮恍兮，其中有象。
>
> 恍兮惚兮，其中有物。

> 道生一，一生二，二生三，三生萬物。

當「靈」冠之以「超」時，那永恆的「一」便得以完成。於是便有了自然與人的結合，有了宇宙靈魂的整體性。作為整體靈魂的一部分，人終於可以期望與上帝合一了：「在靈魂的每一個行為中都有人與上帝的統一，這是不可言喻的。最單純的人在真心實意崇拜上帝時就變成了上帝。」[28]這樣，超靈就超越了神人的界限。人現

---

[27] *ECW*, vol. II, pp. 255–259.

在可以理直氣壯地宣稱具有內在的神聖性，自立也就有了自己的哲學和神學的基礎。既然每個人都是超靈和天國流經的渠道，當個人靈魂覺察到超靈並與之結合時，就會經歷獲得神秘的宗教體驗的偉大時刻——「聖靈注入我們的心靈」。獲得這種人神相通經驗的可能性是永遠存在的，並且對每一普通人開放。於是，愛默生哲學的神秘主義傾向也就在超靈那裡獲得了自己的理論依據。

愛默生指出，如上所述的靈魂與事物、與人的關係並不是某個詩人的突發奇想，它是由上帝的心靈和意志決定的，因而人人都能理解它。精神的本性就是要將自己以物質的形式昭示出來。每一個物質的事物和事件都「預先存在於上帝的必然性的理念內」❷⑨。「自然永遠是果，而心靈則是流動的因。」❸⓪思想的規律就是事物的規律，物質是通過精神的某種流溢(emanation)過程從精神那裡派生出來的。每一個自然事實都是「精神」的流溢，它由之流溢出來之後又成為一個流溢，從每一個流溢產生一個新的流溢。（順便說一下，「流溢說」是愛默生從普魯提諾等新柏拉圖主義者那裡繼承過來的。）一個有德性的人，一個與自然和諧一致的生命，能夠理解和把握靈魂與事物的這種關係，能夠讀懂自然的本文。於是，「漸漸地，我們知道了自然的永恆物體的原初意義，世界對於我們來說是一本打開的書，是它隱含的生命和終極的原因之意味深長的形式。」❸①

---

❷⑧　*ECW*, vol. II, p. 274.

❷⑨　*ECW*, vol. I, p. 40.

❸⓪　*ECW*, vol. VIII, p. 212.

❸①　*ECW*, vol. I, p. 40.

2.2.2 訓 誡

自然服務於人的第四種用途就是她能夠訓練人的知性。把人的認識能力區分為感性 (perception)、知性 (understanding) 和理性 (reason)，在西方哲學特別是德國哲學中有著深廣的傳統。感性提供經驗材料，知性則對這些經驗材料進行初步處理，諸如分析—綜合、抽象—概括、分門別類等等。理性則像「普照之光」，以全面、深刻、系統的方式把握真理。與理性相比，知性顯得有些片面、膚淺，容易滑向謬誤與極端，容易導致與辯證法相對立的形而上學。不過，知性也是人必須具備的一種認識能力，是人認識世界的漫長過程中不可或缺的一個階段。愛默生通過柯勒律治從康德那裡借用了「知性」和「理性」這一對範疇，不過他並不執著於它們的嚴格區分。

愛默生指出，自然給人以訓誡：

> 空間、時間、社會、勞動、氣候、食物、旅行、動物、機械都日復一日地給予我們以誠摯的勸誡，其意義永無窮盡。它們既教化知性又教化理性。物質的每一屬性——它的剛性或不可入性，它的慣性、它的廣延性、它的形狀、它的可分性，都是一所教化知性的學校。知性增加、分割、合併、測度，並在這個有益的過程中獲得滋養與活動空間。與此同時，理性卻把所有這些自然的教誨編織到思想的網絡中，讓人通過類比的方法領悟到物質和精神的聯姻。㉜

具體來說，自然在下述三個方面給知性以訓誡：

㉜ *ECW*, vol. I, p. 42.

首先，自然使人的知性獲得有關的常識，並給人以意志的訓練和力量的教訓。

我們與種種可感物體打交道的過程是一個冗長乏味的練習過程，一天又一天，一年又一年，沒有盡頭；它造成了連綿不斷的煩惱、不便與進退兩難。由於愛默生所謂的「自然」是廣義的，即指「非我」，財產及因財產而生的債務和借貸同樣屬於自然的範圍，同樣可以擔當教訓的職責。「借貸，折磨人的借貸，它那張令寡婦、孤兒和天之驕子恐懼、憎恨的無情的面孔——債務，它耗盡了如此多的時光，它就是這樣一個使偉大的精神殘損、氣餒，使精神為一些很低下的事情而操勞，它是一位強迫你上他的課的訓導者，那些最受其苦的人反而最需要它。」❸ 從這些話語以及愛默生後來對財富的態度中，都可以感受到他早年貧困的家庭生活經歷的影響，也許貧困帶給他的切膚之痛始終使他記憶猶新。

正是通過與自然打交道和諸如借貸之類俗事的長期磨鍊，我們獲得了關於外部事物的差異、相似、秩序、定然與實然、事物進展的情形、事物從特殊上升到一般的過程、多重力最終合為一體等等這樣一些必不可少的教導，形成了對於指導我們的生活必不可少的常識和理智真理。當人一個接一個地了解和掌握事物規律、進入創造境界之時，人就比世界更偉大，因為他能窺見其奧，相比之下，宇宙顯得渺小，因為人一旦知道了它的規律，「時間」和「空間」的關係就悄然而逝。但是，愛默生警告說：「自然擲的骰子是灌了鉛的」❹，出人意外的結果總是存在的；並且，相對於巨大無垠的宇宙來說，人所獲得的關於它的知識只是滄海一粟。因此，在自然

---

❸ *ECW*, vol. I, p. 43.

❹ *ECW*, vol. I, p. 44.

面前，人永遠只能充當小學生。

　　自然的每一個事件還給我們以意志的訓練和力量的教導。從孩提時代起，人一直在探求怎樣才能不但將單個事件而且將某些大類事件，甚至將一系列事件納入他的意志控制之下，使所有的事實都與他的性格協調一致。「自然完全是中性的。人讓她為人效勞。」❸❺她溫順地接受人的統治，就像耶穌騎的驢一樣。她把她所有的王國提供給人，把她作為原料，讓人用這些原料塑造出有價值的東西來。人從不厭倦對自然的這種調理。……他那獲勝的思想一個接一個地與萬物同至並將萬物制服，直至世界最終變成了一個被人理解了的意志——這是人的另一個軀體。

　　其次，自然事物充滿了隱喻和象徵意味，人的知性可以從中獲得有關宗教和道德的啟示。

　　愛默生指出，所有的事物都是道德的，在其無窮的變化中，它們與精神的自然有著一種永不斷絕的關聯。因此，自然中的一切都在向人暗示或高喊著對與錯的規律，回響著摩西宣布「十誡」的聲音。「因此，自然永遠都是宗教的聯盟：它把它所有的壯麗與富饒都轉化成為宗教情感。」❸❻我們與之打交道的每一件事物都在向我們佈道。他反問道：難道還有不是一部默然無語的福音書的農場嗎？穀糠和小麥，雜草和植物，作物和病變，雨水、昆蟲和太陽——從春天的第一道犁溝到冬天田野裡的最後一堆積雪，這個農場完完全全是一個神意的象徵物。並且，「每一個自然過程都是一篇道德箴言。道德律處於自然的中心，它向外輻射，光耀四周。它是每一個本體、每一種關係和每一個過程的精髓。」❸❼於是，愛默生斷言，自然對於

❸❺　*ECW*, vol. I, p. 45.

❸❻　*ECW*, vol. I, p. 46.

每個個體道德上的影響就是她向他展現的那些真理。誰能估量出被海水噬咬的岩石教給漁夫多少堅毅？風長年累月地驅趕著一堆堆亂雲捲過天際，而天空卻從沒留下任何褶縐和斑痕。誰能設想，天空有多少從容鎮定反射到了人的身上？我們從動物的種種啞語式的姿態中看到了多少勤勞儉樸、居安思危以及深切動人的情感？而健康的各種各樣的表現又是一個多麼敏銳的宣講著自制、自勵的佈道者！

最後，自然使人的心智透過她表面上的紛繁複雜而認識到她內在的統一和相似。

儘管自然在外表上顯得複雜多樣，但她在雜多中的統一卻隨處可見。一片葉子，一滴水，一個晶體，一小段時間都與整體相關，分享著整體的完善和美。每一個原子都是一微型宇宙，忠實地表達著這個世界上普遍存在的相似。這種相似甚至在外表相差甚遠的事物之間也可以發現。例如，歌德曾說：建築是凝固的音樂；柯勒律治則說：一座哥特式教堂就是一種特殊的宗教。「每一個造物都只是另一個的轉型，它們之間的相似遠大於它們之間的差異，它們所遵循的根本規律是同一不二的。……這種『統一』是如此親近，我們很容易感覺到它的存在。它緊密地貼近自然，顯示出它與『普遍精神』的淵源關係。」❸這種統一甚至在思想中也可以發現，這就是真理的系統地相互關聯。「我們用言詞表達的每一個普遍真理都蘊含或假定著每一個另外的真理」❸。但是，言詞是無限的心靈的有限的表達手段，它們不能涵蓋真理的真正廣度。它們使真理斷裂、削減並變得貧乏。而行動才是思想的完善化和公開表達，正當的行

---

❸　*ECW*, vol. I, p. 47.

❸　*ECW*, vol. I, p. 49.

❸　*ECW*, vol. I, p. 50.

動似乎更接近人的心靈，並與所有的自然物相關聯。這裡體現了愛默生的一貫思想：與書本、言詞相比，行動才是第一位的。

2.2.3 唯心主義

自然對我們的訓誡把我們帶到了唯心主義(idealism)，後者亦譯為「理念主義」。 理念主義的譯法比較貼近柏拉圖的哲學，因為柏拉圖劃分了兩個世界：感知世界和理念世界，前者只不過是後者的「摹本」， 不可感知但可回憶、直觀的「理念」構成這個世界的真實本質。但這一譯法不能包攝貝克萊的「存在就是被感知」、 王陽明「宇宙便是吾心，吾心便是宇宙」的主觀唯心主義。愛默生是把 "idealism" 作為 "materialism"（通譯唯物主義）的對立物來使用的，理應包括後者；特別是愛默生有時似乎用 "idealism" 專指貝克萊式的唯心主義，所以我認為，還是將 "idealism" 譯為「唯心主義」更為恰切。

我們逐漸認識到，儘管我們可以懷疑感官證據，卻不能懷疑世界的穩定性和普遍規律的恆久性。「任何對規律之永恆確定性的懷疑，都將損害人的智能。規律的永恆確定性受到人們敬畏地尊崇，人的信念因而才是完善的。人的生命具有原動力的判斷是建立在自然的永恆確定性的前提之下的。」⓿但我們永遠也不能確定地斷言自然在我們的心靈之外有其實體性存在，我們無法檢驗我們的感覺知識的真實性。只有那些未受教化的俗人，如掮客、車匠、木匠、關稅員才會受感官證據的指引，去相信自然是確實存在的，人與自然血肉相聯。理性的出現使人們不光能感覺，而且能思考，從而把人從感覺的暴政下解放出來，遠離經驗主義而進入唯心主義，它「使

⓿　*ECW*, vol. I, p. 53.

我們把自然看作是一種現象，而不是實體；使我們把必然性存在歸
之於精神，而把自然看作一種偶然事件，一種結果。」❹唯心主義教
會我們使用理性的眼睛以代替感官的眼睛。我們終於在自然的誘導
下，經歷了它的四種用途或教益：物用、美、語言和訓誡，而進入
到文化的開端，即把精神性的東西看得先於、高於物質性的東西。

　　這種文化的第一個效果，就是使我們意識到觀察者和景觀、人
和自然、心靈和物質等等之間的二元對立，詩人則把他們的象徵體
系建立在這種二元對立上。對於淺俗的人來說，思想必須符合事物，
心靈必須對應物質，而詩人則使事物順應自己的思想，他把自然看
作是流動的、柔性的，景觀是由觀察者創造的，其秩序是由後者賦
予的。他用想像將感覺對象如蛛網和微塵「點石成金」，使它們變
成理性的語言，請看下面的詩句：

　　　黑夜給了我黑色的眼睛，
　　　我卻用它尋找光明。

而想像則可定義為「理性對物質世界的一種利用方式」❷。詩人的
目標是追求美，而哲學家的目標是探尋真。但「真正的哲學家和真
正的詩人是同一的，美就是真，真就是美，它們構成二者共同的目
標。」❸在詩人和哲學家看來，思想的王國預先決定著「事物的外顯
秩序和關係」。他們都能用思想分解看起來剛性的物質，並將精神
的生命植入所有的自然物內。他們都能憑藉直覺把握滲透整個自然

---

❹　*ECW*, vol. I, p. 54.

❷　*ECW*, vol. I, pp. 56–57.

❸　*ECW*, vol. I, p.59.

的內在規律。哲學總是懷疑物質的真實存在性，而將注意力移向觀念或理念(idea)。而「宗教和倫理可以恰當地稱為理念的實踐或理念向生活的延伸。它們與所有層次較低的文化具有一種類似的功效，即貶低自然的價值，揭示自然之於精神的依賴。倫理學和宗教的差別在於：前者是一種以人類為本源的人類責任系統，後者則以上帝為本源；宗教包括了上帝的人格性，而倫理學卻沒有。但對於我們目前的意圖來說，它們又是同一的，即都輕視自然」，把它當作一個次於精神的存在。㊹

自然向心靈提出了三個問題：物質是什麼？它從哪裡來？它往何處去？愛默生認為，如上所述的唯心主義只能回答這三個問題中的頭一個，它說：物質僅是現象，而非實體。這種唯心主義把我們自身的存在證據與世界存在的證據截然區分開來；心靈是事物之本性的一部分；世界是一個神聖的夢。當它否認物質存在的同時，也棄絕了人與自然之間的親緣性，使人與自然產生了一種疏離感，使人在自然的懷抱裡沒有回家的感覺，而永遠處於一種遊蕩、流浪的狀態。愛默生因此對上述理念唯心主義不滿意，只是權且把它當作一種工作假說。但精神卻能回答上述唯心主義不能回答的後兩個問題，從而使許多隱伏於意識中的真理煥然而出：

> 我們獲悉：最高的真理已呈示給人的靈魂，即那令人敬畏的普遍本質不是智慧，不是愛，不是美，也不是強力，而是它們每一個構成的全體；所有的事物為它而存在，也通過它而存在；精神的本性是創造；精神隱在自然背後，並貫穿於自然全體。它單一而不是複合地遍布我們周身，精神性而非從

㊹　*ECW*, vol. I, pp. 61–62.

外在的時間中作用於我們。因此，精神這一最高的存在，並不在我們的周圍建造自然，而是通過我們推出了世上萬物，就像大樹的生命力通過舊有的毛孔催生新的枝葉一樣。❹

　　愛默生終於憑藉超越方法，為其哲學奠定了精神論唯心主義的基礎。明顯可以看出，他的唯心主義是屬於柏拉圖、黑格爾客觀唯心主義一路的。

　　唯心主義，不管具有何種形式，都是一種有悖於經驗、常識和直覺的學說。愛默生何以要採納此種形式的理論呢？他自己曾在幾個不同的地方予以解釋。例如，在《論自然》這本小冊子中他指出：「唯心論相對於大眾信念的優越之處在於：它為世界提供了一個心靈最為希求的視角。事實上，這一視角正是理性──包括思辨理性和實踐理性，即哲學和倫理──所占據的視角。」❹唯心論把這個世界看作是上帝庇蔭下的世界，是上帝塗抹出來以供靈魂去反思的巨幅圖景，只不過這圖景是瞬時創造的產物，而不是經年累月的慘淡積累。在〈超驗主義者〉一文，愛默生對唯物主義與唯心主義作了更為鮮明的對比，更明確地解釋了他為什麼會採取唯心主義立場：

　　　　人類作為思想者，始終分裂為兩個派別，唯物主義者和唯心
　　　　主義者。頭一派人始終以經驗為基礎，後一派人則注重意識。
　　　　頭一派人依據感覺素材來進行思考，後一派人則領悟到感官
　　　　並不是最終的依賴物，比如說感官給我們提供事物的表象，
　　　　但不能說明事物本身究竟是什麼樣子。唯物主義者堅信事實、

---

❹　*ECW*, vol. I, pp. 67–68.

❹　*ECW*, vol. I, p. 63.

歷史和環境的力量，以及人的各種獸性欲望；唯心主義者則強調思想和意志的力量，強調靈感、奇蹟和個人教養。這兩種方式都是自然的，但是唯心主義者堅稱他的思維方式更勝一籌。他承認唯物主義者所肯定的一切，承認感官印象及其聯貫性以及它們的用途和美。然後他卻對唯物主義者斷言事物正如他的感官顯示給他的樣子的根據發出質疑。相反他說：我斷言事實不受感覺幻象的影響，事實與報道它們的官能具有相同的性質，這一點毋庸置疑；事實初看起來就向我們斷定了相對於物質事實的自然優越性，並把後者降格為一種藉以敘說前者的語言；事實不需要感官就可以察知。**❹**

在思想的邏輯支配下，唯物主義者從外部出發，結果把人看作是外部世界的一個產物。而唯心主義者從意識出發，於是便推測世界是一種表象。……經過從世界到意識的這一轉換，通過把所有事物都置於心靈中，人很容易導出他的全部倫理學。這使得人的自立自助變得簡單易行。人的偉大與神聖就在於他的自立自助，不需要賞賜，不需要任何外部的力。**❹**

概而言之，在愛默生看來，唯物主義不能說明感覺知識的可靠性；不能達至事物的本來狀態；不能說明或乾脆放棄對人類社會中真正有價值的東西、崇高而神聖的東西——真、善、美的追求；還不能說明對於人來說至關重要的自立自助何以可能。而這些事情唯

---

❹ *ECW*, vol. I, pp. 311–312.

❹ *ECW*, vol. I, pp. 314–316.

心主義都可以辦得到，並且它並不因此把物質世界歸於虛無或虛幻，它認為：儘管人的身體和外部自然同是普遍精神或靈魂的體現和化身，但後者不同於前者之處在於：「它不受人的意志支配。它那森嚴的秩序是不容破壞的。因此，對於我們來說，它是神聖的心靈之現成的解釋者。」**❹**

至於愛默生說得是否合理，唯物主義和唯心主義之間究竟誰優誰劣、誰對誰錯，這對於本書來說是一個過於艱鉅的任務，只好留給讀者自己去思索和裁斷了。

2.3 補償和均衡

2.3.1 補償法則

愛默生指出：「整個宇宙，僅僅有一件事，就是這種古老的『兩面』。造物主─造物，意識─物質，正確─謬誤，憑藉這一點，任何命題都既可以肯定又可以否定。」**❺**這種兩重性是普遍存在的，它表現在世界的每一個組成部分中，表現在每一個粒子裡。在一根松針裡，在一粒穀子裡，在每個動物群的每一個個體中，都有這種相反相成的兩面。愛默生舉了大量的例證證明這一點。

他說，我們在自然界隨處可見這種兩極性，或作用與反作用。例如，黑暗與光明；冷與熱；水的漲落；男性和女性；動植物的呼與吸；動物體內液體的質與量的均衡；心臟的收縮與舒張；流體和聲音的起伏波動；離心力和向心力；靜電、流電和化學親和力。在

---

❹ *ECW*, vol. I, pp. 68–69.

❺ *ECW*, vol. III, p. 233.

指針一端增加磁力，另一端就產生相反的磁力。如果南極吸引，北極則排斥。為了騰空這裡，你必須壓縮那裡。一種不可避免的二重性把自然一分為二，所以每一件事物只是一半，並且表明還有另一半才能使事物構成一個整體。例如；精神與物質；男人和女人；單與雙；主觀和客觀；內與外；上和下；動與靜；是與非。

此外，在動物界裡，生物學家已經觀察到沒有一個動物是得天獨厚的寵兒，卻有一種補償把每一種天賦和每一種缺陷都加以平衡。同一個動物的某一部分有所長，另一部分必有所短。如果頭、頸增長，鼻子和四肢就要縮短。在機械力方面，如果我們在功率上有所增加，在時間上則有所減少，反之亦然。行星的周期或補償的誤差是一例。氣候、土壤在政治歷史中的影響又是一例。寒冷的氣候能強身，貧瘠的土地繁殖不出熱病、鱷魚、老虎或蝎子。

這種二重性在個人生活中也有所體現，實際上它「構成人的天性和狀況的基礎」。每一種接受快樂的官能一經濫用就受到相應的懲罰，這樣做是為了延緩它的壽命。給一點智慧就有一點愚蠢。你在一件事上有所失，在另外一件事上就有所得；你若有所得，就必有所失。如果財富增加，利用財富的人也就相應增加。如果採集者採集過多，大自然就把放進此人懷中的東西拿走；膨脹了財產，卻葬送了財主。如果一個人對社會來說太強悍、太凶殘，而且從性情和立場上來講，是一個壞公民，一個乖戾的惡棍，身上有一股海盜的闖勁，自然就送給他一群漂亮的兒女，都在鄉村學校女教師的班上學習，對他們的疼愛和懼怕就把他的一臉殺氣化作滿身斯文。自然就這樣設法把花崗岩和長石軟化，把野豬的習性拿出去，把羔羊的氣質放進來，嚴格維持著她的平衡。再如，農民想著權力和地位總是好事情，然而總統為入主白宮付出了高昂的代價，例如常常使

他失去了一切安寧甚至隱私，也失去了大部分果斷氣質。為了保持一種短期的引人注目的形象，他心甘情願地挺立在寶座後面的真正主人面前含垢忍辱。偉大的天才常常經受著常人難以想像的折磨。

　　二重性、補償的規律也體現在各個城市、國家的生活和法律中。愛默生說，事物拒不接受長期的錯誤管理。雖然對於一種新惡的種種遏制沒有出現，但遏制還是存在的，而且一定會出現。如果政府慘無人道，政府首腦就性命難保。如果你課稅太高，國家歲入就沒有任何效果，因為人們會想方設法逃稅，或生產積極性不高。如果你把刑法定得太殘忍，陪審團就不會定罪。如果法律太寬廣，私人報復就乘虛而入。如果政府極端專制，公民就會精力過剩，壓力就要遭到抵制，生活就會閃出更加強烈的光焰。人的真正生活與滿足似乎在逃避極端困苦或極端幸運的境遇，似乎在各種各樣的環境下都處之泰然：文化能給人多大自由，人就一定能享受到多大自由。

　　愛默生指出，上述補償法則在各民族的寓言、歷史、法律、諺語、會話的描述中得到了忠實的反映。例如，在希臘神話中，朱庇特(Jupiter)被稱為「最高的心靈」，然而由於傳說中認為他有很多卑劣的行徑，因此這個神祇的雙手被捆了起來，被塑造得像一個英國國王那樣無可奈何。在〈樂伯龍根之歌〉中，塞格弗里德(Siegfried)也難得不朽，因為正當他用龍血浸身時，一片樹葉落到了他的背上，於是樹葉遮住的那塊地方就成了致命的弱點。愛默生由此作出結論說：「情況必定如此。上帝造的每一件事物都有缺陷。似乎總是有這樣一種懲罰性事件出人意料地悄悄潛入，甚至潛入人的幻想企圖藉以消閑、並擺脫古老的清規戒律的最狂放的詩歌中——這種反擊，槍炮的這種後座力，證明規律是不可避免的；證明在自然界裡，什麼都不能白給，一切都要付出代價。」❺——這就是報應女神的那個

基調。例如，他指出：大自然憎恨壟斷與破例。儘管海浪掀天，但立即又趨向一個平面。雖然狀況千差萬別，但容易取得均衡，前者速度並不比後者快。總是存在某種平均主義，把專橫跋扈之徒，富強幸運之輩基本上拉到其他人的同一個水準上。

> 一種盡善盡美的公正，在生命的各個部分調整平衡。「上帝擲的骰子總是灌上鉛的」。世界看上去像一個乘法表或一個數學方程式，你無論怎樣移項，它都維持著自己的平衡。你無論取什麼數字，你仍然會得到它的準確值，不多也不少。有密必泄，有罪必罰，有德必報，有錯必糾，不聲不響，確定無疑。我們所謂的報應就是那種普遍的必然。因為有它，凡出現必然的地方一定也會出現整體。你看見了煙，一定就有火。你看見一隻手或一條腿，你就知道後面就有它所屬的軀幹。❸

　　愛默生欣賞這種「多樣性的統一」，欣賞和沉溺於這個大致均衡、和諧的世界。他在多處地方表示：中間性的世界是最好的。人的理想生活也就是保持各種相互作用、相互抗衡的力量和因素之間的均衡：

> 人類生活由力量和形式兩種因素組成。如果要使這生活愉快而愜意的話，我們必須嚴格保持這兩者之間的比例關係。其中任何一個因素的過剩，都會像它的不足一樣，造成禍害。每一種事物都趨向於過剩；每一種好的品質，如果不與其他

---

❸ *ECW*, vol. II, pp. 99–100.

> 品質混合，都是有害的；為了將危險帶至毀滅的邊緣，大自
> 然使每個人的特質都過了剩。❺

有人把這段話作為串起愛默生思想之珠的線索，作為理解他思想的內在結構的關鍵。例如，鄧肯 (J. L. Duncan) 就寫作了這樣一本書：《愛默生思想的內容和形式》(美國弗吉尼亞大學出版社，1973年)。

不過，愛默生上述關於補償、均衡、報應的學說，帶有很重的宿命論和決定論的意味，似乎冥冥之中有一個命運女神在注視著一切，操縱、控制著一切，給人世間的一切事物分配著真與偽、美與醜、善與惡，從而維持著這個世界的大致均衡。從這種學說可以引申出兩個十分不妙的結論：一是人可以無所作為，也不需要他有所作為，因為在隱藏著的命運面前，人的一切努力都毫無意義，補償法則總是會自動起作用。於是有人就會說：幹好事有何用？一件事既有好處又有壞處。如果我得到好處，我必須為它付出代價；如果我失去好處，我還會得到另外的好處。一切作為都是無所謂的。這是與愛默生激進的個人主義立場以及「每個人都應該自立自助」的主張相矛盾的。第二個結論更為嚴重，即人也可以為所欲為。因為根據補償法則，善人今世受苦，來世必得好報；惡人今世享樂，來世必定受罰。於是，有人就會作出合理的推斷：「我們將來一定會有罪人們現在就有的那種美好時光。」或者一語道破天機：「你們現在犯罪，我們不久以後將會犯罪。如果我們現在能夠犯，我們寧肯現在犯；由於沒有飛黃騰達的機會，我們期待著明天雪恥的機會。」這樣一來，愛默生極力倡導的公正、正義、道德感何在呢？他本人聽了一位牧師具有類似精神的佈道後，也意識到這裡面隱藏的荒謬

❺ *ECW*, vol. III, pp. 67–68.

之處：惡人飛黃騰達，正義現在不可行。他認為，那位牧師的失誤在於他不是對抗邪惡，給背離真理的世人定罪；不是宣布靈魂的存在、意志的全能，從而建立起善與惡、成功與虛偽的標準。愛默生本人要做的正是那位牧師所未能做的，即肯定靈魂的存在，斷言補償法則在靈魂的存在中以及在真善美的領域不起作用：

> 靈魂不是一種補償，而是一種生命。靈魂存在著。事態猶如洶湧的大海，海水以完美的平衡漲落。在這個大海下面，有真正存在的原始深淵。本質，或者上帝，不是一種關係，也不是一個部分，而是整體。存在就是巨大的肯定，排除了否定，有自我平衡，把所有的關係、部分和時間都納入體內。自然、真理、德性就是從那裡流溢出來的。惡則是存在的缺席和背離。虛無、假也許確像茫茫黑夜或巨大的陰影，活的宇宙把它作為背景，在它上面把自己描畫出來，但沒有事實是由虛無產生的；它起不了作用，因為它不存在；它不能行什麼善，也不能造任何孽。它就是孽本身，因為不存在劣於存在。**⑤**

愛默生還指出，不能說正直的獲得必定以某種損失為代價。對於美德就沒有懲罰，對於智慧也沒有懲罰；它們都是存在的正當增補。在一種德性行為中，我正當地存在著；並且我對世界有所增補；我在從混沌和虛無中征服過來的沙漠裡種植，並且看見黑暗在天邊退去。愛沒有過度；知識沒有過度；美沒有過度，如果把這些品質放在最純正的意義上考慮的話。靈魂拒絕限制，並且永遠肯定一種

---

⑤ *ECW*, vol. II, p. 116. 著重點係引者所加。

樂觀主義，絕不肯定一種悲觀主義。

　　他繼續論述說，美德這種好處是沒有負擔的，因為那是上帝自己或絕對存在的到來，是無與倫比的。物質上的好處都有負擔，如果它來時沒有功德，沒有汗水，它就在我們身上紮不下根，隨後一陣風就把它刮走。然而自然的一切好處都是靈魂的好處，是可以擁有的，如果用自然的合法鑄幣去購買的話，也就是說，用心智所允許的勞動去購買的話。

　　但是，究竟如何通過宣布靈魂的存在、肯定補償規律對之不起作用，而建立起真與偽、善與惡、美與醜的標準，這其中的過渡和機理是什麼，我從愛默生的文字中讀不出來，自己也想不清楚。並且，正如前已指出的，在愛默生看來，靈魂是世界的創造者，是世界萬物的本原、目的與歸宿。本身只含有真、善、美的靈魂如何創造出了這個充滿了假、醜、惡且到處都是補償的世界，世界萬物身上所具有的假、醜、惡的一面源自何處？這都是一些需要嚴肅思考和認真對付的問題，從愛默生的文字中我找不到答案。

2.3.2　有機整體論

　　兩極相反相成，最後達到一種大致的和諧與均衡，使這個世界成為一個相互關聯的有機整體。這種有機整體論的宇宙觀包括兩個要點：一切是一；一是一切。

　　「一切是一」，是指世間萬物總是息息相關的，甚至在外表差異巨大的事物之間也隱藏著一種根本的類似和同一：它們都是最高的存在——超靈的體現和化身，是靈魂流經的渠道，是同一個整體的不同部分。「這種指導一切的同一性貫穿於事物所有的出人意料和尖銳對比之中，標誌著每一條法則的特徵。」❺於是，在世間萬物

之間就存在著一種普遍的相互對應：詞語是自然事實的標記；特殊的自然事實是特殊的精神事實的象徵；自然作為整體是精神的象徵；而道德規律則對應著自然和精神的規律，就像鏡子裡的一張臉對應著另一張臉。也正因如此，事物之間能夠相互作用、相互影響、相互感應，這個世界因此成為多樣卻又統一的整體。

「一是一切」，是指「宇宙體現在它的每一個粒子裡。自然界裡的每一件事物都包含著自然的一切機能。」❺每一件事物都是由一種隱秘的材料構成的，正如博物學家在每一種變態下面看出了一種類型，把馬看作奔跑的人，把魚看作游泳的人，把鳥看成飛翔的人，把樹看成紮根的人一樣。每一種新的形式不僅重複了該類型的主要特徵，而且按相應的部分逐一重複了另外每一種類型的所有細節、所有的目的、所有的促進、妨礙、能力和整個體系。每一種職業、行當、技藝、事務，都是世界的一個綱要，與別的每一種事物無不息息相關。每一事物都是人生的一種完整的象徵，是人生的善與惡、人生的考驗、人生的敵人、人生的進程和目的的一種完整的象徵。每一件事物必須以某種方式容納完整的人，詳述他的全部特徵。愛默生還指出，顯微鏡發現不了的小而欠完善的微生物，眼睛、耳朵、味覺、嗅覺、運動、阻力、欲望以及控制永恆的生殖器官——都找到空間寓於這小小的生物裡。所以我們的生命注入每一種行動中。「無所不在的教義就是：上帝完完全全地重現在每一個苔蘚和蛛網裡。宇宙的價值設法把自己表現在每一點上。」❺世界把它自己濃縮在一滴露珠裡。

---

❺ *ECW*, vol. III, p. 176.

❺ *ECW*, vol. II, p. 98.

❺ *ECW*, vol. II, p. 99.

宇宙的這種整體性反映到人的智能(intellect)、真理(truth)和美(beauty)中，導致了後面這些東西的整體性。例如，愛默生指出：「智能是一個整體，要求每一項工程的完整性。如果一個人專注於一個思想，或野心勃勃，想把太多的思想結合起來，都不會達到那種完整。」❺⁹「真理是我們的生命要素，然而如果一個人把他的注意力集中在真理的一個方面，而且長期執一不變，那真理就會受到歪曲，不再是它的本來面目，反而變成了謬誤。」❻⁰世界、真理的整體性要求我們以整體的方式去觀照世界，在認識論上做一個全面論者，既看到事情的一方面，又看到它的另一方面。

愛默生還指出，「一切美都是有機的」❻¹。自然的形態和色彩除了能夠引起感官的愉悅外，它們對於我們還具有一種新的魅力，即我們發覺自然每增添一種裝飾，其目的都不只是、甚至主要不是為了裝飾，而是標誌著某種更加健全的生命力，或者某種更加出色的行動。鳥兒、野獸或者人類優美的形體，意味著結構本身包含著某些非凡的特質，或者說，美不過是源於我們自身屬性的誘惑。外在的修飾只是一種畸形。正是由於骨頭本身的健美，才能最終形成雙頰桃紅的漂亮臉蛋；也正是由於體格的健壯，才能使雙目顯得炯炯有神。優雅的儀表，以及彌足優雅的舉止，究其來源，都是來自於身材的大小、骨骼的連接絞合及其調節搭配。貓和鹿的行止坐臥天生就不可能粗俗。舞蹈教師也永遠教不會一個形體醜陋的人走出優美的舞步。並且，美是演變的一剎那，仿佛這種形式恰巧要流入其他形式。平衡的打破促使眼睛渴求著勻稱的恢復，並且觀察它重

---

❺⁹　*ECW*, vol. II, p. 315.

❻⁰　*ECW*, vol. II, pp. 315–316.

❻¹　*ECW*, vol. VI, p. 275.

獲平衡的每一個步驟。這就是流水的魅力，海浪的魅力，鳥兒飛翔的魅力和動物運動的魅力。這就是舞蹈的理論，即在不斷的變化中憑藉漸進的和靈活的動作，而不是憑藉著猝然而生硬的動作，去恢復失去的平衡。總之，在愛默生看來，美代表著勻稱、生命、流動、合目的性等等，它為有機的、洋溢著生命活力的整體所具有。

2.4　變易和進化

　　早在第一本著作《論自然》(1836) 裡，愛默生就強調世界處於永恆的生成、變化和發展之中：「自然不是固定不動而是流動不居的。精神改變著它，澆鑄著它，製造著它。自然的板滯和粗糙只表示觀看它的人的精神的匱乏。對於純潔的精神來說，它是流變的，飄忽而又順從。」❷ 並且，他還使用圓作為隱喻，去象徵演變、發展的無限性：「我們用言詞表達的每一個普遍的真理都暗含或提示著每一個另外的真理。『萬物各異，其實相通。』這就像球面上的一個大圓，包含著所有可能的小圓；不過，這些可能的小圓都可以再畫出來，並以類似的方式包含其他的小圓。從一個側面看，每一個這樣的真理都是一絕對的存在。但它有無數的側面。」❸ 在後來的一些篇章裡，愛默生一再重複了這一主題，並反覆利用了「圓」這一隱喻，這在〈圓〉和〈自然〉兩文中表現得最明顯。

　　〈圓〉是愛默生寫得最漂亮和最雅致的散文作品之一，它雄辯地再現了超驗主義的某些中心論題：流變、進化、相對主義和新生。生活和經驗永遠是再生、清晨和生機盎然的春天。作為成功的修辭

---

❷　*ECW*, vol. I, p. 79.

❸　*ECW*, vol. I, p. 50.

手法，「圓」這個隱喻在該文中至關重要，愛默生一開始就戲劇化
地使我們注意到它的無所不在：

> 眼睛是第一個圓；它所形成的地平圈是第二個圓；整個自然
> 界裡，這一基本圖形沒完沒了地重複著。它是世界的密碼中
> 最高級的符號。聖奧古斯丁(St. Augustine)把上帝的天性描述
> 為一個處處是圓心，但無處是圓周的圓。[64]

　　在西方文化傳統裡，就其本性而言，圓代表著發光（因為太陽
和月亮都是圓）、 生命力、運動和過程等等，它否定的是靜止的、
僵硬的和有窮的東西。愛默生在該文第一段末尾，直接了當地揭示
「圓」這個隱喻的含義：

> 每一個行動都有被超過的可能。我們一生都在學習這樣的真
> 理：圍繞每一個圓可以再畫一個圓；自然沒有終結，而每個
> 終結都是一個開端；正午時分總有另一縷曙光升起，每個深
> 淵下面還有另一個更深的深淵。[65]

在緊接著的後面三段內，他繼續揭示該文的主題，即新人相對於舊
人、現在相對於過去、未來相對於現在的優越性，沒有任何東西是
永久的：「自然界沒有固定的狀態，宇宙是流動的，可變的。永久
只不過是一個表示程度的字眼。我們的地球在上帝的眼睛裡是一個
透明的法則，不是一堆固定的事實。法則把事實溶解了，使它保持

---

[64] *ECW*, vol. II, p. 281.

[65] *ECW*, vol. II, p. 281.

液態。我們的文化突出了下述觀念：它在身後拖著這樣一串城市和制度。讓我們上升到另一個觀念上去：這一切是會消亡的。」**⑥**

愛默生舉例論述說，希臘雕刻已經冰消瓦解，只是在有些地方還遺留著一個孤身或一些殘片，就像我們在六、七月裡看見星星點點的殘雪遺留在冷谷和山坳裡。希臘文學要持久一些，然而已在經歷著同一種下場，而且正在不可避免地跌入新思想為一切舊事物挖掘的墳墓裡。新大陸是在舊大陸的廢墟上建造起來的；新品種是在先前品種的解體中培育出來的；新工藝摧毀了舊工藝。你看！堡壘被火藥報廢；大路、運河被鐵路拋開；風帆被蒸汽取代；蒸汽被電力擯除。即使是貌不可摧的花崗石高塔，用手推倒它也不是一件太費力氣的事情。實際上，「比手更高明、比手更靈敏的卻是通過手工作的看不見的思想。所以，在粗糙的果後面總有一個精細的因，這個因經過仔細考察，它本身又是一個更為精細的因造成的果。每一件事物在它的秘密為人所知以前看上去總是永久的。」**⑦**自然作為整體也是如此。一旦我們知道了它的因，它的神秘莫測、它表面上的恆久性就消失了。愛默生再一次強調說：「永久是一個表示程度的字眼。凡事都取中間。」**⑧**

愛默生論證說，一個人總是不斷地被自我超越或被他人超越。在他看來，每個人的關鍵就是他的思想，他的一切都是按它來分門別類的。要改造他，只有給他介紹一種統帥他自己的觀念的新觀念。他這樣描述道：

---

⑥　*ECW*, vol. II, p. 282.

⑦　*ECW*, vol. II, p. 283.

⑧　*ECW*, vol. II, p. 283.

人生是一個自我旋轉的圓，它從一個小得看不見的圓圈開始，從四面八方向著一個越來越大的圓衝去，而且永遠沒有止境。這種圓的形成，輪外有輪，將要進展到什麼程度，那就取決於個人靈魂的力量或真誠。……如果靈魂敏捷有力，它就從四面八方衝破那個界限，在大海上擴張出另一個環形浪，它也可以湧起一個高浪，懷著再次阻止、凝固的企圖。然而心靈拒絕接受禁錮；在它最初最小的悸動中，它已經傾向於用一種更大的力量向外進行無邊無際的擴張。[69]

強健的靈魂像大海的波濤一樣不斷地自我超越，並且他也隨時被他人超越。看啊！那邊也出現了一個人，我們剛剛宣布過一個圓的輪廓範圍，他就圍繞那個圓又畫了一個圓。於是，我們的第一位發言者唯一的補救是：立即在他的對手外面再畫一個圓。因此，對於每一個人來說，重要的不是他的昨天和過去，而是他的今天和未來。光榮已成過去，新的挑戰正向他走來，新的希望在向他招手！與其說一個人是世界上的一位工作者，還不如說他僅僅提示著他應當成為什麼。人們忙忙碌碌只不過在預言下一個時代。

此外，每個人也在不斷地超越別人，例如他的朋友和他所崇拜的偶像。愛默生認為，一個人的成長可以在他的一連串朋友中看出來，可以通過一系列的老師取得，其中每一位在當時似乎都有一種最大的影響，但最終還是讓位於一種新的影響。我們所接近的每一個新的心靈似乎都要求我們放棄過去和現在的所有財產，一種新的學說最初似乎推翻了我們的一切見解、情趣和生活方式。對許多年輕人來說，斯維登堡、康德、柯勒律治、黑格爾甚至他的解釋者庫

---

[69]　*ECW*, vol. II, pp. 283–284.

辛，都曾顯得如此重要。愛默生的勸誡是：先把他們窮盡，把他們給的一切全盤接受下來，並表示衷心感謝；再同他們格鬥，別放開他們，除非贏得了他們的恩賜。過不了多久驚慌就會過去，過分的影響就會消除。原先你以為他是一個可以暢游的無邊的大海，但現在你卻發現了他的海岸，發現他原來也不過是一個池塘；原先你把他看作令人心惶惶的彗星，現在他只不過是一顆普通的明星，在你的天空裡寧靜地閃耀，把它的光芒與你的歲月融為一體。愛默生由此得出一般性的結論：

> 任何一種科學明天都有可能被駁倒；任何文學聲名，甚至所謂不朽的聲名，也有可能被修正和批判。人的希望，心中的思想，各國的宗教，人類的風俗道德，完全受一種新的概括支配。概括總是把神性重新灌注到心靈裡，於是它才有隨之而來的激動。**⑦**

在愛默生那裡，「圓」的隱喻似乎無處不在。「會話是一場圓的比賽」**⑦**。在會話中，每一個新的談話者點燃新的火光，把我們從上一個人的壓迫下解放出來，又用他自己的思想的偉大和孤傲來壓迫我們，然後又把它讓給另一位拯救者，這時我們似乎恢復了我們的權利，就成了人。「文學是我們現在的圓之外的一個點，通過它也可以畫一個新的圓。」**⑦**文學的功用就是給我們提供一個高臺，從它上面我們可以俯瞰我們的現實生活；提供一臺起重機，我們可以用

---

⑦ *ECW*, vol. II, p. 288.

⑦ *ECW*, vol. II, p. 289.

⑦ *ECW*, vol. II, p. 291.

它移動我們的現實生活。「可以把自然界想像為一組同心圓」**⑦**，不過我們不時在自然中發現一些小的錯位，它們向我們表明：我們現在所立足的這個表面不是固定的，而是滑動的。這種緊密相連的多面性，這種化學和植物，這些金屬和動物，好像為自身的緣故而立在那裡，實際上它們不過是手段和方法，——是上帝的語言，並且像其他語言一樣轉瞬即逝。此外，「同一種永恆前進的法則包羅了我們稱之為德性的一切，又按照一種更好的德性把每一種德性逐一消滅。」**⑦**公平、正義、美醜等等都取決於你看問題的角度，因而都具有相對性：「一個人的公平是另一個人的不公平；一個人的美是另一個人的醜；一個人的智慧是另一個人的愚蠢；如果你站得高一點去觀察同樣的一些事物，你發現情況就是這樣。」**⑦**於是，沒有一種善是最終的；一切都是最初的。社會的善就是聖徒的惡。

針對他在進行循環論證、在鼓吹一種高明的皮浪主義、在倡導對一些行動的等同與冷漠之類的指責，愛默生解釋說：

> 我僅僅是一個實驗者。不要重視我做過的，也不要蔑視我未做的，好像我自命把什麼東西定為真的，把什麼東西定為假的。我攪動了萬物，對我來說，沒有一件事實是神聖的，也沒有一件是褻瀆的。我僅僅在實驗，我是一位無止境的探求者，身後沒有過去。**⑦**

---

⑦ *ECW*, vol. II, pp. 292–293.

⑦ *ECW*, vol. II, p. 293.

⑦ *ECW*, vol. II, p. 294.

⑦ *ECW*, vol. II, pp. 296–297.

在〈圓〉一文的結尾部分，愛默生如他一貫所做的那樣，貶損過去、老年，贊美未來、青春。在他眼裡，這個世界沒有睡眠，沒有停頓，沒有保存，只有萬物的更新、萌發和生長。「在自然界，每時每刻都是新的，過去總是被吞沒，被忘卻；只有來者才是神聖的。除了生命，變遷，和奮發的精神，沒有什麼可靠的東西。愛不能受誓言和契約的約束去防範一種更高尚的愛。再崇高的真理明天在新思想的光照下也會顯得平凡。人們希望安定；但只有在不安定的情況下，他們才有希望。」「生活是一連串的驚奇」**⑰**。之所以如此，是因為我們無法對未來作出準確的預測。

〈自然〉一文除重複愛默生有關自然的那些主題之外，其中還包含新的東西，那就是它把自然描述為一個由低級到高級朝著意識發展的進化過程，並探討了自然變易、發展、進化的動力問題。根據當時的科學知識，愛默生如此描述了那個進化過程：

現在我們知道，岩石先形成隨後又粉碎，然後最早的地衣把最薄的外層分解成土壤，這就敞開了大門，迎接遙遠的植物、動物、穀物和水果女神進來，在此之前，一定有多少個漫長的地質紀循環交替。三葉蟲何其遙遠！四足動物何其遙遠！人類自己也是悠久得不可思議！一切都如期到達，然後到來了一代接一代的人類，從花崗岩到牡蠣，路途迢遞，到柏拉圖和靈魂不朽說就更加漫長了。然而一切一定要來，就像每一個原子都有兩面那樣確定無疑。

植物是世上年輕的一代，是充滿健康和活力的；但它們永遠向上探索，朝著意識發展；樹木是沒有發展完善的人，仿佛在悲嘆自己遭到禁錮，紮根地下不能自拔。動物是更高階段的新手和見習生。人類，儘管年輕，卻因從思想之海裡品嘗到第一滴甘露，所以已經

---

⑰　*ECW*, vol. II, pp. 297–298.

開始放蕩了。楓樹和蕨草依然潔身自好；然而毫無疑問，一旦它們產生了意識，它們也會詛咒謾罵的。

愛默生還借用斯賓諾莎(Baruch Spinoza)的術語,把自然區分為「能生的自然」(natura naturans)和「被生的自然」(natura naturata),觸及到自然變易、發展、進化的動力問題。斯賓諾莎是一位泛神論者,主張神即自然,神是身體、心靈和精神三者合一。通常所謂「宇宙」或「世界」是神的身體,思考著的思想是神的心靈,推動著宇宙運動的是神的精神；換句話說,神不是無限的實體,是世界的觀念和動力。於是,作為神的身體的世界是「被生的自然」, 而神的心靈和精神則是「能生的自然」,它們只不過是同一個神或自然的兩個不同方面。這一區分的意義在於：自然發展變化的動力來自於自然自身。

愛默生繼承、接受了上述思想,並加以發揮。天文學家說：「給我們物質和一點運動,我們就會建造宇宙。僅有物質是不夠的,我們還必須有一種推動力,一種發動物質、導致離心力和向心力和諧的推力。一旦把球從手中舉起,我們就可以顯示這一切巨大的秩序是如何形成的。」 愛默生則指出,是自然本身給了這種推動力,球從此滾動起來：

> 這著名的原始的一推,通過體系內的一切球體,通過每一球體的每一原子,通過各種各樣的造物,通過個體的歷史和表現把自己傳播開來。在事物的進程中,難免有些誇張。自然把生物和人送到世界上來,難免要使他們的特性超過一點。有了行星,還必須加些推動力；所以自然給每一造物在它特有的軌道上都增加了一點強烈的傾向,那是使它運行的推動

力。❼❽

這種推動力在無機物那裡表現為各種物理、化學特性，如吸引和排斥；在植物那裡表現為生物特性；在動物那裡表現為本能和初級的感知能力；在人那裡則表現為欲望、愛好、理想等等。

上述表達有點像上帝給予「第一推動力」，然後讓自然自行其是的說法。但我們知道，在愛默生那裡，根本沒有一個人格化的上帝，上帝只不過是靈魂、精神、最高存在等等的同義語，自然是靈魂或精神的化身和體現。因此，不是自然，而是靈魂和精神給了這原始的一推！但愛默生並不想如此直白地表露，而是用很多象徵性、比喻性的說法來含糊其辭。例如，他這樣談到：自然把自己化為一個無邊的許諾，是不會被輕易地解釋清楚的。她的秘密從未透露。一個又一個俄狄浦斯(Oedipus)接踵而至：他們頭腦中裝滿了全部的秘密。天哪！他們的絕技竟被同一種巫術敗壞了，他們連一個字也說不出來。她那宏偉的軌道呈現為拱形，就像伸入大海的清新的彩虹，然而天使長的翅膀也無力沿著這個軌道飛翔，所以就無法匯報這條曲線的回路。這就是說，自然是人永遠無法猜透的謎。人不能與自然口角或較勁，而只能以平靜的心態，把自己融入自然之中，從而感受她的偉大、神奇和美。

讓我們用愛默生自己的一大段話來結束本章吧，這段話也是他關於自然的思想的某種概括：

> 自然是思想的化身，然後又變成思想，就像冰變成水和氣一樣。世界是沉澱了的精神，它那易揮發的精華永遠不停地再

❼❽ *ECW*, vol. III, p. 177.

次流入自由思想的狀態。因此產生了有機的或無機的自然物
對心靈的有效的或刺激性的影響。被禁錮了的人，定了形的
人，植物形態的人，向具有人格的人說話。那種不尊重數量、
那種使整體和微粒都成為它的同等渠道的力量，把自然的笑
靨授與晨曦，把自己的精華蒸餾成滴滴雨水。每個時刻、每
件物體都有啟迪作用，因為智慧被注入每一種形式裡。它已
化為血液傾注進我們的軀體；它化為痛楚使我們抽搐；它化
為歡樂溜進我們的生命；無論是在單調淒清的歲月還是在快
樂勞作的日子，它都圍裹著我們；直到很長時間以後，我們
才能猜透它的本質。㊾

㊾　*ECW*, vol. III, p. 188.

第三章 個人:「廢墟中的神祇」

大山和小松鼠

有過一場爭論,

「小蟊賊」,是前者給後者的戲稱。

頑皮的小松鼠卻回答說:

「你確實非常大;

但各種事物及其枝蔓

必須悉數考慮在內,

才構成了你的年代

和空間。

至於占據我的位置

我一點兒也不覺得丟臉。

如果說我不像你那樣碩大,

那你不是也不如我這般纖小嗎?

並且還比不上我一半敏捷。

我不否認,你構成了

一條相當好的松鼠便道。

能耐各有不同;一切都安排得挺妙。

　　儘管我的背上負不起一座森林，

　　你也無法咬碎一枚松果。」

　　　　　──愛默生：〈寓言〉 ❶

　　這首詩以形象的方式，表達了愛默生哲學最重要的主題：個人的自立與自助。所謂「自助」(self-reliance)，是指個人的自我信賴、自我依靠和自由發展，他根據自己的見解和判斷行事，不為任何社會的要求和他人的看法所左右。誠如張愛玲所言，愛默生的「目的並非領導人們走向他，而是領導人們走向他們自己，發現他們自己。每一個人都是偉大的，每一個人都應當自己思想。……如果他抱有任何主義的話，那就是一種健康的個人主義。」❷惠特曼也指出：「愛默生主義的最大優點就在於它培養出最終會摧毀它自身的巨人。」❸

3.1　自立、自助

　　我在上一章已經指出，愛默生甚至給人的自立自助以形而上學或神學的基礎和論證，這就是他的超靈和對應學說。在他那裡，超靈是心靈、靈魂、普遍精神、絕對的真善美、最高的存在的同義語，實際上是一種非人格化的上帝，是世界萬物的本原、始基和歸宿。超靈把自己體現在每一個存在物上面，存在的每一個方面、實體、事件、過程及其規律，都是普遍精神所採取的特殊形式，超靈賦予

---

❶　原詩見*ECW*, vol. IX, p. 71，由本書作者譯出。

❷　《愛默生選集》，譯者序，頁1。

❸　轉引自*Literary History of United States*, p. 381.

它們以生機和意義（這意義通常具有宗教和道德的內蘊）， 並通過它們展示、表達自身。因此，

> 所有的事物都有它們共同的起源。因為存在感在靜謐的時刻從靈魂中升起，我們卻不知不覺；它與萬物，與空間，與光，與時間，與人不僅沒有什麼不同，反而與它們合而為一，並且顯而易見也是從它們的生命和存在所產生的同一個源泉產生出來的。我們先分享萬物賴以存在的生命，然後把它們看作自然界中的現象，而忘記了我們與它們具有同一個起因。這裡是思想和行動的泉源，是靈感所從出的肺腑，正是它賦予人以智慧，只有不信上帝的人和無神論者才會不承認這一點。❹

既然所有的事物（當然包括每一個人）都是超靈的體現和化身，都是天國流經的渠道，因而都具有某種內在的神性，從本性上講都是自足的、高貴的，都是一尊偉大而神聖的神。正是在這個意義上，愛默生說：「個人是立於虛墟中的神祇。」❺不過， 這個神祇又只是完美的超靈的不完美的摹本，其不完美性在於：人由於受到某些外部力量和錯誤信念的束縛和支配，阻礙了他自身的自由發展，使其內在的神性不能得到充分的表達與展現。於是，愛默生把批判的矛頭直指這種起阻礙作用的力量或信念，它們包括書籍和歷史、社會和習俗，以及保持前後一致的愚蠢念頭，等等。

---

❹ *ECW*, vol. II, pp. 64–65.

❺ *ECW*, vol. I, p. 74.

3.1.1 書 籍

在〈美國學者〉這篇著名的講演中，愛默生指出：影響學者精神的第二個重大因素就是過去，它表現為各種各樣的形式──過去的文字、過去的藝術、過去的典章制度等等；無論哪一種形式，都會在他的心靈上留下印痕。在種種形式中，書籍是最能對學者產生影響的，這影響既有好的一面也有壞的一面：「書籍使用得當時，它是最好的東西；但若被濫用，它就進入最壞的東西之列。」❻這一句話表達了愛默生關於書籍的總的觀點，他具體描述了書從有益變成有害以及從崇敬書的創作活動到崇拜書籍本身的演變過程。

愛默生指出，書的原理是高尚的。最初的學者將他周圍的世界納入他的心靈，潛心地思考它。在經過一番新的整合之後，將這些思考傾吐出來。世界進入他內心時是生活，從他內心出來時是真理；進入內心時是轉瞬即逝的行動，從內心出來時是不朽的思想；進入內心時是俗務，從內心出來時是詩歌。當初它是死板板的事實，現在它是活生生的思想。它能站立，也能行走。它現在能夠持存，能夠飛翔，能夠激活人的思想。最初孕育它的心靈有多麼深沉，它的飛升就有多高，持續的時間就有多久，其間的比例十分精當。

由此卻產生了一個嚴重的偏差，即把創作活動、思想活動本身所特有的神聖性轉移到由此形成的文字或書本上。人們覺得吟唱著的詩人是神聖的，由此詩也被看作是神聖的；作家有著公正而聰慧的心靈，於是認為他的書也是完美的。這就像我們對一位英雄的敬仰蛻變為對他的雕像的崇拜。這樣一來，書立刻成為有害的東西，嚮導搖身一變，成為暴君。芸芸眾生遲鈍且遭扭曲的心智，在接納

---

❻ *ECW*, vol. I, p. 91.

理性感化時開啟的速度很慢。但是它一旦開啟，接受了某本書的教誨，就會執著於此，並在其信念遭到詆毀時大吵大鬧，絕不讓步。許多思想派系也以這本書為基礎建立起來。一些思想者(thinker)而不是思想著的人(man thinking)寫下了許多關於這本書的書。在愛默生看來，他們雖有才能，但其出發點就錯了：他們從公認的教條出發，而不是從自己對原理的洞察出發。聽話的年輕人在圖書館裡長大，他們相信自己的責任就是接受西塞羅、洛克、培根們在書中表述的觀點，而忘記了當西塞羅、洛克、培根們在寫這些書的時候，也只不過是圖書館裡的年輕人。

於是，我們擁有的不是「思想著的人」，而是蛀書蟲；並因此出現了一個以讀書為職業的階級，他們認為書有價值，只是因為它是書，而意識不到書的價值全在於它與自然、與人的內在本性相關聯，把書當作了與世界和靈魂相並立的「第三等級」，隨之也就出現了藏書家、校勘家和患有不同程度愛書癖的人。這些人都忘記了書或讀書的真正目的——激活、開啟人的心智：「我們聽別人講，為的是自己也能說。」❼

正是在上述意義上，愛默生以誇張的口吻談到：我與其被一本書強烈地吸引，以致被它拖出了自己的軌道，從一個獨立的星系變成了繞它旋轉的衛星，那我還不如從未讀過這本書。他論述說，假如一個心靈不能自我審視，而只是從另一個心靈那裡接受真理，儘管真理的滔滔光流籠罩著，但假如接受這真理的心靈沒有經過一段時間的幽居、索問和自我反省，那將造成致命的危害。

如果天才產生了過分的影響，那麼天才本身就足以成為天才

---

❼ *ECW*, vol. I, pp. 92–93.

的敵人。每一個民族的文學都證實了我的這一觀點。英國的
戲劇詩人們不是已被「莎士比亞化」兩百多年了嗎? ❽

　　因此，正像有創造性的寫作一樣，也有創造性的閱讀。如果心
靈以辛勤的創造力為後盾，那麼我們讀的每一本書的每一頁都因其
豐富的暗示而熠熠生輝。每一個句子都有雙重的意味，作者傾注於
書中的感受像世界本身一樣寬廣。但我們將會發現，先知之為先知
的時刻與其漫長的生活歲月相比是極其短暫稀少的，真正記錄他靈
感的文字只占他書中的極少部分，之所以如此，是因為任何著作家
都不能把傳統的、地域的、過時即變的東西摒除淨盡，或是寫出一
部純是思想的書，一本在各個方面適用於遙遠的後世或下一代如同
適用於當代一樣的書。實際上，「每一代人必須寫它自己的書，或
者不如說，每一代人必須為隨之而來的下一代人寫書。年代久遠的
書是不適用於這個目的的。」 ❾
　　愛默生明確指出，毫無疑問，正確的讀書方法是存在的，這就
是:

　　　　讓書本嚴格地服務於讀者。思想著的人絕不應該受制於他的
　　　工具。當他能夠直接閱讀上帝時，這時光就太寶貴了，他不
　　　應該把它荒廢在別人閱讀時的抄本上。但是，當介於光明與
　　　光明之間的黑暗到來時——這種時刻總是有的——當太陽隱
　　　匿起來，群星收斂起它的光輝，我們就點亮燈，讓它的光線
　　　照耀我們繼續向東方行進，黎明就在那裡。我們聽別人講，

❽　*ECW*, vol. I, p. 92.

❾　*ECW*, vol. I, p. 90.

為的是使自己也能說。正如一句阿拉伯諺語所說：「當一棵無花果樹看著另一棵無花果樹時，它就能結出果實來了。」❿

　　愛默生承認，除最好的書外，還有一類書對一個智慧的人來說是不能不讀的，這就是他必須通過踏踏實實的研讀來弄懂歷史和實證科學，大學也必須以同樣踏實的態度來履行其不可推卸的責任，即把歷史和實證科學的基本要素教授給學生。但他強調指出，即使在這樣做時，也應該著眼於創造而不是操練。

　　概而言之，愛默生認為，人在書籍面前應保持一種積極主動的姿態，他應該成為書籍的主人而不是奴隸。他應該始終記住：讀書的目的是為了開啟他自己的心智，激活他自己的靈感，以便讓他投身於創造，寫出真正屬於自己的書。

3.1.2　歷　史

　　在《隨筆・第二輯》首篇〈歷史〉中，愛默生強調和論證了下述主題：人與自然的中心地位，任何個人的感知和見解、任何體系和任何文明的短暫性和易逝性以及最終的可變性，此時此地相對於彼時彼地的優先性等等。愛默生認為，一個人應該以他自己為主軸來閱讀歷史，把歷史的事件和過程視作他自己經歷的複雜化形式。他的下述話語最明顯地體現了他的上述觀點：

　　　　學者閱讀歷史應當持積極的而不是消極的態度；他應當把自己的生活視為正文，把書籍當作注解。這樣一來，歷史的繆斯就不得不發出神諭，而對不尊重自己的人從來是不這樣做

---

❿　*ECW*, vol. I, pp. 92–93.

的。如果有人認為聲名遠揚的人物在古代做過的事就比他今天正在做的事意義深遠，我不指望他會正確地閱讀歷史。⓫

　　愛默生反對任何把歷史僵化起來，並讓它來支配人的企圖，他甚至斷言歷史具有主觀性，拒絕承認歷史具有事實的價值。在他看來，時間把事實崢嶸的棱角化為閃光的以太(ether)。沒有一個鐵錨，沒有一個巨纜，沒有一個籬笆會使一個事實永遠是一個事實。巴比倫、特洛伊、戰神 (Tyre)、巴勒斯坦，甚至早期的羅馬，都已經快成為虛構的故事了。伊甸園，日頭停留在基遍⓬，後來已成為世界各國的詩歌了。他引用拿破侖的話說：「歷史是什麼，只不過是一則眾人接受的寓言罷了。」於是，在他看來，

　　一切歷史都變成主觀的了；換句話說，根本沒有歷史，只有傳記。每一個心靈必須親自汲取全部教訓──必須重溫全部課題。凡是它沒有看見的，凡是它沒有經歷的，它就不會知道。為了便於掌握，以前的時代已經把一些東西概括為一條公式或一條法則，可是那條法則被一堵牆隔著，每個心靈就沒有機會親自加以檢驗，並從中受益。在某種場合、某個時候，心靈將會要求補償這一損失，並且會得到補償，辦法就是親自做一下這項工作。弗格森所發現的許多天文學上的東西早已為人們所知，然而他本人卻從這些發現中獲益匪

⓫　*ECW*, vol. II, pp. 13–14.

⓬　《聖經·舊約·約書亞記》第十章第十二節記載：以色列先知約書亞向上帝禱告：「日頭啊，你要停留在基遍⋯⋯。」

淺。**⑬**

　　愛默生強調指出，必須這樣去看待歷史，否則它就不值一提。我們必須在自己身上看到每一件事實必不可缺的理由——看出它能夠怎樣，必須怎樣，如此來對待每一件公事或私事。於是，在他看來，一切對於古代的探索——對金字塔，對發掘出的城市，對懸石壇，對俄亥俄圓圈，對墨西哥，對孟菲斯的一切好奇心——都是一種欲望，即「要結束這種野蠻的、荒謬的『彼時』或『彼地』，用『此時』或『此地』取而代之。」**⑭**也就是說，個人應該把自己的心智、情感、經歷投射到歷史事實上去，從而把它們由過去時態變為現在時態，並由此理解和把握這些事實，把它們變為自己的財富。

　　正是在上述意義上，愛默生認為，全部歷史都需要從個人經歷的角度來解釋，每個人都經歷了自己的原始時代、希臘時代、騎士時代……。歷史上沒有一個時代，沒有一個社會形態，沒有一種行為方式，不跟每個人的生活有某種相符之處。每一種事物都傾向於用奇妙的方式縮略自己，並把自身的優點貢獻給每個人。每一個人都應該看到他可以親身體驗歷史。他必須把普通讀史的觀點從羅馬、雅典和倫敦轉移到自己身上；他必須確信他就是法庭，如果英國或埃及有話要對他說，他就要審判這個案件；如果沒有，就讓它永遠保持沉默。他必須養成並保持那種高尚的見地，事實從此透露出它們的秘密含義，詩歌和編年史也會如此。在我們利用重大的歷史記載時，心靈的本能、自然的目的就會暴露無遺。

　　愛默生還論述說，個人應該透過歷史表面上的繁複多樣把握其

---

⑬　*ECW*, vol. II, p. 15.

⑭　*ECW*, vol. II, p. 16.

內在的同一性；一旦把握了這種同一性，也就可以解釋個人為什麼可以憑藉他自己的心靈和經歷去理解歷史及其他一切了。他指出：「歷史的同一性都是內在的，多樣性都是明顯的。表面上有層出不窮的事物；核心裡卻只有簡單明瞭的原因。」**⑮** 而這個原因就是作為萬物本原的普遍心靈：「歷史是這一心靈工作的記錄。它的特徵由整個一連串的歲月來闡明。」**⑯** 並且，對於所有個人來說，存在著一個共同的心靈，每個人都是通向這同一個心靈以及它的所有方面的一個入口：每一個人都是普遍心靈的又一個化身。它的所有特點都表現在他身上，他個人經歷中的每一件新鮮事情都照亮了千千萬萬人的所作所為，而他生活中的危機又與民族危機休戚相關。於是，每一個人都可以憑藉自己的心靈去理解同是普遍心靈之化身的他物及其歷史，在人那裡可以找到萬物產生的根源。

愛默生把自己關於歷史的觀點概述在下述話語中：

> 總而言之，歷史怎麼讀，怎麼寫，都要根據這兩種事實，心靈為「一」，自然是它的伴隨物。掌握這一點也就夠了。這樣，靈魂便千方百計為每一個學生濃縮、再現它的寶藏。學生也應當穿越經驗的整個圓圈。他應該把自然之光聚集於一個焦點上。歷史將不再是一本沉悶的書。它將體現在每一個公正而智慧的人身上。你用不著告訴我你讀過一些什麼書，用什麼語言寫的，書名是什麼。你應該讓我感覺到你經歷了哪些歷史時期。一個人應當是一個名人殿。他應當像詩人們所描寫的那個女神一樣，穿著一件畫滿了神奇事件和經歷的

---

⑮ *ECW*, vol. II, p. 19.

⑯ *ECW*, vol. II, p. 9.

長袍走來走去──他自己的體形和面目由於具有高超的智
力，就應當是那五彩斑斕的內衣。我將在他身上發現史前世
界，在他的童年看到黃金時代，知識的金蘋果，阿耳戈的遠
征，亞伯拉罕的使命，聖殿的修建，耶穌的降臨，黑暗時代，
文藝復興，宗教改革，新大陸的發現，新科學和人身上新領
域的開發。人應當是潘的祭司，應當把曉星的祝福和天上地
下一切有記載的福利帶進寒舍。**⓱**

3.1.3　社會和習俗

　　愛默生對社會、團體、黨派、教會、制度、習俗等等抱有本能
的敵意，認為它們囚禁或限制了個人的自由發展。例如，他這樣談
到了社會：

> 社會處處都在密謀對抗它的每一個想成為真正的人的成員。
> 社會是一家股份公司，其成員達成協議：為了更好地確保為
> 每個股東提供食品，就必須以犧牲食者的自由和文化為代價。
> 在這個公司裡，最受提倡的美德是順從，自助則是它深惡痛
> 絕的東西，它所喜愛的不是實而是名，不是創造而是因襲。**⓲**

因此他認為，我們必須打破任何形式的「社會」和「團體」，以便
讓個人獨立出來，凸顯出來，獲得自由發展的空間和機會。

　　愛默生指出，順從社會和習俗的害處之一，就是渙散你的力量，

⓱　*ECW*, vol. II, pp. 40–41.

⓲　*ECW*, vol. II, p. 51.

模糊你的性格，並最終使你失去真正的自我。他論述說，如果你維護一座僵死的教堂，替一個僵死的聖經公會效力，置身於一個龐大的黨派，投政府的贊成票或反對票，像一個粗俗的女管家做著鋪桌布之類的瑣事──在這一切的掩蓋之下，我就很難發現真正的你，因為如果我知道你所屬的派別，我就能預知你會說什麼，並且還知道你所說的並不是你自己的真正看法，而是你所屬黨派的觀點。你已經穿上了黨派的囚服，各人都換上了同一幅面孔和相貌，逐漸獲得了一副最馴服的、像蠢驢一樣的表情。因此，我們必須認識到，這種遵從習俗的作法無異於捉迷藏的遊戲，讓習俗來任意擺布我們。

　　因此，愛默生說：「一個人若要成為一條真正的漢子，就要做一名不服從者。……來一番自我解放，回到原原本本的你那兒去，你一定會贏得全世界的支持。」**⑲**他這樣談到了他自身的經歷：他小時候，一位有名望的教士總是用教會古老的教條糾纏他，而他當時不假思索地回答說：假如我是完全按內心來生活的，這與神聖的傳統有什麼關係？而那位教士對他說：那麼你生命的原動力就是來自下面，而不是來自上面。他則答道：我看未必。假如我是魔鬼的孩子，那就讓我像魔鬼那樣生活好了。對於我來說，除了我天性的法則之外，再沒有什麼法則是神聖的。好和壞只不過是名稱，這兒那兒可以隨時換用。「唯一正確的就是順從我的本性；唯一錯誤的就是拂逆我的本性。」**⑳**「我必須做的就是所有那些與我相關的事，而不是人們認為我必須做的事。」**㉑**愛默生評論說，在實際生活和精神生活中貫徹這一規則都同樣困難，完全可以把它用作區分偉大與鄙

---

⑲　*ECW*, vol. II, pp. 51–52.

⑳　*ECW*, vol. II, p. 52.

㉑　*ECW*, vol. II, p. 55.

俗的標準。由於你總會發現這樣一些人，他們認為他們對你的職責是什麼了解得比你自己更清楚，這使得貫徹這一規則更為困難。在世時，按世人的觀點生活容易；隱居時，按自己的想法生活也不難；而偉人之成為偉人，就在於他在稠人廣眾中間也能完全保持遺世獨立的獨特品性。

由於愛默生相信個人的首要義務和基本權利就是聽從他內心的召喚，去發展和充實他的自我，他甚至因此拒絕個人對他人和社會所負有的責任和義務，如扶危濟困、幫助他人等等。他這樣說道：「請不要像當今的善人所做的那樣，給我講什麼我有義務改善所有窮人的處境。他們是我的窮人嗎？我告訴你，愚蠢的慈善家！我捨不得分文送給那些不屬於我、我也不屬於他們的人。有一個階層的人，由於相互之間有著種種精神的共鳴，我可以隨意聽候調遣；為了他們，赴湯蹈火在所不惜。但就是不幹你那名目繁多的廉價的慈善活動，不搞那愚人學校的教育，不建造那徒勞無益的教堂，況且現在建起了不少，都沒有什麼用場；不給酒鬼們施捨；不搞那千重萬疊的救濟團體──雖然我不無羞愧地承認：我有時候也不得不破費一塊錢，可是那是一塊缺德的錢，以後我就會有勇氣不給的。」**㉒**在〈精神法則〉一文中，愛默生甚至明確說道：「我們的主日學校，我們的教會，我們的濟貧團體，都是套在脖子上的枷鎖。」**㉓**

即使對父母、妻子、兒女這樣一些相互隸屬的親人，愛默生也仍然認為，個人首要關注的仍應是他自我的獨立和完整：「我要從你們的習俗中抽身出來。我必須是我自己。我必須不再為了適應你或你們而讓我自身處於支離破碎的境地。……如果你們是高貴的，

㉒　*ECW*, vol. II, pp. 53–54.

㉓　*ECW*, vol. II, p. 129.

我就會愛你們；如果你們不是，我也不會用偽善的殷勤來損害你們和我自己。如果你們是真實的，但與我們的真實不一樣，那麼你們去尋找你們的同道，而我也去尋找我自己的知音。我這樣做不是出於自私，而是出於謙恭和真誠。」❷

　　但愛默生的實際所為並不像他的言辭那樣極端。儘管他拒絕參加布魯克農場那樣的帶有空想社會主義性質的試驗，其理由是所有社會組織都在削弱甚至取消個人。但他總的來說是一個合格的社會公民。他在康科德家中開辦了一間政治辦公室，是當地志願的消防隊員，還幫助開辦了一間公共閱覽室，並以多種方式為繁榮小鎮的精神生活而盡心盡力。奴隸制是當時主要的政治話題。愛默生開始對此持疏離態度，認為自己的義務只是發展他自己的精神，而不是保護任何他人的精神。但當1850年《逃亡奴隸法》通過後，他感到惱怒異常，認為它不可忍受，遂積極投身於廢奴運動，成為一名活躍且激進的廢奴主義者。

　　為什麼愛默生作為19世紀的一位有教養的文化人，作為一名有深厚宗教背景的前牧師，會對個人的社會義務和社會責任如此視而不見，甚至對扶危濟困等活動持嚴厲批評態度呢？這實際上可以從他的補償學說和對於世界總的樂觀主義看法中找到部分答案。根據他的補償學說，善與惡是一物的兩面，總是相伴而生、如影隨形的。那些貧者、弱者可以從事情的另一面中受益。並且，宇宙、世界總體上來說是向善的，是施惠於人的，善總是大於且強於惡。惡只是局部的、暫時的現象，它只是存在、超靈的缺席，總是會被自動地克服、消除掉。因此，我們無需特別關照、幫助什麼人。但這種一般性的哲學學說怎麼與具體的社會現實協調起來，愛默生沒有也不

---

❷　*ECW*, vol. II, pp. 72–73.

願提供任何具體解答。

3.1.4　「前後一致」的迷誤

　　愛默生不僅要求人們拋棄對社會、習俗、他人意見的依從，甚至要求人們擺脫自己加給自己的限制，即過分看重自己言行的前後一致，因而導致對自己過去言行的尊崇，讓過去來約束現在，在從事新的行為時總是要顧忌到它們是否與先前的言行相一致。愛默生把這一點稱之為妨礙自我信賴、自立自助的第二個原因，並對它大加抨擊。

　　愛默生指出，智慧的一個標準似乎就是絕不一味地依賴你的記憶，甚至在純記憶行為中也不一味依賴記憶，而是把過去帶入眾目睽睽的現在進行審視，永遠生活在新的一天。他反問道：「前後一致就那麼重要嗎？就算你的言行前後不一致了，那又能怎麼樣?!」他說出了下述驚世駭俗的話語：

　　　　愚蠢的一貫性是渺小的心靈上的惡鬼，受到小政客、小哲學家和小牧師的頂禮膜拜。如果強求前後一致，偉大的靈魂則什麼事也幹不了。他可能只好去關注自己在牆上的影子。用斬釘截鐵的語言說出你今天所想的，到了明天，再用同樣斬釘截鐵的語言說出你明天所想的，儘管它可能跟你今天說出的每一句話相矛盾——「啊，那你不是肯定會遭人誤解嗎？」——遭人誤解就那麼可怕嗎？畢達哥拉斯遭人誤解過，蘇格拉底，耶穌，路德，哥白尼，伽利略，牛頓，以及每一位有過血肉之軀的純淨和聰慧的靈魂都莫不如此。要偉大就要遭人誤解。㉕

　　但愛默生緊接著解釋說，實際上，言行的前後矛盾只是暫時的、局部的現象，如果從更高、更遠的角度去看，一個人的言行自會顯現出某種一致性。這是因為，行為不管看上去怎樣千差萬別，但由於是出於同一個意志或心靈，因此仍將表現得非常和諧；那種差異在思想保持一定距離、一定高度時，就會消失不見，傾向會把它們整合成為一個整體。就像最成功的航程總是經過無數次改變，因而顯得曲曲折折；但如果從一個足夠遠的距離來看這條航道，你就會發現在總的趨勢中它是保持一條直線的。你的真正的行動能夠解釋它本身，並且能夠解釋你的其他的真正的行動。而你的順從卻什麼也解釋不了。愛默生勸告說：「一件一件事情去做吧，你曾經一件一件做過的事情將會出來為你辯護。偉大是訴諸未來的。聽任事情自己發展，趕緊做就是了。從前做過的工作會把它們的興旺注入今天，而現在的辛勞則會在未來的成功中得到顯現。」

　　愛默生總結說：「我希望現在是我們最後一次聽到順從和前後一致，從此就讓這兩個詞宣布作廢，並變得荒誕不經。」「每一個真正的人都是一個起因，一個國家，一個時代；需要無限的空間、人數和時間去完全實現他的構想 —— 而子孫後代則像一串隨從追隨著他的腳步。」　❷❻讓每一個人都知道他的價值，把萬物控制在他的腳下；不要探頭探腦，偷偷摸摸，不要像一個受施捨為生的小孩滿世界流浪，也不要在這個本為他而存在的世界上做一個沒有合法身份的私生子和沒有執照的非法商販；而是挺起胸膛，堂堂正正、理直氣壯地做自己願做、想做之事吧！

❷❺　*ECW*, vol. II, pp. 58–59.

❷❻　*ECW*, vol. II, pp. 61–62.

此外，愛默生還抨擊了妨礙人的自立自助、自我信賴的其他幾種形式，如錯誤的祈禱，對旅遊的迷信，盲目的模仿等等。

關於祈禱，他談道，祈禱常被用於私人目的，如祈求某種一時有用之物，祈求某種外物通過外在力量降臨於我們面前，在愛默生看來，此種祈禱是邪惡的，是與偷盜無異的行為，它否定自然和良心的統一而以二元論的觀點看待這兩者。實際上，真正的祈禱是從最高觀點對生活事實的觀照，是一個靜觀著的靈魂的欣喜獨白，是宣布上帝的造物甚好的上帝的精神。另一種錯誤的祈禱是追悔和抱憾，它們都是自我依靠的缺乏，是意志的不堅定。實際上，追悔和抱憾無濟於事，重要的是專注於當下的工作，盡力挽回和補救損失。「幸運的秘訣就是歡樂在我們自己手中。永遠為諸神和眾人歡迎的是那種自助的人。」**㉗**

愛默生對美國當時風行到國外旅遊的現象進行了抨擊。他指出，自我教化的缺乏導致對旅遊的迷信，這迷信的偶像是意大利、英格蘭、埃及，它們對所有受過教育的美國人保持著強烈的吸引力。當時一位著名的女校教員甚至說：「對女孩子們的教育，就是要讓她們在各方面都具備到歐洲去的資格。」愛默生憤怒地責問道：難道我們就永遠沒有辦法把歐洲這條條蟲從我們的大腦中剔除出去嗎？他把旅遊的風行看作是對美國本身的一切不自信的結果，因而「崇洋媚外」，用異域的、古老的東西來裝點自身，抬高身價。正因如此，他尖刻地指出：「旅遊是愚人的樂園」**㉘**，只有無足輕重的人才會外出旅遊；「靈魂不是遊客，智慧的人留在家中。」**㉙** 不過，

㉗　*ECW*, vol. II, p. 77.

㉘　*ECW*, vol. II, p. 80.

㉙　*ECW*, vol. II, p. 79.

在另外的地方，他也肯定旅遊具有某些好處，能夠給理智的人提供一些優勢：例如，外國是一個參照物，從那裡他可以對自己的國家做出判斷；並且能結識一些優秀、奇異人士，拓寬自己的眼界；還能避免由總是居於一隅必然帶來的偏狹與停滯等等。

在愛默生看來，模仿與旅遊的風行是同一個病根表現出來的兩種不同症狀。他指出，迷信旅遊表明心智已成為一個流浪者，而我們的教育體制又加重了心靈的這種飄泊性。當我們的身體被迫留在家中時，我們的心靈就四處遊蕩，這就是模仿，它已成為我們的生活方式。我們的房子建得帶有異國情調，家裡的擺設也點綴著舶來的裝飾品，我們的意見，我們的趣味，我們的內在稟賦都追隨著古代和異國。對此愛默生的看法是：「嫉妒等於愚昧，模仿無異自殺。」❸⓿他奉勸每一個個人：

> 固守住你自己，千萬不要模仿。每時每刻你都可以用終生修
> 養積蓄的力量表現出你自己的天賦；而你只能臨時地部分地
> 占有別人獲得的才幹。每一個人幹得最出色的事，除了他的
> 造物主誰也不能教給他。除非他將它表現出來，否則沒有人
> 知道也不可能知道它是什麼。能教莎士比亞的老師在哪裡呢？
> 能指導富蘭克林、華盛頓、培根或牛頓的導師又在何處？每
> 一個偉大的人物都是獨一無二的。……研究莎士比亞永遠造
> 就不出莎士比亞。❸❶

愛默生最後指出，對財產的依賴，包括對保護財產的政府的依

---

❸⓿　*ECW*, vol. II, p. 48.

❸❶　*ECW*, vol. II, pp. 81–82.

賴，都是缺乏自助的表現。他認為，一個人只有當擺脫一切外在的支撐而獨自站立時，我才會看到他強大起來，無往而不勝。他告誡人們除了下述一點外什麼也別信：除了你自己，沒有任何東西可以給你帶來安寧。

3.2　個人主義

這一章特別是這一節所探討的是愛默生的道德哲學。與西方傳統相比，愛默生的探索具有如下兩個特點：(1)它是性格的倫理學，重點關注人應當成為的那種理想類型，而不是人行動時所應遵循的某類規則；(2)它是積極的肯定的哲學，而不是消極的限制性準則。大多數西方哲學家把他們的倫理學奠定在下述假定的基礎上：要成為一個有道德的人，我們就必須抑制我們的本能衝動並抵制誘惑，因此我們深陷於與欲望、本能的抗爭而不能自拔，執著於某些普遍原則，旨在達成社會的善以及人們在社會中的和諧共處。愛默生堅決拒絕關於人的上述圖景，相反認為每一個人都是偉大的，至少是潛在偉大的；當一個人真實地展示他的自我時，他就是好的、善的、偉大的。每一個人「都是一種方法，一種進步安排；一項選擇原則，給他搜集與他相似的事物，無論他走到哪裡，他在四周紛紛揚揚、五花八門的事物中只選出他自己的東西。」❸❷

愛默生的上述觀點是有意思的，它不僅超出倫理規則而到達了一種性格的倫理學，而且走得如此之遠，以致認為不是人的某種特殊行為，而是人的一切行為都顯示了人的性格，都是超靈通過這個人來顯示自身的手段。於是，愛默生道德哲學的基線就不是行善事，

---

❸❷ *ECW*, vol. II, p. 137.

不是遵從倫理規則，甚至不是以某種特殊方式來表達你的同一性。它只要求你完善你的人格，無論以什麼方式表達你的同一性都行。道德的終極目標不是給予，而只是「是」，即存在著，生存著。

3.2.1　性格的魅力

愛默生舉出不少例證，說明歷史上或現實生活中都有一些人業績甚少，但名聲很大。究其原因，就在於這些人身上的某些品質——即他所謂的「性格」使人產生了一種期待。別人的成就是靠技巧或口才取得的，有性格的人則靠某種魅力來完成：他的一半力量還沒有發揮出來就取得了勝利，他靠的只是顯示優勢而不是大動干戈，他的到來、他的出現、他的在場就使局面發生了改觀。「道理就在那個人身上。」最純正的文學天才，一個時期顯得偉大，過一個時期又可能顯得渺小；然而性格卻具有一種像恆星那樣無法減小的偉大。

愛默生描摹了他所謂的「性格」的一些特徵，例如，「有性格的人是他們所屬社會的良知」❸❸。他論述說，真理是存在的巔峰，正義則是把真理應用於具體事務。所有單個的自然現象，根據它們所具有的真理的純潔性程度，形成一個等級。純潔的意志必定從它們流向別的自然現象，性格這種自然力也是不可抗拒的。儘管竊賊逍遙法外，謊言也能騙人，但正義必定勝利，真理的特權就是讓人相信它，就像拋向空中的石頭最終要落地一樣。「性格就是這種道德秩序，通過個別的自然物可以領悟它。」❸❹一個有性格的人，不管他身上有什麼品質，他都要灌輸到他力所能及的一切中去；並且，不管經過多麼長的一條曲線，他的一切關注最後都回歸到他自己的

---

❸❸　*ECW*, vol. II, p. 96.

❸❹　*ECW*, vol. III, p. 95.

善。他激活他力所能及的一切，並且他只能看到他能激活的東西。就像愛國者擁抱他的祖國一樣，他把整個世界作為一個演出的劇場，作為展示他性格的背景和舞台。一個健康的靈魂總是站在正義和真理一邊，如同磁石總是與磁極保持一致。於是，在一切觀察者看來，他就是處於他們和太陽之間的一個透明物體，誰朝太陽走去，誰就必將向他走去。對於一切不在同一水平上的人來說，他都是最高影響的媒介。

在愛默生看來，性格所顯露出的面目就是自足。「性格就是中心，不可能被置換或推翻。」❸一個人應當給我們一種持重感。社會是輕浮的，把它的歲月撕成碎片，把它的會話割裂成禮儀和消遣。懷疑論者就說：人是一個玩偶，讓我們吃喝玩樂，這是我們所能做的最好的事情。但有性格的人不會接受任何因襲的見解和做法，在他們看來，順從現有的體制，討得公眾的歡心，這都表示信念不堅定，頭腦不清楚。他們立身行事不僅不考慮多數，而且不考慮少數。他們是源泉，是自我驅動者，自我沉溺者，是被統帥的統帥者，是自信的人，是第一推動者，體現著終極力量的即時存在。他們的不順從對他人是一種刺激和提醒，對社會則構成一個問題或威脅。社會因此不會悄悄放過，而是要麼崇拜，要麼憎恨——各個方面的人，輿論領袖和無名乖僻之輩都覺得與他有關。也正因如此，英雄總遭人誤解、歪曲甚至誹謗，但真正的英雄從來不害怕這些東西，甚至喜歡把自己置於受攻擊的地位，他療救自己的傷痛，救正自己的缺陷，義無反顧地重新上路，用一系列新的業績來回擊對他的一切非難與詆毀，從而凸顯出詆毀者的卑下與低劣。所以愛默生說：「一個人只能正視前方，不應當左顧右盼。全神貫注就是對他人纏擾不

---

❸ *ECW*, vol. III, p. 98.

休的輕浮舉動作出的唯一回答，這種專注，目的是為了使他們的要求顯得無足輕重。」 ❸

愛默生還指出，「性格是最高形式的自然，模仿它或抵抗它都是枉然。」 ❸ 於是，人的性格永遠在表露自己。過眼煙雲似的行動和語言，做一件事的單純的姿態，內心的目的，甚至日常的行止坐臥，莫不表現出性格來。因為神諭是要說話的，智慧豈不呼叫，靈魂豈不發聲？自然對種種掩飾的力量都嚴加限制。真理主宰著人身體上的各個不情願的器官，面孔從不撒謊。誰若願意洞察表情的變化，誰就不會受騙上當。一個人以求實的精神講真話時，他的眼光就像天空那樣明澈；如果他居心不良，口出謊言，目光就顯得混濁，有時會出現斜視現象。因此，有性格的人總是率真而行，真實地展現他的自我，既不掩飾也不企求。一心想知道他人如何評價自己，這種好奇非常無聊；總是擔心自己仍然默默無聞，這種恐懼也毫無意義。社會總體上是公正的，一個人有怎樣的價值，人們就會怎樣看待他。

愛默生論述說，有性格的人即他所理想的人是很稀少的。這一類人，其中的每個個體要經很長的時間間隔才出現，他們具有突出的洞見和美德，被人們一致奉若神明，他們聚積了我們看重的那種力量。神聖的人是天生的性格，或借用拿破崙的話來說，他們是有組織的勝利。人們通常對他們懷有惡意，因為他們新奇，因為他們限制了對前一個神聖之人所做的誇張。大自然從來不使她的孩子同聲相應，也從來不把兩個人創造得一模一樣。當我們看見一個偉人時，我們便想著他與某個歷史人物相似，還預言他的性格和命運的

---

❸ *ECW*, vol. III, pp. 82–83.

❸ *ECW*, vol. III, p. 103.

結局會如何如何，但他肯定會使這種預期落空。「性格需要空間，不可遭受人們擁擠，也不能根據從繁忙的事務或少數幾個場合獲得的咫聞管見來判斷。就像一座大建築物，它需要遠觀。」⑱

　　愛默生進而討論了有性格的人與他的同時代人可能具有的美好關係，即快樂交流和相互理解。他論述說，在生活的贈予中，沒有任何東西能像深刻美好的理解那樣令人滿意；經過多次的相互關照，這種理解就能出現在兩個有德性的人之間，他們每一個都確信自己，也確信他的朋友。這是一種幸福，它把所有其他的滿足都置於次要位置，並且使政治、商業、教會都變得無足輕重。因為當人們能夠像他們應當做的那樣相會，每一個人都是一個施恩者，播撒著星光，滿載著思想、行動和成就時，那就是萬物宣告的節日了。異性之愛則是這種友誼的首要象徵，就像別的一切都是愛的象徵一樣。與人中俊傑的此類關係，我們還一度把它看作是青年的傳奇，而在性格的進展中卻變成了最實在的歡樂，因為「諸神不會不相知」。不過，由於一些複雜的原因，達到此種關係是很難的，常常只是一種理想境界。因此，愛默生發出這樣的期冀和愧嘆：「要是有可能與人們在正當的關係中生活該多好！」⑲

3.2.2　修養和風度

　　在愛默生眼裡，修養是一種起平衡作用的力量。「當整個世界都在追求力量，追求作為獲得力量的手段的財富時，修養卻在校正著成功的理論。一個人是他自己的力量的囚徒。條分縷析的記憶力使他成為一本曆書；善辯的才能使他成為好辯者；撈錢的本領使他

---

⑱　*ECW*, vol. III, p. 106.

⑲　*ECW*, vol. III, p. 109.

成為一名吝嗇鬼，也就是一名乞丐。修養則能減輕這些炎症，其辦法是求助於其他力量來對付那種占優勢地位的力量，它訴諸於力量的序列。」❹

愛默生認為，我們的能力在很大程度上依賴於我們精力的集中，因此大自然把一位顯赫人物送到這個世界上來時，通常都會讓他過分偏重於某一方面，犧牲他的勻稱以保證他的工作能力。並且，大自然還賦予個人以一種自以為在這個宇宙中占有重要地位的極其自高自大的感覺，並通過這種途徑促成了個人主義，造成了一批自我主義者。他本人對這種自我主義者的看法是雙重的。

一方面，愛默生認為，自我主義是社會的害蟲。它像流行性感冒一樣，是一種侵襲所有體質的疾病。它使得人們沿著由他們自己才能構成的圓圈舞蹈，陷入對自身才能的崇拜，失去了與世界的連繫。這是一種存在於所有心靈中的傾向，乞哀告憐就是它令人厭煩的形態之一。另一方面，他又承認自我主義者有其存在的合理性和必要性，並且是朝著正確方向發展的必要基礎。他說道：這種甲狀腺腫大似的自我主義在名人顯要中是如此常見，我們只好推測它肯定是有助於人的天性，它在人的天性中有很大的必要性，就像我們在異性相吸中所看到的那種必要性一樣。正是基於這種必要性，每一個個人才能繼續作為他自己而存在。這種個人性不僅不與修養相矛盾，而且是修養的基礎。每一種有價值的天性都是獨立存在的。只有那些決心堅定的人才是像樣的人。修養的目的並不是要摧毀這種個性——上帝決不允許如此！——而是要除去一切障礙和雜質，只留下純淨的力量。我們每一個人必須具有一種獨特的風格和決心，成為自己特長的主人。但是，有了這一切之後，他必須把它們置於

---

❹　*ECW*, vol. III, p. 109.

身後；他必須具有一種寬大的容量，能夠自由自在和悠哉游哉地去打量每一個對象，並把它們變成自己的財富。

愛默生關於修養的正面看法是：

> 修養是源於某些最優秀思想的提示，它表明：人具有一系列親緣關係，憑藉這些關係他可以弱化任何一種主導格調的侵略性，正是這種格調在他的天平上占有一種單調的優勢，並幫助他反對他自己。修養恢復人的平衡，把他置於與他相同的或比他優秀的人中間，復活他那美妙的同情感，並告誡他身處孤獨和被排斥的危險。**④**

> 修養的秘訣就是要讓人更關心他的公共特質而不是私人特質。**④**

人是觀念的囚徒。因此，在愛默生看來，我們對奴隸制、戰爭、賭博、酗酒所進行的所謂徹底變革只不過是在醫治表徵。我們必須從更高處著手，即從教育著手，來提高人的修養。但由於我們的教育制度的某些嚴重弊端，使它無法完成這一重任，於是自然把這件事攬入自己的懷中。「各種各樣感興趣的事物，是矯正這種有機的自我主義的解毒劑。而獲取這些引人入勝的誘惑物的途徑則有：了解世界，結識有長處的人，接觸社會的各個階級，憑藉旅行，與卓越非凡的人物交往，熟悉哲學、藝術和宗教的高尚泉源；概而言之，即憑藉書籍、旅行、社交和獨處。」**④**愛默生以其一貫的辯證態度分

---

④　*ECW*, vol. VI, p. 132.

④　*ECW*, vol. VI, pp. 150–151.

析了所有這些途徑可能給人帶來的好處，以及當它們被誤用時，可能會給人造成的損害。但是，對於高貴的心靈和強健的意志來說，他能夠從自然和生活的一切贈予中獲益：

> 人的修養不會放過任何東西，它需要所有的材質。它將把所有的障礙轉化為工具，把所有的敵人轉變成力量。可怕的災難只會成為更有用的奴隸。……直到最後，修養將吞併渾沌世界和焦熱地獄。它將把復仇女神化作繆斯，它將把地獄化弊為利。**㊹**

修養使人擺脫掉四足動物的殘餘，變成高尚的心靈和大腦。

修養的外在表現則是風度。愛默生這樣談到了風度：靈魂賦予自然以勃勃生機，其最具有決定性的載體當然是清晰明暢的語言，但它也同樣十分顯著地體現在生命肌體的儀態、動作和姿勢當中。這種無聲的和微妙的語言就是風度。它不是內容，而是方式。「每個人可資直觀的姿態或舉動源於肌體和意志的結合，我們稱其為風度。」**㊺**風度實際上是進入到手和腳、控制了言談和舉止的思想。「風度是處事的適當方法；每一種風度都曾經是洋溢著才智或愛意的一舉，而現在則在反反覆覆之中得到定型，成為一種習慣。」**㊻**風度最終成為一種鮮艷的油漆，日常的生活每時每刻都用它修飾著自身，打扮著自己的每一個細節。

㊸ *ECW*, vol. VI, p. 134.

㊹ *ECW*, vol. VI, pp. 158–159.

㊺ *ECW*, vol. VI, p. 163.

㊻ *ECW*, vol. VI, p. 163.

　　風度的感染力極強，它是一種宛如火一般的無法掩飾的元素。在任何國家，無論是共和制還是民主制，都和封建王國一樣，貴族的氣派是無法冒充的。沒有人能夠抵禦風度的影響。在文明社會中所學到的某些風度具有非同凡響的威力，一旦人具有了這些風度，他或她必定四處受到歡迎，受到尊重，儘管他或她並不享有美貌、財富或才智。風度之所以具有這種力量，就在於它可以使人們擺脫四足動物的狀態，剝去其動物的外皮和習性，為其洗淨身體，裹上衣裝，讓他們直立起來。它可以嚇退他們的惡意與卑劣，教導他們抑制住卑污的情感，而選擇寬厚的品性。儘管法律對不良行為無能為力，但一種已經凝縮成為良好風度的公眾輿論和已經為公眾理智所接受的文明行為，卻可以教訓不良行為者。

　　雍容大度的風度的基礎是自立自信，並由此派生出風度的其他一些特質，如實在、真誠、率直、溫厚、仁慈、儒雅、冷靜淡泊、泰然自若等等。人的自立與自助，是愛默生在任何時候、任何地方都在強調的主題：「我希望每把椅子都成為御座，上面坐著一位國王。」❼是英雄，就應該在任何地方都顯得無拘無束。他首先應該自己表現出心安理得或溫厚可親，進而把舒適感傳染給每一位旁觀者。意志剛強的人漸漸會發現，只要他能夠為社會履行他生來就固有的職責，他就能夠獲得一種免疫力，免去一切由社會強加在普通人身上的清規戒律和義務。有人說道：這個世界屬於那些鼓舞著和統治著我們的靈魂的人。在這個世界上，在那些由他們賦予生命的動物面前，他們有權隨心所欲地、隨隨便便地伸展他們的四肢。

　　風度具有奇妙的表現性，會通過人體的各個部位表現出自身。愛默生指出：「智者可以透過你的容貌、步態和行為而十分精確地認

---

❼　*ECW*, vol. III, p. 133.

出你的個人經歷。自然界的整個秩序一心就是想要表現。人體渾身都是舌頭，不斷地洩密。」❹其中特別重要的是臉龐和眼睛，它們可以透露出人正在從事的行為、他的年齡和追求。眼睛的一瞥是自然的魔術，它能神秘地溝通兩位從不相識的陌生人，從而為奇蹟上足了發條。並且，眼睛的對話無需字典，全世界的人都能理解。當眼睛說著一件事情、舌頭說著另外一件事情時，經驗豐富的人相信的是第一種語言。每個人的眼睛都能精確地指示出他在人類這把巨大的標尺上所占有的等級，而我們總是在學習如何讀出這個制度。人的臉也有同樣的效果，它雖然只有幾英寸見方，但卻足以容納他所有祖先的特徵，足以表現出他所有的歷史和欲望。

風度最主要的載體是紳士和淑女。在愛默生眼裡，紳士是這樣一類人：他實事求是，是自己行動的支配者，而且把那種支配能力表現在自己的舉止中，從不依賴或屈從於他人、輿論或財產。除了真理和真正的力量外，紳士這個詞還表示溫厚或仁慈，男子氣概，文雅等。流行的看法當然還包含安逸富有的條件，不過那是個人力量和愛心的一種天然結合，因為他們占有並分配世界上的財產。愛默生特別推崇此類紳士，將其視為社會的統治者、主宰者，是社會的楷模和一致認可的水銀柱，他們隨便掃一眼都會為幸運之人確定他們在世界上的地位。如果說愛默生有一套倫理學的話，他的倫理學就是紳士的倫理學：自信自立、真誠率直、儒雅仁慈的紳士是他所理想的人格，也是他心目中的「英雄」。

3.2.3　友誼和愛情

愛默生指出，每個人都應當有自己的社交，而這種社交的最好

---

❹　*ECW*, vol. VI, p. 170.

表現形式就是朋友間的友誼，它使我們的生活變得溫馨甜蜜，使我們的內心充滿了由衷的歡樂。但在他那裡，這種友誼絕不是一幫俗人之間的拉拉扯扯、勾勾搭搭、結黨營私，而是有很高的格調，甚至具有某種宗教意味。

愛默生認為，友誼包含著兩種元素，其中每一種都至高無上。一種就是「真」，朋友應該是我可以與之推心置腹的人，在他面前我想說什麼就說什麼。我終於來到一個人面前，他是那樣真誠，那樣平等，我竟然可以扔掉人們從來不脫的掩飾、禮貌和深思熟慮這樣的貼身內衣，跟他以一個化學原子同另一個化學原子相遇的單純和完整打交道。盡管在一個虛偽的時代，與人們保持一種真誠的關係就等於發狂，但真正的朋友之間卻可以而且應該真誠相待。朋友是靠某種共鳴產生的，雙方之間性情相近、志趣相投，每個人在對方身上感知、熱愛著他自己的靈魂。朋友交結的不是我的機敏，而是我整個的人，他款待我並不要求我應允任何先決條件。這種性質的朋友在我心目中是一種精神，一種啟示，一種思想，一種誠摯，我需要他投來的一瞥目光，但不要新聞，不要肉湯，不要讓俗務將友誼污染。

友誼的另一個要素就是柔情。愛默生說，友誼不僅應當有眼睛，有口才，而且應當有腳，它首先必須腳踏實地。我希望它先像個平民，然後再像一位天使。友誼也可以是一種禮物交換，一種有用的貸款的交換。它可以是好鄰居；它通宵守護病人；它在出殯時扶柩。這種平凡瑣事也可以隱藏著崇高。友誼的目的就是一種能夠參與的最嚴格、最樸實的社交，比我們所經歷的任何社交都要嚴格。它是通過所有的關係和生死變遷所追求的援助和安樂。它適宜於寧靜的日子、高雅的才情和鄉村的漫步，然而它也適用於崎嶇的道路和粗

糊的飲食、沉船、貧困和迫害，它欣賞連珠的妙語，也佩服宗教的入定。我們要給彼此的日常需要和人生職責賦予尊嚴，用勇氣、智慧與和諧為友誼增光添彩。它永遠不應當落入成規俗套之中，而應當機智靈敏，富有創造性，給單調乏味的東西增添韻律和情理。

這種性質的友誼只能存在於兩個高貴、獨立、平等因而互不隸屬的心靈之間。愛默生論述說，我寧願孑然一身直到世界末日，也不要我的朋友有一句話或一瞥目光超越他真正的同情。對抗和依從同樣都對我造成障礙，讓他一刻不停地顯示他的真面目。在他作為我的朋友時，我所得到的唯一快樂就是：不是我的反而就是我的。在我尋求一種果決的促進，或至少是一種果決的對抗的地方，我討厭找到一團退讓的漿糊。他勸告說：寧可成為你朋友的煩惱，也不要做他的回聲。因為：

> 高級的友誼所要求的條件就是獨立工作的能力。高級的工作需要偉大、卓絕的伙伴。必須先有真正的二，然後才有真正的一。讓友誼成為兩個巨大、難對付的天性的聯盟，它們相互對峙，相互懼怕，此後才在這些差異之下認識到把它們結為一體的深刻同一性。❹

於是，只有心地高尚的人才配這種社交；只有確信偉大、善良總是經濟的人才配這種社交；只有不急於干預他的命運的人才配這種社交。「友誼需要一種宗教式的對待。我們侈談選擇朋友，可是朋友都是自行選擇的。尊敬就是其中的一大部分。」❺ 把你的朋友當做一

---

❹ *ECW*, vol. II, p. 199.

❺ *ECW*, vol. II, p. 199.

種景觀對待，給他的長處騰出空間，讓它們高升和擴張。對於一顆偉大的心，在千百件具體事情上他仍然是個陌生人。這樣他才可以在最神聖的基礎上向你靠近。兩個精神只有在他們的對話中，每一個都代表全世界，他們之間才會有深沉的和平和相互的尊敬。要用英雄的手去握英雄的手，不要用低級人物去破壞友誼的聯盟。

可以這樣說，在愛默生那裡，友誼把雙方都神化了，它成為一種宗教性的關係。完美的友誼就是兩個個體最終沉入絕對、超靈之中，與它合為一體，就像自助的人是與自己內在固有的神性合為一體一樣。由於把友誼的格調定得如此之高，於是跟有血有肉的人建立這種友誼非常困難；即使建立之後也容易失去，很難長久維持。愛默生主張，不管是獲得還是失去，我們都應聽其自然，不可刻意強求。

在現代商業社會裡，人們之間常常免不了贈送禮物。對此愛默生談到：鮮花和水果總是適當的禮物；提供第一需要的滿足也總是一大樂事。此外，唯一的禮物就是你自己的一部分，你必須為朋友流血。於是，詩人送自己的詩；牧人送自己的羊羔；農民送穀物；礦工送寶石；水手送珊瑚和珍稀的貝殼；畫家送自己的畫；姑娘送一塊她親手縫製的手絹。這種禮物是正當的，令人欣慰的，因為一個人的傳記在他的禮物中表現出來了，他的禮物就是他的優點的標誌。然而，當你在商店裡為我買一點東西，它所代表的不是你的，而是金匠的生活和才幹時，那就僅僅是一種冷若冰霜、死氣沉沉的交易。總的來說，愛默生對送禮、禮物持批評態度，他的個人主義神經始終繃得緊緊的，把禮物看作是對個人的自立自助的妨礙和威脅。他指出，恩惠的法則是一條艱難的渠道，需要船隻堅固，仔細航行。接受禮物不是一個人應有的職責，我們希望自給自足。你怎

麼敢送禮呢？我們不大原諒一個饋贈者，餵養我們的那隻手有被咬的危險。自助的人跟禮物格格不入。

異性之間的愛情也許是友誼的最高形式和極致。這是兩個個體之間最密切的關係，它正是人生的魅力；它像一種神聖的狂熱，一個時期突然把他抓住，在人的身心中掀起一場革命。愛默生肯定和讚賞這種關係，認為通過愛一個人，愛者追求著美、德性和智慧，他向外生長著、擴張著、前進著，由此肯定和獲得他自身的實在感，他甚至由此肯定和獲得他自身的獨立：

> 同樣的力量還使激情控制了他的整個天性。它擴展感情；它使粗人變文雅，給懦夫以勇氣。只要它有所鍾愛的對象的支持，它就向最可憐、最卑賤的人注入睥睨世界的雄心和勇氣。儘管它把他交給了另一個人，更重要的是把他交給了他自己。他是一個新人，具有新的知覺，新的更加急切的意向，以及一種宗教般莊嚴的性格和目標。他不再隸屬於他的家庭和社會；他有了一定的份量；他是一個人；他是一個靈魂。**⑤**

不過，即使在談論愛情時，愛默生也仍像往常一樣，強調人的自立自助。他認為，即使在愛一個人時，也不能為了討好愛人而失掉和犧牲自身的獨立和完整；與愛情相比，人格的獨立與完整是更為重要的東西。這一思想在他的名詩〈把一切獻給愛〉中表達得特別清楚，故完整引用如下：

為愛犧牲一切；

---

⑤ *ECW*, vol. II, p. 169.

服從你的心；
朋友，親戚，時日，
名譽，財產，
計劃，信用與靈感，
什麼都能放棄。

它是一個勇敢的主人；
讓它盡量發揮。
無條件地跟從它，
絕望之後又抱著希望。
它高高地，更高地
躍入日上中天的正午，挾著
不知疲倦的翅膀——
帶著說不盡的意向；
但它是一個神，
知道它自己的途徑，
與天空的一切出路。

它從來不為粗鄙的人而在；
它需要堅強的毅力，
絕對可靠的精神，
不屈的勇敢，
它會報償我們——
毅力可以帶回來
更多的東西，而且

永遠向上直升。

為愛離棄一切；
然而，你聽我說：你的心
應當再聽我一句話，
你的努力還要再加一把勁，
你需要保留今天，
明天，你整個的未來，
讓它們絕對的自由，
不要被你的愛人占領。

拼命抱住那姑娘不放鬆；
然而一旦她年輕的心中
別有所歡——
她模糊地揣測著，
自己也感到詫異——
你還她自由，只當她從未戀愛過；
你不要拖住她的裙幅，也不要拾起
她從她花冠上擲下的
最蒼白的一朵玫瑰。

雖然你愛她，把她當自己一樣，
把她當作一個較純潔的自己，
雖然她離去了使日月無光，
使一切生物都失去了美麗，

你應當知道

半人半神走了，

神就來了。❷

愛默生指出，戀人們在愛情中所追逐的是美、德性和靈魂。他們在彼此的言談和舉止中相互觀照，然後進入美的真正殿堂。愛美的火焰越燃越旺，而且用這種愛熄滅了卑劣的情感，於是他們變得純潔、神聖了。通過跟那種本身是優越的、高尚的、謙遜的、正義的事物交流，情郎就更加熱愛這些高貴的事物，更加容易理解它們。於是，他從愛一個人身上的這類品性推廣到愛一切人身上的這類品性，所以那一個美麗的靈魂僅僅是一扇門，他從中穿過，走進那所有純真的靈魂們構成的社會，最後攀登上那至高無上的美，攀登上對神性的愛與知。於是，在愛默生筆下，愛情幾乎沒有什麼肉欲的、世俗的成分，有的是柏拉圖意義上的精神聚餐，並最終進入它的化境：對絕對的真善美的化身——超靈的愛與知。這樣，愛情在愛默生那裡也被精神化和宗教化了。

3.3　命運和力量

命運和力量，實際上涉及到必然性和人的自由問題，所以是非常重要的。愛默生在中晚年時期，較多地感知到生活中各種否定性或限制性因素，於是命運進入他的思考範圍，他甚至得出了這樣的結論：自然之書是命運之書。但他同時也看到了對抗命運的因素——力量的

---

❷ *ECW*, vol. IX, pp. 84-85，譯詩引自《愛默生選集》（張愛玲譯），頁153-156。

存在，力量是被理解和被把握了的命運，是對命運的正面利用。因此，愛默生總體上仍然保持著樂觀主義的基調，儘管它被塗上了某種蒼涼和悲壯的色彩。

3.3.1 自然之書是命運之書

在〈命運〉一文開頭，愛默生說：在我們為滿足自己的願望邁出第一步時，我們就會遇到無法克服的局限性。我們逐漸認識到：「存在著命運，或者說，存在著世界賴以發展的規律。」❸他從自然界、遺傳學和生理學、統計學、民族學等眾多領域舉出大量例證，說明難以駕馭的命運之神的存在，說明在我們純係偶然的地方其實存在著秩序與規律。

大自然並非多情善感之輩，她並不寵養或嬌慣她的兒女。我們看到這個世界充滿凶蠻險惡，她不在乎溺斃一個男人或女人，反而會像吞下一粒塵土那樣吞噬你的航船。自然常常使用寒冷、疾病、暴風雪、海嘯、地震、火山爆發、電閃雷鳴、凶禽猛獸等等野蠻凶險的手段，去達到她自己的目的。企圖粉飾她的龐雜繁複的手段，或用一件乾淨的襯衣或神學院學生白色的領結去打扮這位令人畏懼的施恩者，都是徒勞無益的。

上述災難也許只是例外，命運更表現為每日每時作用於我們的法則，其威力動魄驚心。命運是目的對手段的一種犧牲；——是組織壓制個性。動物園裡供展覽的動物，或脊椎骨的形式和力量，是一部命運之書：鳥的啄，蛇的顱骨，都暴虐地決定了它們各自的局限性。動物種類的大小、氣質的等級也是如此；性別、氣候以及才

---

❸ *Ralph Waldo Emerson: Essays and Lectures*, The Press Syndicate of the University of Cambridge, 1983, p.943.

能的副作用，如抑制在某些方面所具有的活力，也都是如此。每一種精神都建造它自己的房屋，可是隨後那房屋便囚禁那精神。

遺傳學也提供了命運之神的證據。人們出生時就或者偏重於物質或者偏重於精神。一個人的特徵常常可以從他的祖先、家族、父母那裡找到根源，後者甚至決定了他這個人本身的全部可能性。例如，世代累積從事繁重的體力勞動、缺乏教育的家族，過度的勞累和窮困已使他們的大腦的精妙器官趨於萎縮，每個人從他的母親子宮降生之時，天賦的大門就已在身後關閉。與此同理，他也只有一個未來，並且早已在他的腦葉裡預先確定，在他那小小的胖乎乎的臉龐、狹小而凹陷的眼睛和蹲伏的姿勢上刻畫出來。塵世間的所有特權、所有立法都無法干預或幫助他成為一名詩人或一位王子。

甚至我們的政治也大多與生理有關。時而會有一位富豪正值青春勃發，他會信奉給人以最大限度自由的信條。在英國，總是有些交際廣泛的富豪在他年輕力壯的時候牢牢站在進步的一邊，然而一旦行將就木，他就會中止前進的把戲，召喚他的人馬，成為保守分子。所有的保守派都是由於個人的缺陷才會如此。而強悍的自然，如粗獷的邊民，新罕布什爾的巨人，拿破侖們，伯克們，布魯漢姆們，韋伯斯特們，科蘇特們，則是不可阻擋的愛國者，除非他們的生命力衰退，除非他們的弱點和痛風、癱瘓和金錢扭曲了他們。

統計學作為當時的一門新科學，也提供了偶然中有必然的新證據，這就是著名的大數定律：即使是最偶然最異常的事件，只要擁有足夠廣泛的人口基礎，也就會變成刻板計算的材料，即是說，也能夠從中抽象和提煉出規律。愛默生引用統計學家凱特萊(Quetelet)的話說：「任何與人類相關的事情，若作為一個整體加以考慮，都從屬於確鑿事實的體系。個體的數目越多，個體的影響力

也就越會消失，從而使一系列依賴於因果作用的普遍事實占據了主導地位。社會是依據那些因果作用得以存在和保留的。」

從民族學角度說，土耳其人、阿拉伯人、波斯人、印度人、加爾文主義者都相信命運的存在，坦然接受命運的一切贈予，表現得十分堅強。像喬叟(Geoffrey Chaucer)這樣的睿智者也察覺到有一些東西無法用空談或投票消除，它們像一條繩索或皮帶束縛著這個世界。希臘悲劇早就表達了同樣的意思：「凡命定者必定發生。主神朱庇特浩瀚無邊的心靈無人能夠逾越。」 而野蠻人則常常篤信某一部落或城鎮當地的神靈。

愛默生指出，所有這些例證不過是從高山滾下來的卵石，不過是圍堵、禁錮我們生活的那些界限的痕跡，它們顯示出我們所謂的偶然的和意外的事件具有一種如同織布機和碾碎器一般的機械性和精確性。它們告訴我們：

> 自然之書是一部命運之書。她翻動著巨大的紙張，一頁又一頁，從不回轉。❺❹

> 自然就是環境。無論你做什麼，自然都存在著。有許多東西你無法改變。我們有兩樣東西：環境和生命。我們一度以為，正面的力量就是一切。現在我們得知，否定的力量或者環境也占一半。自然就是那暴虐的環境。她是遲鈍的大腦，暗藏的毒蛇，沉重的岩石般的顎骨；她是無法避免的行動；她是暴力的傾向；她是一種工具的限制性條件，譬如說火車頭，它在軌道上可謂效用強勁：若一旦離軌，則只能引起災禍。

---

❺❹　*ECW*, vol. VI, p. 20.

又譬如滑雪橇，它是冰上的翅膀，地面上的枷鎖。❺❺

愛默生強調說，這就是我們不能忽視的現實，是在我們這個植物繁茂的花園似的世界核心中露出頭角的現實。對生活的描繪若是否認這些可憎的事實，就不可能具有真實性。在物質中，在心靈中，在道德中——在種族中，在階級的遲滯延緩中，同樣也在思想和性格之中，都可以看到命運之神的蹤影。無論在哪裡，它都是束縛與局限。它就像古代斯堪的那維亞天空中的神靈給芬里斯魔狼脖子上套的圓箍，柔軟而堅牢，越是掙扎，纏得越緊。

3.3.2 力量反抗著命運

在愛默生充滿補償的世界裡，不可能允許命運如天馬行空般的獨往獨來、恣意妄為。請看他下面的話：

> 命運也有自己的主人；限制者本身也被限制——從上觀察和從下觀察，從裡觀察和從外觀察，它都顯現出不同的面貌。這是因為，儘管命運是廣大無邊的，力量——它是這個二元世界中的另一事實——也是廣大無邊的。如果說命運緊逼著力量，限制著力量，那麼力量也伴隨著命運，反抗著命運。我們必須尊崇命運為自然的歷史，可是歷史絕不僅僅限於自然的歷史。❺❻

這是因為，在自然體系的旁邊，站著一位了不起的對抗者——

---

❺❺ *ECW*, vol. VI, p. 20.

❺❻ *ECW*, vol. VI, p. 26.

人，他是宇宙極限的硬性聚合。儘管他還未完全擺脫四足獸的各種殘餘，但在他身上有著使行星爆炸、成形的電光；在他身上可以發現行星和恆星的創造者。在他的一邊是自然的系列，沙岩與花崗岩、岩礁、泥炭沼、森林、大海和海濱；在他的另一邊，是構成和溶解自然的思想和精神，——這裡比肩並立著上帝與惡魔，心靈與物質，國王與陰謀家，皮帶和抽打；它們一起在每個人的眼睛和大腦裡平靜地向前騎行。更明確地說，人之所以有力量，就在於人有意識，有思想、精神和靈魂，正是它們給人以力量。所以，愛默生說:「智能廢除命運。只要一個人在思考著，他就是自由的。」 ❺

懦弱者、懶惰者、邪惡者總是把過錯歸咎於命運，命運是他們缺陷的避難所。而對於那些強悍的民族來說，他們自豪地宣稱自己是命運的信仰者，然後反過來就利用命運來駕馭命運。愛默生認為，後一類人才是正確的榜樣。若要正確地利用命運，我們就應像他們那樣，把自己的行為提高到崇高的自然狀態。自然力是粗獷的，不憑藉它們就無法戰勝。那麼就讓人從大腦中清除掉虛幻的自以為是，以達到自然水準的風度和作為去顯示他的主宰地位。具體做法有:

⑴用命運去對抗命運。假如命運是如此盛行，則人也是它的一部分，因而可以用命運反抗命運。假如宇宙有這麼一些凶殘的不測，那麼我們的分子在抵抗時也同樣凶殘。倘若不是我們體內空氣的反作用力，我們就會被空氣壓扁。一支用薄薄的玻璃片製成的玻璃管若是同樣裝滿了海水，就能夠抵擋海洋的震盪。如果在打擊中有無限的威力，那麼在反衝擊力中也會有著同樣無限的威力。不過，這只是利用命運的初級階段，只是迴避和防禦。

⑵用思想化解命運。思想通過把心靈提高到一個萬物皆可塑造

的領域而溶解了物質的宇宙。思想的啟示把人們引出了奴役狀態，進入自由的天地。在思想中，人感知和領悟到隱藏於萬物背後、並控制和支配著萬物的宇宙精神——超靈。這種洞察力使我們突然轉變為宇宙精神的同類，它使我們知道了它至高無上的權力和神性，並使我們可以分享它，達到與真理的同一。我們忽然間膨脹擴充，仿佛我們成長為與天地一樣大小。儘管靈魂不在我們之中，而是我們在靈魂之中，但靈魂認為真實的東西就是真實的；由於靈魂是不朽的，因而我們也是不朽的；由於靈魂不可戰勝，因而我們也變得強壯有力。我們就像法則、規律的創立者；我們為自然代言，我們推測，我們先知，我們盡可以坐下來統治一切。這都是思想、智慧給予我們的力量，歸根結底是思想所把握的超靈賦予我們的力量。

⑶用意志戰勝命運。洞察力必須得到道德情感的輔助，必須運用意志的力量來貫徹。正如伏爾泰(Voltaire)所言，高尚的人若是懦夫，這是他們最大的不幸，同樣將一事無成。對真理的感知與對真理必定取勝的渴望必須相互連接和相互融合，才能產生意志的能量。除非把人轉化成他的意志，使他成為意志，使意志成為他，否則絕不可能有任何其他的推動力量。一種意志是自然中一樁嚴肅而又可怕的事情。社會缺少意志就會奴顏婢膝。因此，世界需要救星和宗教。有一條道路是正確的前進道路：英雄看見了這條道路，就朝著那一目標前行，他將整個世界置於身下作為根基和支柱。在他人看來，他就像是這個世界。他的認可就是榮譽，他的反對就是恥辱；他的眼色具有陽光的威力。當一個人的威信高高聳立之後，我們的記憶之中就只有那些他所代表的有價值的東西；這樣我們就會高興地忘卻數目、金錢、氣候、地球引力和其餘的命運。

3.3.3 生活是對於力量的追求

愛默生明確指出:「生活是對於力量的追求;這個真理浸透了整個世界──在每一個瞬間,每一條罅隙,它都無所不在──因而所有真誠的追求都會得到報償。」❺⑧

但是,力量並非來自於瞎闖蠻幹,而是來自於對必然性的遵循,對規律的依從,對因果關係的信賴。「所有成功者在一件事情上是彼此一致的──他們都曾是因果論者。他們篤信事物絕非僥倖而發展,而是根據規律運行。他們確信,在那條連接著最初的和最終的事物的鐵鏈上,沒有任何一個薄弱的和破損的環節。」❺⑨與自然法則並行不悖的心靈就能順應天下大勢,就能憑藉它們的力量變得強壯有力。例如,拿破崙就說過,所有偉大的首領都是靠著順應技藝規則,靠著使自己的努力順應障礙,而獲得巨大成就的。他們自然而然地成為一群人甚至一代人的代表和領袖,其他人都追隨他,作為他的僕役和工具與他一起完成偉業。

並且,力量不是單純和透明的,它來自於各種要素的複雜組合,甚至常以缺陷或邪惡的形式表現自身。愛默生說:「……這就是我的觀點──通常,各種各樣的力量:善的力量和惡的力量,心靈的力量與身體的健康,獻身的狂喜和淫蕩的憤懣,它們都在同時出現。同類的元素總是同時存在,只是有時候這些顯而易見,而有時候又是那些顯而易見。昨天置身前臺,今天則退隱在後。」❻⓪每個人都時常受惠於他的惡習;最優秀的人物常由他們的缺陷鑄就;具有缺陷

---

❺⑧ *ECW*, vol. VI, p. 55.

❺⑨ *ECW*, vol. VI, p. 56.

❻⓪ *ECW*, vol. VI, p. 65.

和強烈情感的人才是最好的棟梁。偉大的教育者和立法者，尤其是將軍和殖民地領袖，就主要是依賴於這類材料。正像醫藥裡需要用毒一樣，世界少了惡棍就無法運行。因此，在愛默生看來，牧師和高尚的人並非是送往國會的恰當人選，政治往往由各種各樣的「惡棍」、「壞人」來操縱。在選擇當權者或領袖時，若要在彬彬有禮的人或是最最強有力的人之間作出選擇時，愛默生寧願選擇後者。

愛默生還談到，力量的形成還取決於下述要素：⑴心靈和身體的健康。健康是第一位的財富，它就是力量和生命，它抵禦疾病毒害和一切敵人；它具有保護能力，也具有創造力。若想創一番偉業，就需要一副特別強健的體魄和百折不撓的意志。⑵專注，或者說集中精力。在生活中，集中精力是一種明智；散耗精力是一種邪惡。力量集中是政治、戰爭、貿易——總而言之，是人類事務一切管理方面的秘密所在。⑶勤奮，或者說恆常的練習。我們以反覆練習的連續性來彌補爆發性力量的不足。正如德謨克利特所言，「更多的人不是憑藉著天賦，而是通過練習，才變得有本領。」⑷經濟，或者說節約使用。與液體和氣體差不多，力量從屬於精確的規律和計算，有它自己供人們獲取或利用的最節省的方法。

愛默生最後說：「世界是精確的，在它所有浩茫無際、平滑如流的曲線裡不存在偶然。成功並不比我們在工廠裡編織的方格花布和平紋細布更稀奇古怪。」**❻**它是我們在依從自然規律的基礎上，使用我們的力量的結果。我們應該是比紡織花布的機器更為精妙、更能自主自控的機器，能夠貢獻出更好的產品。

---

❻ *ECW*, vol. VI, pp. 80–81.

3.3.4 命運和自由的相互關聯

愛默生注意到，整個自然中都同時存在著兩種因素：必然和自由並行不悖，個人和世界相輔相成，個人的傾向與時代精神也正相吻合。那麼，命運和力量、必然和自由這兩者的關係究竟是什麼呢？它們是否相互關聯？如何相互關聯？在這個問題上，愛默生表達了一個十分重要的思想：「由此可見，命運是指那些未經思想之火錘鍊的事實；是指那些未被人識破的原因。」❷一旦它們被人識破，就會轉化成人的力量和自由。他從自然界和社會政治生活中舉了許多例證，說明這一關鍵性論點。

例如，海水淹沒船隻和水手，如同淹沒一粒灰塵。可是一旦學會游泳，學會順風扯帆，曾經淹沒人和船的海水就會被它們劈開，它會像載著自己的泡沫一樣，宛如一葉羽毛為空氣所托舉。寒冷也會體諒人；它刺痛你的血液，並把人凍得恰似一粒露珠。可是一旦學會滑雪，冰雪就會為你提供一種優雅、甜蜜且富有詩意的運動。寒冷能夠激勵你的四肢，振奮你的大腦，促使你成才，成為時代最前列的人物。寒冷和大海將會鍛鍊出一個至尊至貴的撒克遜民族。

又如，一直到前不久，蒸汽還是我們所畏懼的惡魔。每一把由任何一位壺匠或黃銅匠製作出來的水壺都會在它的蓋子上留有一個釋放敵人的小洞，以免它會掀起壺蓋和屋頂，將整幢房屋炸得粉碎。然而沃塞斯特侯爵、瓦特和富爾頓們卻認為，哪裡有動力，哪裡就有神而非惡魔；動力必須被利用，而決不能放掉和浪費。這頭惡魔能夠如此輕易地就把水壺、屋頂和房屋就掀起來嗎？那它就正是他們所要尋找的工人。它可以被利用去掀起、拴鎖和強迫另外那些更

---

❷ *ECW*, vol. VI, p. 35.

難對付的危險的惡魔，即大面積的泥土、高山、水的重量或阻力機械以及一切人們的勞動。它將延長時間，縮短空間。

再如，政治、社會中的蒸汽就是大眾輿論和人民的力量，它一度是這個世界上一件令人害怕的事情。過去要麼是把它們驅散和浪費掉，要麼是把它們堆壓在層層疊疊的社會等級之下：一層是士兵，上面一層是領主，最上一層是一位國王，全都用城堡、駐軍和警察的鐵鉗和鐵箍加以鉗制。但儘管如此，也不管用，大眾輿論或人民力量也會找到他們自己的釋放通道，把一個王朝甚至一個國家推翻。於是，政治領域的瓦爾特們則設計出一種民主政體，使所有民眾都集合在同一層次之上，從而化弊為利。

愛默生承認，對「命運如何漸漸轉變為自由，而自由又是如何漸漸地轉變為命運」這一問題，他提不出任何具體的答案，而只能說：「我們的生命是一致的，遙遙相關的。這個自然之結纏繞得如此撲朔迷離，沒有誰有足夠的智巧去找到它的兩端。」❻❸但他舉了許多例證，證明這種轉變和聯繫是確實存在的。也許在他看來，解開這個紐結的最關鍵因素是生命與人：「一旦有了生命，也就有了自我導向，有了對物質的吸收和利用。生命就是自由；生命與自由的限度成正比。」❻❹「自然通過把命運塑造成為一個人的性格所結出的果實，從而十分神奇地讓人與他的命運相匹配。」❻❺

最後，愛默生作出結論說：「關於人類狀況的奧秘，關於命運、自由和先知這類古老的癥結，我們有著一種解答，一種解結方式：那就是建立雙重意識。」❻❻「如果我們必須接受命運，我們就必須同

---

❻❸　*ECW*, vol. VI, p. 40.

❻❹　*ECW*, vol. VI, pp. 41–42.

❻❺　*ECW*, vol. VI, p. 44.

樣肯定自由，肯定個人的意義，肯定責任的崇高，肯定性格的力量。既然這一點是真實的，那麼另外一點也是真實的。」❻他因此發出呼籲：讓我們為美妙的必然性建起聖壇吧！讓我們為神聖的統一性建起聖壇吧！讓我們逐步上升到那美妙的必然性的層次吧，由此去獲得我們的自由。

3.4 代表性人物

所謂代表性人物，就是愛默生理想中的人格，他經常給他們以不同的名稱：英雄、天才、詩人、學者、性格、哲人等等，其中最為鍾情且論述最多的是「學者」和「詩人」。 在這個被嚴格的社會分工所異化和片面化了的社會中，代表性人物不是一個個昂然走來走去的人的手、人的脖子、人的胃等等，而是一個思考著的人，是一個完整的人。

3.4.1 學 者

在愛默生眼裡，學者是這個世界的靈魂和眼睛，他賦予學者以一種異乎尋常的重要性：

> 學者是天堂和人間的寵兒，是他的國家的精華，是人類最幸福的人。他的職責把他直接引到那塊別人可望不可及的聖地。他的成功之時就是所有人享受最純淨的快樂的時刻。他是盲人的眼睛，是跛子的腿腳。假如他是個傑出的人，他的失敗

---

❻ *ECW*, vol. VI, p. 49.

❼ *ECW*, vol. VI, p. 10.

將是通向更大成功的入口。因為有一個學者通過他的每一種思想支配著許多普通人的心靈，他不是一，而是多。每個國家只有屈指可數的幾位學者，我了解他們的天才，在我看來他們不是一個個個體，而是一個個社會。每當重大事件發生時，我就像數點國家一樣指望著這些公眾輿論領袖會作何反應——即使他的結論是無法傳遞的，或它們只存在於他自己的精神之中。才智之士所擁有的是如此神聖，以致他的存在和追求也會成為一種吉兆。⑱

　　首先，學者從自然獲得教益和養份。他通過把自己沉浸在自然之中，逐漸明白：他與自然本是同根而生，一個是葉，另一個是花。而這個根就是他的靈魂之靈魂，即所謂的「超靈」。超靈像一根紅線貫穿於自然、社會和人的精神世界之中，於是，「自然是靈魂的另一面，每一部分都相互應合著。自然之美正是他自己的心靈之美，自然法則也就是他自己心靈的法則。自然對於他就變成了他的資質和稟賦的計量器。他對自然無知的程度也就是他對自己心靈尚未把握的程度。概而言之，那古代的箴言『認識你自己』與這現代的箴言『研究大自然』最後成了同一句格言。」⑲

　　其次，過去或書本也給學者的精神以重大的影響。不過，愛默生始終強調學者面對過去和書本的主動性，強調讀書的目的是為了創造，為了激活自己的靈感。所以他說：「我發現，對作者抱著一種挑剔的態度來讀書，其樂無窮。我閱讀普魯克洛，有時候閱讀柏拉圖，好像在看一本字典，在為幻想和想像尋求一種機械的幫助。

---

⑱　*ECW*, vol. I, pp. 151–152.

⑲　*ECW*, vol. III, p. 222.

我讀書是為了尋找一些光彩，……」❼他一再強調，不要迷信過去的權威或書本，以為它們已經把話說盡。實際上，自然給我們的永恆的忠告是：世界是新的，是尚未被碰過的處女。因此，我們的任務是通過深入觀察和獨自冥思，獲得和展示我們自己關於自然和人的新觀念。

愛默生特別強調行動對於學者的重要性，極力反對「學者應該是一位隱士、一位羸弱的人」這樣的流行觀念。他說：「沒有了行動，學者就不是真正意義上的人；沒有了行動，思想就永遠不會成熟為真理。世界是一朵懸浮在我們眼前的美麗的雲，但沒有行動的我們是看不到它的美麗的。缺乏行動的人就是懦夫；沒有英雄的俠肝義膽，也就沒有學者。行動是思想的序曲，思想從無意識到意識的過渡正是通過它才完成的。」❼於是，一個人生活了多少，他就只能知道多少；他體驗到多少生活，他就能開墾多大的曠野，種植多廣的田地，他的生命和統治就能伸展多遠。有經驗的人在聽人談話時，能根據他語言的豐富和貧乏，判明他是否真正地充分地生活過。行動是一種原料，心智用這種原料塑造出絕妙的作品。因此，愛默生極力倡導學者以普通人的身份，參與到實際的生活中去，參與到行動中去。

學者是「思想著的人」，他的責任是求真，昭顯隱藏在撲朔迷離的表象、假象之後的事實，揭示沉睡在紛繁複雜的現象底下的規律，以此來激勵、提高和指導眾人。在愛默生看來，學者就是這樣一種人——他必須把當代的所有能力、過去的所有貢獻，以及未來的所有希望集於一身。他必須是一座囊括所有知識的大學。如果有

---

❼ *ECW*, vol. I, pp. 95–96.

❼ *ECW*, vol. I, pp. 95–96.

什麼頭等重要的訓示需要他側耳諦聽的話，那就是：世界是微不足
道的，而人才是一切；自然的所有規律都體現在你身上，而你卻連
一滴葉汁是怎樣昇華的都不知道；整個理性都在你身上沉睡，你需
要去了解它們，大膽去喚醒它們。愛默生認為，學者的使命決定了
他所承擔的是見效緩慢、不被人尊敬、也沒有報酬的工作，這就要
求學者必須是一個孤獨、勤勞、謙遜和慈悲的靈魂，奉行某種苦行
主義，為真理而獻身。這可能使學者與世人比起來顯得有些怪異，
但愛默生指出：

> 社會對於這一群人也負有責任，而且應當以慈悲為懷，關注
> 他們的疾苦。國家也能從他們那裡獲得某些益處。……社會
> 上除了該有農夫、水手和紡織工人之外，也應該專門保留一
> 些作為人性測量儀表的誠實純真之士，他們具有優異的察辨
> 直覺，在充當旁觀者時，難免會流露出一星半點的智慧和情
> 感。也許還應該為那些作為刺激者和訓誡者的人留下一席之
> 地，讓收集天火者得以向眾人傳遞電流。或者可以說，當一
> 艘在風浪中掙扎的小船向巡洋艦或定期郵輪發出信號、詢問
> 航道情況時，它並非一無優勢可言——這優勢就是：我們應
> 當時常接觸一些罕見而有才幹的人士，以便對照比較我們在
> 精神羅盤上的差異，參照高精度的經緯儀來校正自己的位
> 置。❼❷

---

❼❷　*ECW*, vol. I, pp. 337–338.

3.4.2 詩　人

　　愛默生所謂的「詩人」，不是那種會塗抹幾段分行散文的寫手。在這個被嚴格的分工所異化的社會裡，充斥著一個個片面的人，例如工作在田野裡的人蛻化為單純的農夫，生意人成了金錢的附庸，牧師成了一個擺設，律師成了一本法律彙編，機械師成了一架機器，水手成了船上的一根纜繩。而詩人則代表著完整的人，是一個各種力量在身上獲得均衡的人，是一個沒有障礙的人，他能夠把眾人在經驗中感悟到卻無法表達的一切，以詩的形式表達出來，因此他提供給我們的不只是他的財富，而是全民的財富。在這個意義上，詩人是人的代表。

　　愛默生論述說，天地間有三個孩子，他們同時出生，在不同的思想體系中卻有不同的名字。他們有時被叫作原因、過程和結果；在詩歌中被叫做丘比特(Jupiter)、普路托(Pluto)、涅普頓(Neptune)；在神學上被叫做聖父、聖靈、聖子，我們則把他們稱之為「知者」、「行者」、「言者」。他們分別代表對真、善、美的愛。這三者完全平等，每一個都有自己的本質，既不能被俯視也不能被分析。並且，每一個身上都潛在地擁有另外兩個的力量，同時擁有自己獨特的力量。如果說學者或哲學家是知者，目的是求真，是真理的代表者，那麼詩人則是言者，是命名者，目的是求美，是美的代表者。他是一位君王，身居中心。世界並沒有被刻意粉飾，而是從一開始就是美的；上帝也沒有刻意製造美的事物，美本身就是宇宙的創造者。因此，詩人不是什麼仰人鼻息的傀儡君主，而是一位獨立自主、名副其實的皇帝，他有一種嶄新的思想、一套全新的經驗要展現：

詩人的標誌和證明在於，他宣示的是未經人語的，他是真正
的而且是唯一的博士。他知道這個世界並且講述著這個世界；
他發布著獨家新聞，因為他目睹並參與了他所描述的場面。
他是思想的目擊者，是必然性和偶然性的發言人。❼

　　詩人在訴說美、揭示美時所使用的主要手段就是象徵(sym-
bolism)、變形 (transformation)、昇華 (ascension) 和想像 (imagi-
nation)。

　　所謂象徵，就是把一種事物用作另一類不同事物的標誌。詩人
使事物順應自己的思想，自然則把她的一切造物都作為一種圖畫語
言奉獻給詩人。在詩人匠心獨運的手中，甚至外表差異巨大的事物
之間也能建立相互關聯，例如：

　　　猜疑是美的裝飾，像一隻烏鴉
　　　飛翔在最晴朗的天空。❼

再以中國的陝北民歌為例：

　　　淚蛋蛋本是心頭的油，誰不傷心誰不流。

由於被用作象徵，物體就具有了一種神奇的第二價值，遠遠勝過它
原有的價值，如同木匠手中拉長的線，假如你側耳諦聽，它在微風

---

❼　*ECW*, vol. III, p. 14.

❼　莎士比亞：《十四行詩》第七十首，譯詩見《自然啟示錄》（博凡譯），
　　頁45。

中會發出音樂般悅耳動聽的音響。這種事物的象徵性用法是完全允許的，因為自然在整體上就是一個象徵──是靈魂、精神的象徵。並且象徵性用法已經被各個民族、各個階層普遍使用著，甚至數學中也可以有語言的絕妙的比喻性、象徵性使用，例如亞里士多德給空間下的定義是「一個靜止不動的、包羅萬物的容器」；柏拉圖給線下的定義是「一個流動的點」，給圖形下的定義是「固體的界限」。在某種意義上，這些定義就是詩。

變形則是指所有物體在詩人的激情的驅使下，被他隨意地放大或縮小。還以莎士比亞的詩為例：

> 根基強固的海岬
> 被我撼動，我又連根拔起
> 松樹和杉柏。

變形所產生的效果是誇張，它常常以驚心動魄的形式向我們展示平時我們沒有領悟到的相似和美。再以中國陝北民歌為例：

> 哥是天上一條龍，妹是地下花一叢。
> 龍不翻身不下雨，雨不灑花花不紅。

昇華則是靈魂向更高形式的過渡。詩人刪掉冗餘，袪除朽腐，甚至化腐朽為神奇，為我們展示一個或深邃幽遠，或壯麗神奇，或清新亮麗的世界。請看意大利詩人奈西其多的詩〈島〉：

> 對你的愛

怎能叫我不憂傷
我的家鄉？

桔花，
或許夾竹桃
清幽的芬芳，
在夜空微微蕩漾。

一灣碧藍的流水，
催動悄然東去的玫瑰；
落花輕舐堤岸，
在謐靜的海灣低徊。

我依稀回到你的懷抱，
街頭隱隱流來
溫柔而羞澀的聲音，
呼喚我彈撥詩人的琴弦。
我茫茫然，
這似乎是童年，
又仿佛是愛情。

一腔鄉思，
驀然翩飛，
我趕忙潛進，
留不住的逍遙往事。 ⓖ

而如上所述的象徵、變形、誇張、昇華，全都依賴於詩人在激情驅使下的想像力。詩人通過這種秘而不宣的智力知覺，賦予事物一種力量，使它們原來的用途被人遺忘，使暗啞的無生物變得眼明嘴巧。他把這個世界變成了透明的玻璃，向我們展示萬物在其序列中所處的位置。由於他有更優良的感知力，所以他就向外物靠近了一步，看清了它們的流動和變形；發現思想是多棱的，每一種造物都會有某種內驅力，使它向更高的形態躍遷；生命追隨詩人的目光，向他展示自己的生命形態，因此他的言談也隨著自然的流動而流動。……於是，詩人就成了命名者，成了語言的創造者，成了偷運天火的普羅米修斯。

詩人及其詩歌的最大妙處就是給人的心靈所帶來的某種解放作用。如果想像使詩人心醉神迷，這自會感染到他的詩歌的讀者。變形在目擊者心中激起了一種快樂的情緒，使用或閱讀象徵時，一根魔杖似乎在撥弄我們，我們就像一群從洞穴或地窖走出、來到清朗的藍天下的孩子，歡呼雀躍，翩翩起舞。這就是比喻、寓言、神諭和種種詩歌形式對我們的影響。詩人因此成為解救萬物的諸神。他們本身自由，又使一切獲得自由，把我們帶入一個新天地。這種解放作用對任何人都是寶貴的，提供解放的能力就是衡量智能的尺度。詩人或作家看見自然就在他的腳下，並把她用作自己的表現手段。具有這種優點的每首詩、每句話，都會關照自己的不朽。世界上的宗教也不過是幾個想像力豐富的人的吶喊。

---

❼❺　轉引自《讀者》1997年第12期，甘肅人民出版社，譯者呂同六，頁5。

3.4.3　六位楷模

　　從早期的佈道詞〈真正的人〉開始，愛默生就熱中於給他理想中的人畫像，其目的在於提出一些標尺，用以測度他本人和他的同時代人。他判斷理想人物的依據，一是他的對應學說，理想人物就是那些與他內在的靈魂、神性保持一致的人；二是根據他的德性理論，真正的幫助是理智和情感的幫助，唯一的正面的善是「精神和道德的力量」；三是根據他的補償學說，沒有完全對稱、平衡的人，人都具有傾向、偏於一端，沒有一個人是完善的。愛默生談道，他喜歡處於兩端的人，即代表事實的人和代表思想的人。他偏愛這樣的具有修養和風度的紳士：立場堅定，出生良好，生來富有，儀表堂堂，巧舌如簧，具有許多優越條件，憑藉魅力就使所有人甘願為其馬前卒，任其驅使。不過，他認為理性的人更偉大，因為後者克服了他私有的個別性，獻身於普遍的理性。

　　在《代表性人物》(1850) 一書中，他從歷史上選擇了六位偉人來進行評判，他們是：哲學家柏拉圖、神秘主義者斯維登堡、懷疑論者蒙田、詩人莎士比亞、世界巨人拿破侖，以及作家歌德。這六位人物中的每一位都代表著某種愛默生認為人與生俱來的神性：柏拉圖洞察一切的眼光，歌德的思想勇氣和卓越詩才，拿破侖的組織天才以及所顯示的自信、勇敢和力量，莎士比亞寓精神於物質之中的傑出才能，蒙田不偏不倚地衡量一切事實和觀念的冷靜思考，以及斯維登堡對現實的象徵意義的神秘感受力——所有這些都是神性在凡人身上的具體體現和分配。但是這種分配也有不好的一面：作為神性接納者的凡人常常過於軟弱乃至邪惡，所以天才又必然是偏執、變態，乃至瘋狂的代名詞。於是，愛默生緊接著來了一個一百

八十度大轉彎，對剛剛樹立起來的偶像發起攻擊。柏拉圖過分理智，缺乏熱情，不能充當精神領袖；斯維登堡和所有別的宗教狂一樣，患有自大症；蒙田的懷疑論用來對付教條主義和頭腦僵化的人固然不錯，但仍然不能給我們以真理和正義；拿破侖這位19世紀的統帥，缺乏道德感和良心，並且缺乏起碼的誠實，所以他最終仍歸於失敗；莎士比亞僅是一位美的詩人，在傳達真與存在感方面仍有欠缺，因而他竟然心甘情願地充當「人類宴會的主持人」；見多識廣的歌德曾立志要知曉世上一切可知的東西，最後卻因為過分自我敏感，只知擴大自我，不知幫助社會，而終於未能達至最高的精神境界，這位「19世紀的天才」未能成為19世紀的「心臟」。不過，在他的私人日記裡，愛默生把自己稱作「美國的歌德」。❼ 真正完美的體現神性的代表人物永遠不會出現，但是我們從這些發展不平衡的凡人身上可以看到神性的各個側面，以此作為我們的借鑒。

愛默生承認，他無法為耶穌畫像，因為耶穌作為一位道德先知，沒有賴以參照、比較的標準。不過，他並不認為耶穌是一位完人，他只是把耶穌看做是與莎士比亞、拿破侖一類的優秀人物，並且也有自身的局限，如耶穌過於專門和片面地發展了道德因素，而顯得並不十分理智。他用這樣的話語談論耶穌：「囊括萬物就是靈魂的天性。耶穌和莎士比亞是靈魂的一些碎片，我用愛征服了他們，並把他們合併到我自己的意識領域裡。他們的德性——難道不是我的？他的才智——如果不能成為我的，那就不是才智。」❼ 愛默生實際上

---

❼ 參見 *The Journals of Ralph Waldo Emerson*, eds. by Edward Waldo Emerson and Waldo Emerson Forbes, Boston and New York: Houghton Mifflin Company, 1909, vol. VIII, p. 62.

❼ *ECW*, vol. II, p. 119.

更偏愛蘇格拉底，因為後者展示了全部的人性特徵，特別是其理性本質。他有時甚至稱蘇格拉底是一個完善的、普遍的人，滿足了人存在的一切條件。❼❽在現實人物中，他比較欣賞當時馬薩諸塞州的參議員韋伯斯特(Daniel Webster)，儘管在廢奴問題上曾一度激勵抨擊他，但對他的欣賞實際上保持終身。❼❾

---

❼❽　同❼❻書，vol. III, p. 532.

❼❾　同❼❻書， vol. VIII, pp. 335–336.

第四章 意識：「透明的眼球」

生活的主宰，生活的主宰——
我看見他們走過，
身著自己的衣裝，
有的相似，有的不相像，
有的莊重，有的可憎，
用處和驚奇，
表面和夢想，
迅逝的延續，幽靈般的謬誤，
默默無語的性情，
而這遊戲的發明人
無處不在卻沒有名稱——
有的供看，有些靠猜，
他們由東向西大步邁：
小小的人啊，似微塵，
在他衛士們高大的腿叢間，
一臉疑惑，四處穿行——
親愛的自然牽著他的手；

> 最親愛的自然，強壯又善良，
>
> 低語道：「親愛的，別在意！
>
> 明天他們將換上另一副面孔，
>
> 你是奠基者；他們都是你的同類！」
>
> ——愛默生：〈經驗〉一文序詩❶

在這一章中，我們所要探討的是愛默生的認識論思想。他認為，主觀性因素是我們的認識所無法避免的，並將它們稱之為「生活的主宰」。智能使人區別於其他的自然物，在自然界中占據了中心位置。他對人的智能進行了深入分析，將其區分為感受性智能和建造性智能、知性和理性等等。知性探究可見的現象世界，試圖發現同一性和規律；科學、技術、邏輯都是知性的產物，而謹慎則是知性在日常生活中的顯現。理性則探究不可見的超驗世界，即靈魂、真、善、美之域，所憑藉的方法只能是超驗的直觀，通過內心反省和面向自然兩條途徑來領承天啟，觸發靈感和頓悟，從而通達神祕的無窮之域。在認識論上我們應該做一名全面論者，既看到一方面，又看到另一方面，以此來把握真理。

4.1　生活的主宰

4.1.1　康德哲學基調

〈經驗〉一文是愛默生最偉大的作品之一，成於他的中年時期。

---

❶ *ECW*, vol. III, p. 47.本書作者參考《愛默生集：論文和講演錄》（趙一凡等譯），頁521–522新譯。

這期間，他經歷了喪失愛子沃爾多的劇痛以及其他一些事件，身體狀況也日漸衰退，思想上日漸增多了懷疑主義和命定論的成份。他把我們的認識中不可擺脫的各種主觀性因素稱為「生活的主宰」，它們構成我們認識世界的透鏡，從而使世界塗抹上我們自身的色彩。正是在這個意義上，有人正確指出，〈經驗〉一文自始至終響徹著康德哲學的聲音。❷因此，我們有必要從康德哲學談起。

　　德國哲學家康德既不滿意於貝克萊、休謨、洛克等的經驗論，也不滿意於萊布尼茨等人的唯理論。他試圖把這兩者以某種獨特的方式結合起來，斷言：我們所有的知識儘管開始於經驗，但並不產生於經驗；任何知識都包含兩種必不可少的成份，由感官提供的感覺材料或經驗內容，以及認識主體先天具有的整合、統攝這些材料或內容的形式。例如，在感性認識階段，感官提供關於認識對象的印象或表象，認知主體則將這些表象納入時間和空間這樣的先天感覺形式中，從而得到時空化的經驗知識。由於認識論的基本單位是判斷，因此這些時空化的對象必須在判斷中置於一定的概念或範疇之下，康德把後者稱為「先驗統覺形式」。他從當時的形式邏輯體系中得到了下述的判斷表：

量	質	關係	模態
全稱判斷	肯定判斷	直言判斷	或然判斷
特稱判斷	否定判斷	假言判斷	實然判斷
單稱判斷	無限判斷	選言判斷	必然判斷

從這個表中又抽引出下述範疇表：

❷　Stanley Cavell, *The Senses of Walden: An Expanded Edition*, San Francisco: North Point Press, 1981, p. 128.

量	質	關係	模態
單一性	實在性	實體性	可能性
雜多性	否定性	因果性	實在性
整體性	限定性	交互性	必然性

在康德看來，所謂認識，就是主體運用先天具有的各種認識形式，去整理、統攝各種感覺經驗材料的過程；先天形式和後驗內容對於知識的獲得與形成是缺一不可的：「思想無內容則空，直觀無概念則盲。」❸他的認識論的基本任務就是要說明：既具有普遍必然性又具有新的經驗內容的「先天綜合判斷」是如何可能的？正像哥白尼在天文學上使天體與作為觀察者的人互換了動與不動的位置一樣，他在認識論上也使認識對象和認識主體的位置發生了變化：不是我們的直觀要去符合對象，而是對象要依賴於我們的直觀，對象只不過是我們的感覺直觀向我們展示的那個樣子，隸屬於我們的先驗形式所決定的某些條件。因此，康德稱自己在哲學上完成了一場「哥白尼式的革命」。

愛默生的〈經驗〉一文確實具有康德哲學的基調，這表現在：與康德的先天認識形式相應，愛默生列舉了下述「生活的主宰」：

> 幻覺，性情，延續，表面，驚奇，實在，主觀性——這些都是時間這部織機上的線，這些都是生活的主宰。我不敢貿然排列它們的先後，我只是按我所發現的情形給它們命名。我懂得最好不要去宣稱我的畫面已臻完美。我是一個碎片，而

---

❸ I. Kant, *Critique of Pure Reason*, 2nd edition,translated by N. K. Smith, London: Macmillan, 1929, p. 75.

這又是我的一塊碎片。❹

這些生活的主宰像古老的信仰中的守衛神靈，它們站立在生活的入口處，當我們進入時給我們喝下忘川之水，以致睡意終生在我們的眼睛周圍縈繞，正像白天時黑夜的陰影在檞樹枝杈間盤旋。所有的東西都游移不定，閃閃爍爍，我們對生活的秘密所知甚少。這些生活的主宰又好像給我們的眼睛配置的不可卸下的變色鏡或凸鏡，我們看到的世界都是被它們變形、扭曲了的世界，而我們卻以為世界本來就是如此。主觀性是不可避免的——這就是〈經驗〉一文所揭示和論證的主題。

4.1.2　幻　覺

在〈幻覺〉一文中，愛默生談到了他在一個夏日與朋友們遊覽肯塔基州的馬默斯洞窟的經歷。當到達所謂的「星洞」時，所有參觀者都產生了這樣的幻覺，並為此興奮不已：窟頂好似布滿了星星的夜空，或銀光閃亮或微光朦朧，甚至好像有一顆彗星燃燒著奔突在它們中間。這件事引發了愛默生的思考，並使他導出了如下一般性的認識論結論：

> 我們與自然的交流並不僅僅限於其表面形態。浮雲，日出和日落的壯麗，雨後彩虹和北極光，並不像我們兒時想像的那般完美。我們自己的構造意識在其中起了太大的作用。感官到處都在干預。它們把自身的結構與所報導的一切混雜在一起。我們一度把地球想像為一個固定的圓盤。在讚美日落時，

我們並沒有扣除眼睛所具有的那種變圓、調配、塗抹的能
量。❺

　　愛默生還論述說，實際上，人們在各個方面都是幻覺的犧牲品。
兒童、青年、成人和老者都被一個或兩個氣泡所牽引。例如，孩子
總是在成堆的幻想中穿行，並由此獲得甜蜜和快樂。年輕人則沉浸
在愛情的幻覺裡，他或她把自己及其家庭所期待的一切賦予所愛的
對象，並在他或她身上傾注自己的熱情。婦女們在幻想的王國裡更
是如魚得水，她們自己已然神魂顛倒，還要讓別人跟著她們神魂顛
倒。即使是在最枯燥的大學校長、州長、參議員等等的一生中，幻
覺也會進入所有的細節，為它們塗上一層玫瑰色彩。

　　因此，愛默生說，讓我們老老實實地承認幻覺的存在吧，誰也
逃不脫它的羅網。世間有感官的幻覺、激情的幻覺，以及情感和理
智的結構性幻覺；世上還存在著時間的幻覺，這種幻覺根深蒂固，
誰也不能將它破除；有的幻覺甚至能欺騙上帝的選民和奇蹟創造者。
並且，幻覺中還有一種固定的等級，層層向上排列。我們戴著粗糙
的面目從低層開始攀緣而上，一直升到最精妙美麗的層次。當我們
編織出幻想的銀河時，所用的絲線就是時間和自然。

4.1.3　性　情

　　氣質、性情、心境等等與「性格」有關，在前面有關「性格」、
「命運」、「力量」的章節裡，我們實際上討論了性情在有性格的人
物身上所顯示出來的力量及其在社會歷史中的作用，而這裡我們所
關注的是它對人的認識所造成的限制和影響。愛默生指出：

---

❺　*ECW*, vol. VI, pp. 294–295.

生活是由一連串的喜怒哀樂組成的，如同一條珠串。在我們
穿行而過時，它們分明又是一組五顏六色的透鏡，各自都給
世界點染上自己的色彩，並且只顯示處於自己焦點上的事物。
你身在此山中，你又觀看這座山。我們給我們能夠賦予活力
的東西賦予活力，我們又只觀看那些賦予了活力的東西。自
然和書籍屬於那些觀看它們的眼睛。一個人將看到落日還是
讀到一首好詩，這取決於他的心境。夕陽天天都有，天才也
總是存在；然而只有少數寧靜的時刻，我們才能欣賞自然或
批評。欣賞的多少仍取決於人的天賦或性情。性情就是那根
串珠子的鐵絲。❻

　　這就是說，認識主體會將他自身的氣質、性情、心境投射到他
的認識對象上，從而形成他特殊的視角，並最終獲得他自己的特殊
景觀，在其認識對象上打上他自己的種種烙印。這裡「投射」是一
個關鍵性的字眼。性情的這種投射作用在下述中國古詩中得到了最
充分的表達：

　　　　感時花濺淚，恨別鳥驚心。

正由於所投射的氣質、性情、心境等等的不同，同一朵梅花在不同
的詩人那裡才獲得完全不同的意象。例如，在一位落寞詞人的筆下，
梅花呈現出一副冷寂孤僻、孤芳自賞、自怨自艾的形態：

---

❻ *ECW*, vol. III, pp. 53–54.

驛外斷橋邊，寂寞開無主。已是黃昏獨自愁，更著風和雨。
無意苦爭春，一任群芳妒。零落成泥碾作塵，只有香如故。

而在一位浪漫、豪放派詞人的筆下，梅花呈現出一種完全不同的風
貌：歡快、熱烈，不畏嚴寒，充滿獻身精神：

風雨送春歸，飛雪迎春到。已是懸崖百丈冰，猶有花枝俏。
俏也不爭春，只把春來報。待到山花爛漫時，她在叢中笑。

梅花的不同形象是不同的「性情」、「心境」投射的結果。實際上，
性情的這種投射作用不僅體現在詩詞歌賦等藝術作品中，而且表現
在一切認識活動和認識形式中。「性情」給我們所能認識的事物設
定了限度，是我們難以逾越的界限，是把我們囚禁在其中而我們尚
不得而知的透明的玻璃監獄，它注定我們要在認識對象上打上我們
自身的印記。

4.1.4 延　續

延續涉及到人的情緒及其對象的非恆常性，表示著情緒和對象
的運動、變化與遷移。愛默生指出：

幻覺的秘密在於情緒或物體必然會處於一種延續性中。我們
樂意拋錨，但停泊處卻是流沙。自然的這一把戲完全不以我
們的意志為轉移——「地球仍在動」。當夜晚我凝視著月亮和
星星時，我似乎是靜止不動的，它們卻好像來去匆匆。我們
愛追究事物真相的傾向把我們引向永恆，但身體的健康在於

循環，心智的健全在於應變或聯想的能力。我們需要對象不斷變化。死守住一種思想很快就會令人厭煩。 **❼**

　　愛默生以他自己的經歷為例：曾經一度我是如此喜愛蒙田，甚至認為我再也不需要任何別的書籍了，然而就在此之前，我喜愛的是莎士比亞，然後是普魯塔克，然後是普魯提諾，然後一度是培根；在此之後，又是歌德，甚至是貝蒂尼。但現在我卻無精打采地翻著他們的書頁，儘管我仍舊珍視他們的天才。不僅對書籍如此，對繪畫也是同樣。並且，這種性情的遷移對於任何人來說都具有一般性，甚至一個孩子也會問：「媽媽，昨天你給我講這個故事時我非常喜歡它。為什麼今天就不那麼喜歡了？」

　　關於延續的經驗，確立了一個儘管尚不為人知、但確實客觀必然存在著的某物。如康德所表明的，經驗的可能性預設了某種客觀的秩序，它不是「理智的主觀延續」的實在性，而是「現象的客觀延續」的實在性。對於時間中事件的經驗涉及到事件在一序列中的日期和秩序。不過，日期和秩序本身不是經驗的一部分，在很大程度上是從事實之後發現的。作為一種邏輯構造，這種日期性儘管沒有確定與其客觀秩序的關係，至少是肯定了它的可能性。於是，關於情緒或對象的任何延續的經驗，都需要一個先在的客觀必然秩序的觀念——根據康德的表述，「發生的每一個事物……都預設了它根據一規則由之產生的某物」 **❽** 。

---

❼　*ECW*, vol. III, p. 58.

❽　I. Kant: *Critique of Pure Reason*, the first edition, p. 189.

4.1.5 表　面

　　我們生活在一個表面的、現象的世界中，至於這個現象世界背後是否存在一個本體世界，以及這個本體世界的結構、規律及其底蘊，我們所知甚少，或者乾脆說一無所知。於是，自然、社會和人生對我們來說就是一場夢，一個無法破解的謎：「人生本身是一個泡影，一種懷疑論，一場夢中之夢。」❾於是，愛默生發出了這樣近乎絕望的呼叫：姑且接受這一事實吧，讓我們沉溺於表面，投身於現象世界，「確立強有力的現在時態，去對付所有氣勢張狂的過去和未來的謊言。」❿沒有必要去批評、爭論、辯解，也沒有必要去設想和計劃，不要讓思想把你自己搞得神魂顛倒。生活不是靜觀默想，也不是品頭評足，它只是用行動把時光填滿──這就是幸福；把時光填滿，不為懊悔或贊同留一絲空隙。我們生活在表面。真正的生活藝術就是在上面熟練地滑來滑去。一個具有天賦力量的人，在陳規陋習之下也能獲得最新世界裡所取得的成功，只不過借助的是處事技巧。他在任何地方都能站住腳。每個人都應知道他的一生如白駒過隙，只是供留宿一夜的帳篷。因此，重要的是關注此時此刻，現在的五分鐘與下一個千禧年裡的五分鐘同樣有價值。我們只需在我們所在的地方充分享受，接受我們現實的同伴和環境，不論它們是何種樣子，不管它們是怎樣卑微和醜惡。

　　寫到這裡，我聯想到中國魏晉南北朝的文人名士們。當時的社會政治環境異常險惡，令人窒息；個人向上攀升的仕進之途幾乎完全阻塞，留給個人自由發展的空間異乎尋常的狹小，於是他們只好

---

❾　*ECW*, vol. III, p. 67.

❿　*ECW*, vol. III, p. 66.

避開人世，寄情山水，放浪形骸，以各種反常、乖僻之舉張揚個性。實際上，他們表面行為的張狂與怪僻反映、折射著他們內心的淒苦與無奈，是他們近乎絕望的抗爭。對愛默生的上述言論可作如是觀：在那些表面上鬧哄哄的文字裡，可以讀到一種源自於極度的懷疑論的深沉的無奈甚至絕望。

4.1.6 驚 奇

日常生活給我們顯示的是按部就班：在大街小巷裡，在報刊雜誌上，生活好像是一種簡單明瞭的事情，似乎只要在任何情況下剛強果斷，照章行事，就會穩操勝券。但是注意！很快就會有這麼一天，或者半個小時，像天使一樣悄聲細語，便推翻了許多民族在經年累月中形成的結論。這種事情隨時隨地都有可能發生。因此愛默生指出：

> 生活是一連串的驚奇，假如它不是這樣的話，它就不值得我們去參與或體驗。……自然討厭老謀深算之徒；她的方法是突如其來、心血來潮的。人隨脈搏的跳動而生存；我們的機體運動也是如此；各種化學的和以太的力量起伏交錯；思想在鬥爭中前進，沒有一陣陣的突發就不會繁盛；我們的興旺全靠偶然。我們主要的經驗一直源於偶然。那種最有吸引力的人都是一些善於旁敲側擊而不是單刀直入的人，他們是一些天才，……在天才的思想中總是存在著驚奇。❶

愛默生論述說，生活的藝術有一種羞怯，不願向我們暴露出來。

---

❶ *ECW*, vol. III, pp. 69–70.

人沒有生下來，他就是一件不可能的事；我們沒有看見成功，每件事也是不可能的。一個人若把一件事情做得十全十美，則肯定有某種魔力附著於他的最出色的行為中，使我們的觀察力麻木不仁。而之所以如此，其根本原因在於：上帝喜歡每天使我們彼此隔絕，隱藏起過去和未來不讓我們知悉。我們總要四下裡尋找，它卻彬彬有禮地在我們面前和身後分別拉下一幅穿不透的最純潔的天幕。它似乎在說，「你將不會記憶，也不會期盼。」虔誠的熱情與最冷酷的懷疑主義是殊途同歸的——沒有什麼東西屬於我們或是我們的作品，一切都屬於上帝。大自然連最小的月桂樹葉也不肯通融給我們，一切的作品、一切的作為和所有都出自上帝的恩典。除了上帝提供的或多或少的生命力，我在成功或失敗中什麼也看不到。「生活的結果沒有被計算出來，也是無法計算出來的。」 ⑫

　　這就是說，生活之所以出人意料、令人驚奇，就在於上帝在我們和世界之間拉上了一幅穿不透的帷幕，使我們對這個世界所知甚少，無法完全猜透它的秘密。也可以說，是認識論上的懷疑主義，甚至某種程度的不可知論導致了對於生活的驚奇感。愛默生在其他許多地方表述了類似的思想，例如在〈圓〉一文的結尾處，他指出：

> 生活是一連串的驚奇。我們在建立自身的存在時，今天猜不出明天的情緒、愉悅和力量。關於較低級的情形，關於日常的行為和感覺，我們能夠說出個大概；但是，上帝的傑作，那靈魂的全部生長和普遍運動，它卻隱藏著；它們是無法測算的。我知道真理是神聖的和有助益的，但是它將如何予我幫助，我卻無法猜知，因為如此存在是如此認識的唯一入

口。⓭

4.1.7　實　在

在我們的生活中，在我們的經驗中，在各種表象和喧鬧中，我們總感覺到有某種更為本質的東西存在著，它是我們的生命、經驗、表象之源，這個東西也許可以被稱之為「實在」。 愛默生描述了人們逐漸形成關於存在、實在的觀念的思想進程。

古人深感人的生命要素難以算計，便將偶然的事件賦予了神聖性。這樣就把實際上一閃而滅的火星當作了一團長時間燃燒的火，而宇宙就是被潛伏著的同一種火所溫暖著。生命的奇蹟得不到解釋，將仍是一個奇蹟，所以它就引入了一個新的要素，生命不是源於一個中心點，而是源於三個或多個點，是從一個更深層的原因中迸發出來的。各種生命要素演變著，發展著，有朝一日它們都會成為整體內的各個成員，服從同一個意志；它們把我們的注意力和希望都固定在那個唯一的意志和神秘的不和諧且雜亂瑣碎的眾多因素下面，隱藏著一種音樂般的完美，那是總在伴著我們遊歷的理想，那是沒有一絲裂縫的完美的天國。「如果我已把生活描繪為一條情緒流，那麼我現在還得說明：在我們心中還存在一種不發生變化、而且調理著所有的感覺和心靈狀態的情緒。在每個人心中的這一意識是一個有伸縮性的標準，有時它把人與第一因相提並論，有時它把人與他的肉體混為一談。一種生命之上還有生命，這種層層遞進的關係沒有止境。」⓮

⓭　*ECW*, vol. II, pp. 298–299.著重點係引者所加。

⓮　*ECW*, vol. III, pp. 73–74.

這樣我們就逐漸達到了無限的本體，它是一切變化之下的不變，是一切表象底下的實在，是一切現象背後的本體。命運，密涅瓦，繆斯，聖靈 —— 這些有點古怪的名字意義太狹隘，不能涵蓋這個無限的本體。歷史上卓越的天才們曾試圖用某些象徵符號表示它，例如泰勒斯用「水」，阿那克西美尼用「氣」，阿那克薩哥拉用「奴斯」（思想），瑣羅亞斯德用「火」，耶穌和近現代人用「愛」，中國的孟子用「浩然之氣」，每一個隱喻都成為一個民族的宗教。而愛默生本人贊成把它稱之為「存在」，並認為這是我們的思想所能達至的最深處，是一個最普遍的概括。

但應該指出的是，愛默生這裡所謂的「存在」或「實在」，並不是唯物論者通常所說的那個不依賴於人的思想和意識而獨立存在的外部世界。它實際上是人們從其生活之流、經驗之流、情緒之流中抽引出來的，是一個主觀性的抽象和概括，仍然停留在人的主觀性認識的領域內。只有這樣，我們才能理解愛默生關於主觀性的下述論述。

4.1.8　主觀性

愛默生論述說，我們已經發現我們存在著，這一發現十分不幸，但已為時已晚，無法補救，它被稱為「人的墮落」。從此以後我們就懷疑我們所用的工具。我們得知，我們不是直接而是間接地觀看的，我們沒有辦法去矯正這些帶色的、使物體變形的透鏡，因為我們就是這透鏡；也沒有辦法估計這透鏡有多少差錯。也許這些主體式透鏡有一種創造力，也許根本就不存在什麼客體。過去我們生活在我們所看見的事物中，而今這股新的勢力貪得無厭，氣勢洶洶地要併吞一切事物，並把我們也牽扯進去。自然、藝術、人、文學、

宗教、客體，接二連三地闖了進來，上帝只不過是它的一種觀念而已。自然和文學是一種主觀現象，每一種惡行和善舉都是我們自身投下的影子。愛默生於是作出結論說：

> 這樣，宇宙便不可避免地染上了我們的色彩，每一個客體相繼進入主體本身。主體存在著，主體在擴大。所有的事物遲早會各歸其位。因為我存在，所以我能看見；無論我們將用何種語言，我們能說的只能是我們是什麼；……⓯

因此，人在這個世界上的位置並不比那條咬自己尾巴亂轉的小貓優越多少，人所獲得的世界景觀在原則上也並不比那條咬自己尾巴亂轉著的小貓眼裡的景觀更加可靠。但人們常常忘記了上述原理和法則，而陷入偶像崇拜之中。實際上，「上帝的使者」耶穌也是我們自身的創造，我們把每個人所能有的理想特性集中在他身上，使他成為人類的典型或代表，並給他冠之以「英雄」或「聖徒」的美名。因此，切不可陷入對耶穌的盲目崇拜之中。

總括起來，〈經驗〉一文總的結論就是：主觀性法網恢恢，我們即使是孫悟空，也終究難逃脫這如來佛的掌心。明白這一道理後，愛默生並未顯得過於悲傷，而是平靜地將它接受。例如他談到，生活在我看來只是一幅幻象，我們眼前的事物都是夢幻，只不過是溫柔的夢幻與狂暴的夢幻之差罷了。人們輕視知和智性生活，而重視行。我卻很看重知，我之所求就是能知。知是一種很高貴的精神活動，它將長時期使我滿足。獲取點滴知識就是耗費今生今世也值得。此外，我知道我在城市和農場裡與之交談的世界不是我頭腦中所想

⓯　*ECW*, vol. III, p. 80.

的那個世界，我注意到它們之間的差別，並且還要注意下去，總有
一天我會認識到這一差異的價值和規律。他還說，從上述思索中他
獲得了一個個人成果，即不再向沉思、商討和蜂湧的真理索要一個
草率的效果了。「我只知道接納；我存在，因而我擁有，但我並未
得到；當我想像著我得到什麼時，我發現情形並非如此。我帶著驚
異地崇拜偉大的命運女神。我的接納能力如此之大，以致我並沒有
因為把某種東西接納太多而感到煩惱。」❻

不過，末了愛默生並沒有忘記在他那懷疑主義濃雲密布的天空
上，勉強塗抹幾筆樂觀主義的希望之光：

> 我絕沒有那種以微不足道的經驗主義來預先判斷規律的絕望
> ——認為既然沒有成功就談不上努力的正確。堅持，再堅持，
> 我們最終會獲得成功。……不要在乎嘲笑，不用擔心失敗。
> 再次振作起來，久經磨煉的漢子！——它似乎在說——一切
> 的正義總會勝利；這個世界存在著所要實現的真正夢想，將
> 會把天才轉化成為實踐的偉力。❼

但是，在前面強大的懷疑主義面前，這種呼叫缺乏理論支撐，顯得
底氣不足，無異於「黑夜行路吹口哨——自己給自己壯膽」。

---

❻ 參見*ECW*, vol. III, pp. 83–86.

❼ *ECW*, vol. III, pp. 85–86.

4.2　智能的分析

4.2.1　認識的可能性

我們不能逃脫主觀性的樊籬，並不等於說我們不能在某種程度上認識這個世界。關於認識的可能性問題，不害怕矛盾的愛默生提供了毋庸質疑的肯定回答。細究起來，他的回答包括以下要點：

1.人與自然本是同根而生的。

愛默生論述說，每一種物質的東西都有它神聖的一面，都可以通過人類轉化到精神和自然的領域，在那裡它跟別的東西一樣發揮一種顛撲不破的作用。萬物不斷昇華，就是要達到這樣一些目標。氣體聚集成固體的天空；一塊化學物質到了植物那裡，就會生長；到了動物那裡，就會走路；到了人那裡，就會思考。

> 同類只有同類知。他之所以了解它們，是因為他屬於它們；他剛剛從自然中脫胎而出，或者說，剛剛不再是那種事物的一個組成部分。有生命的氫氣了解氫氣，化為人身的鋅懂得鋅。它們的特性造就了他的事業；於是他可以用各種各樣的方法表露它們的功效，因為他就是由它們構成的。人是由世界的泥土構成的，他並沒有忘記他的出身；一切沒有生命的東西總有一天要說話，要思考。未曾表露的自然將會讓它的全部秘密講出來。⓲

⓲　*ECW*, vol. IV, p. 17.

概而言之，人之所以能夠認識自然，就在於「觀察者和被觀察的事物具有同一性」**⑲**。愛默生還以其他類似方式表達了這同一思想。例如在〈美國學者〉中，他指出：人，這浩浩蒼穹下的小小學童，明白了他與這博大的自然竟是同根而生的：一個是葉，一個是花；一個是圖章，一個是印跡。他的每一條血脈裡都湧動著與自然的親誼與感通；屬於自然的美就是屬於他心靈的美；自然的規律就是他自己心靈的規律。他與自然之間沒有牆壁，沒有柵欄，無所不在的「超靈」就是將他們緊緊連在一起的橋梁與紐帶。

2.人有靈魂、意識和思想，是自然的中心。

在愛默生看來，人與其他自然物的不同在於：他不僅僅是靈魂的外化與展現，不僅僅是靈魂貫通的渠道，而且他本身就是自我意識到的靈魂，或者說他本身具有一個靈魂，他有意識，有理性，能思考。正是這一點，使人從所有自然物中凸顯出來，在自然中占據了一個特殊的、中心的位置：

> 人是時間的綱領；他也是大自然的相知。他有力量，就因為他有眾多的姻親，就因為他的生命跟有機物和無機物的整個鏈條糾結在一起。在古羅馬，從首都廣場開始的官道向東南西北輻射出去，通向帝國的每一行省的中心，使首都的士兵可以直達波斯、西班牙、不列顛的每一個市鎮；同樣的道理，也有公路從人的心裡延伸出來，通向自然界每一個物體的心裡，迫使它屈服於人的統治。一個人就是一捆關係，一團根蒂，從這兒開出的花、結出的果，就是世界。**⑳**

---

⑲ *ECW*, vol. IV, p. 16.

⑳ *ECW*, vol. II, pp. 38–39.

在愛默生眼裡，似乎自然的一切都在準備著甚至期盼著人的心靈和大腦去發現和揭示她的秘密：地球在旋轉著，每一塊泥土和岩石都來到了子午圈。同樣，每一個器官、功能、酸、水晶、塵埃，都跟大腦有關。要長期等待，但總會輪到它的。每一種植物都有它的寄生物，每一種創造出來的事物都有它的愛好者和詩人，就像童話中著了魔的公主一樣，仿佛每一種都在等待一個注定的解救人。每一種必須解除某種魔力，具有人的模樣，有個出頭之日。在發現史上成熟的、潛伏的真理似乎為自己製造了一個發現揭示它們的頭腦。

3.人的認識能力也需要在這個世界中得到展現。

正如黑格爾所言，凡只是在內者，亦只是在外；凡只是在外者，亦只是在內。這就是說，一個事物所具有的內在性質必須在與其他事物的關係中展現出來，例如強者之強就表現在他征服了一般人難以征服的困難和險惡；丈夫之愛就表現在對妻子無微不至的體貼、關心和呵護。同樣的道理，在愛默生看來，人也需要這個世界作為他施展能耐和抱負的舞臺。「沒有世界，人就無法生活。」❷例如，把拿破侖投進一座孤島監獄裡，使他的本領找不到人去施展，找不到阿爾卑斯山去爬，找不到賭注去下，他就只好去捕風捉影，顯得愚不可及。但是，假若把他送到泱泱大國，送到人口稠密、利害關係複雜、勢力相互敵對的環境中，你就會看到拿破侖其人了。類似地，哥倫布需要一個星球來決定他的航程，牛頓和拉普拉斯需要千年萬代和星球密布的天宇。人的認識能力必須也只能在這個世界中得到展現。

---

❷　*ECW*, vol. II, p. 29.

4.2.2 感受和建造

根據人的智能起作用的方式，愛默生把它分為感受性智能和建造性智能。

所謂感受性智能，顧名思義，就是將自然的事實、法則、規律納入人的心靈之中。愛默生論述說，在化學表中，每一種物質對排列在它上面的物質來說帶有負電，對排列在它下面的物質來說帶有正電。水溶解土、鐵、鹽，空氣溶解水，電火溶解空氣，然而智能以它不可抗拒的溶劑溶解火、重力、法則、方法和自然最微妙的不知名的關係。並且，把一件事實變成思考的對象便提高了這一事實。所有的精神和道德現象，由於我們沒有使它們成為有意識思考的對象，便落入了命運的勢力範圍；它們構成日常的生活狀況，容易受變化、恐懼、希望的支配。每個人帶著一定程度的憂鬱看著他人的處境，如同一艘被波濤沖擊擱淺的船，人囚禁在浮生中，容易受即將來臨的事件的擺布。然而一個真理，由於被智能分離出來，就不再是命運的順民，我們把它看成一尊超越憂慮的神。

而建造性智能則是將感受到的自然的事實、法則、規律等等轉化為人的思想，成為人的行動的指導。「構造性智能產生思想、警句、詩歌、計劃、設想、體系。它是心靈的啟動，是思想與自然的聯姻。」❷愛默生亦把構造性智能稱之為「天才」。他論述說，天才必須具備兩種稟賦：思想以及思想的宣示(publication)。第一種純屬天啟，總是一種奇蹟，頻繁的出現或不斷的研究無法熟悉它，它總是使探究者感到無限驚奇；它就是真理降臨世界，是此時第一次進入宇宙的一種思想形式，是古老的、永恆的靈魂的一個孩子，是一件

❷ *ECW*, vol. II, p. 312.

真正的無限和偉大。它似乎要繼承一切已經存在的東西，要指明尚未誕生的東西。它影響了人的每一個思想，並去改革每一種制度。然而，要使它可行並可以傳授，它必須變成圖畫或文字或其他可察覺的物體，即必須把它宣示出來。如果一認知主體無法把靈感向感官描繪出來的話，最神奇的靈感也會與它們的主體一同消亡。而畫家、詩人等藝術家是最富於表達思想的手段和具有這方面的能耐的人。愛默生在這裡強調了這樣一個思想：天才的思想雖是自發的，然而描述或表達思想的能力，即使在最豐富和奔流的天性中，也意味著與意志相結合，即一種對自發狀態的控制；沒有這一點，任何創作都是不可能的。與意志相結合，就是在判斷的注視下，努力運用選擇，使一切天性轉化為思想的妙語。但這種對自發狀態的有意控制應該是適度的，不能妨礙或扭曲思想的自發流動。

在這兩種智能中，感受性智能較易具備，而建造性智能則較難擁有。所以，愛默生說：「世界上的識辯智能總是領先創造智能許多，所以最優秀的著作也有許多高明的鑒賞家，而能寫最優秀作品的作家則寥寥無幾。」[23] 他還特別強調指出：「智能是一個整體，要求每一項工程的完整性。如果一個人專注於一個思想，或野心勃勃，想把太多的思想結合起來，都不會達到那種完整。」[24] 健康就在於這兩種職能之間的平衡。根據補償法則，輸入必須伴之以輸出，感受必須輔之以表達，否則就會導致身體或精神上的疾病。

4.2.3　知性和理性

把人的智能劃分為知性和理性兩種類型或前後相繼的兩個階

---

[23]　*ECW*, vol. II, p. 315.

[24]　*ECW*, vol. II, p. 315.

段，這在西方認識論史上有悠久的傳統，並在康德和黑格爾的哲學中得到了最充分的展開。在康德那裡，人的理性能力分為知性和理性。知性的對象是有限的處於具體時空中的現象界，它力圖把握事物內在的統一性和規律；而理性的對象則是超驗的物自體，也就是使他永遠驚嘆不已的「頭頂上星光閃爍的蒼穹和內心裡幽深靜謐的道德律」。 這是一個無限的神秘的世界，走近、洞察、理解它的方法和途徑就是超驗的直觀。黑格爾進一步發展了康德的上述思想，對知性和理性進行了更為詳盡的討論。

愛默生從柯爾律治那裡接受了康德和黑格爾的上述劃分，指出：「理性是靈魂的最高級的能力——我們常用靈魂本身來指謂它；它從不推理，從不證明，而只是簡單地感知；它就是視界。知性總是在辛勞，它比較、策劃、加減、爭辯、目光短淺且固執己見、沉溺於當下習以為常的權宜之計。獸類有某些知性但絕無理性。在每個人那裡理性都是潛在完善的——知性則僅具有程度不同的力量。」[25]知性專門對付處於時間和空間中的現象，儘管理性不疏離於現象界，但它除此之外還能感知超感覺的觀念，如正確和錯誤，因果規律，物質和心靈對應的規律等等。

愛默生有時把知性和理性分別類比為或直接稱作唯物論和唯心論的認識方式，前者立足於感官經驗之上，後者則以意識、思想、意志為基礎。兩種思維方式都是自然的，有存在理由的。但理性（或唯心論）高於知性（或唯物論）且包含著知性，因為知性依賴於感官，而在愛默生看來，感官給我們的是事物的表象而不是事物本身，它們無法分辨這兩者。與此相反，理性則發現或揭示那些不依賴感

---

[25] *The Letters of Ralph Waldo Emerson*, ed. by Ralph L. Rusk, vol. I, New York: Columbia University Press, 1939, pp. 412–413.

官的事實，因為事實和理性具有相同的本質。通過知性，我們獲得
生存自主權：技術；通過理性，我們獲得精神自主權：真理或幾何
學。

更具體地說，知性是人作為有限存在物所具有的一種能力，它
在較低層次上把純粹精神轉化成生存的力量。時間和空間，社會，
勞動，氣候，和食物，移動，機體的和機械的力，物質的所有屬性
都是它操練的題材，它用這些題材來加減，組合，測量，辨識差別、
相似和秩序，把多種力用於特殊的目的。謹慎則是知性在日常生活
中的體現。不過，對於生存或生活來說，只運用知性會造成出乎意
料的不太好的結果。人們容易把它用在其適用範圍之外。一般來說，
知性容易抑制想像力，並導致一種鄙俗的唯物主義。這種唯物主義
實際上是一種病態，它把感官的愉悅與性格的需要相分離，把塵世
的滿足與道德相分離，把生活與德性相分離，只關心達到物質目的
的物質手段。當然，我們也不應該忽視、貶低甚至否定知性的作用，
只是應該正確地使用它。

更高級的理性則把我們從感官的暴政下解放出來，把我們引入
超感覺的領域，引入原因、觀念、道德的領域，並因此使我們從特
殊上升到一般，從具體上升到抽象，從單純的形式上升到形式和力
量的統一。正是由於我們自覺溶入普遍的力量之中，我們才成為人，
區別於動物。唯物主義的思維方式是必要的，但為了整體的人的緣
故，應該服從於、從屬於理性。在所有的生物中，只有人才能夠進
入深不可測的思想和德性之海。儘管我們生活在表面、延續、類別
和部分之中，但在我們內心深處則是理性那整體的、永恆的一，它
並不與那神聖的本質相分離。這種靈魂概念是普魯提諾主義的，而
不是正統基督教的。正統基督教認為，上帝是這靈魂的一部分，是

處於仁慈狀態的靈魂的閃光、呼吸或聲音。但愛默生從不希望把他的靈魂概念用作唯我論的基礎,不希望把那理性或靈魂稱作我們的、或甚至稱作人。在他那裡,理性、靈魂是普遍的,是超靈,儘管它在人的個體生命中起作用,但我們實際上是包含在它之中,並通過它而相互關聯。儘管愛默生把仁慈的基督的作用自然化了,但他從不把人混同於上帝。在他那裡,人總是果,上帝才是因。但就其本性而言,在靈魂本身那裡,原因和結果之間沒有任何起阻隔作用的柵欄或牆壁,我們的頭和無垠的天之間也沒有屏幕,沒有頂篷。「我們側身向著那靈性的大海,向著上帝的屬性。」❷由於理性是人之內的那個整體,對它的知覺廢除或超越了時間和空間的局限,後者是知性難以逾越的。高級的智能把它的知覺與所有局部的和個人的考慮分隔開來,它看見了隱藏於所有特殊形式之後的那些原則,體悟到同一性和永恆的因果性,以及真理和正義的自身存在。也就是說,人由此進入那永恆而又無限的真、善、美之域。

愛默生還討論了知性和理性之間的相互關係。從表象上看,這兩者似乎是對立的:「一種傾向占了上風,便聽見吵吵嚷嚷,熱鬧非凡。另一種傾向然後捲土重來,又鬧得山搖地動,日月變色。隨著生活的進展,這兩種傾向並沒有找到更好的調和方法。」❷但他認為,這兩者實際上是互補的,應建立「雙重意識」。他用下述方式描述了這兩者之間的關係:每一個人都有兩雙眼睛,當上面的一雙閉上時,下面的一雙應該睜開,反之亦然。當然,上面那雙眼睛代表理性,下面那雙則代表知性。代表理性的那雙是更重要的,因為它給下面那雙眼睛看見的事實賦以秩序和一致性,以與世界的偉大

---

❷　*ECW*, vol. II, p. 255.

❷　*ECW*, vol. I, p. 333.

規律相吻合。一般而言，愛默生認為，理性的直覺原則在其自身之內包含了知性的邏輯原則，兩者表面上相互衝突，但從根本上說是可以協調的。因此他要求我們忍耐再忍耐，相信「我們編織的這幅小小網絡最終將被彈入高空，與蔚藍的蒼穹交織在一起」，我們的世俗生活將通過靈魂的活動而變得崇高起來。

4.3　謹慎與科學

在愛默生看來，謹慎的態度屬於知性，它實際上是知性在日常生活中的表現；科學、技術和邏輯也都是知性的產物，身上都打上了知性的印跡：當適當使用時，它們能造成善或有利於善；當不適當使用時，它們會導致惡，造成損害。

4.3.1　謹　慎

關於謹慎，愛默生表述了下述提綱挈領式的看法：

> 謹慎是感官的優點。它是現象的科學。它是內心生活最外在的活動。它是把思想當公牛的上帝。它按照物質的規律來推動物質。它滿足於遵照身體條件謀求身體的健康，按照智力法則來謀求心靈的健康。❷⑧

歸納起來，愛默生關於謹慎的看法主要有以下幾點：

1.謹慎是對於規律的順從。

愛默生區分了卑劣的、虛假的謹慎和真正的謹慎。前一種謹慎奉

---

❷⑧ *ECW*, vol. II, p. 210.

行感官至上論，仿佛我們除了味覺、嗅覺、觸覺、視覺和聽覺而外，再沒有別的官能似的；它熱衷於物質，崇拜比例的運算法則，決不捐助，決不贈送，很少借貸，對任何一件事情只問一個問題——它烤不烤麵包？這種謹慎，由於把感官當成決定性的，因此不過是酒鬼和懦夫們的神靈，只不過是一切喜劇的題材：它是大自然的笑料，因而也是文學的笑料。

真正的謹慎承認一個內在的真正的世界，它並不探索自然，詢根問底。它如實接受世界的種種法則，因為人的存在受它們的制約；並且遵循這些法則，這樣它就可以享受到它們固有的利益。它尊重空間和時間，氣候，需要，睡眠，補償法則，生長和死亡。這是一個有人定居的星球，受自然法則宰割、束縛，在外部又受到把種種新的約束強加到年輕居民身上的人間樊籬的阻隔與瓜分。

人是大自然的孩子，因此他也受制於大自然。我們吃地裡長的糧食，呼吸周圍流動的空氣；我們也受到太冷或太熱、太乾或太濕的空氣的傷害。為了生存和安寧，我們必須做各種瑣碎的事情，但即使這些瑣碎的事情也能給我們帶來一些意想不到的收穫。愛默生舉例說，每年四個月的冰天雪地使北溫帶的居民比享受熱帶地區四季溫煦的同類更為辛勞，但前者也正是從各種瑣事中增進了才幹和智慧，並由此獲得心靈的愉悅和理智的感通，從而大大勝過了南方人。因此，愛默生說，在農場和店鋪裡並不一定就比在政黨或戰爭中的策略表現得遜色；節儉的管家在小棚裡捆柴禾、在地窖裡藏水果時發現的方法跟伊比利亞半島戰役和國務院檔案中發揮的一樣有效。「讓一個人遵從規律吧——任何規律——這樣他的行程將會一路順風。」㉙

㉙　*ECW*, vol. II, p. 215.

2.謹慎是幸福生活的藝術。

愛默生談到，大自然會懲罰任何忽視謹慎的做法。有才氣的人如詩人、畫家等，喜歡把他對感官法則的種種違犯叫做區區小事，認為如果與他獻身藝術一起加以考慮，這種事就不值一提。但是，他瞧不起這個世界，這個被小瞧了的世界就要向他進行報復。一個天才，一個熱情洋溢的人，由於不顧自然法則，放縱自己，很快就變得不合時宜，牢騷滿腹，成了一位「不受歡迎的遠親」，對自己對別人都成了「麻煩」的代名詞。誰沒有見過不慎的天才的悲劇，他跟瑣屑的拮据苦鬥多年，終於潦倒心寒，筋疲力盡，毫無成果，就像一個被針扎死的巨人？

因此，愛默生提倡說，一個人應當把這一類最初的痛苦和屈辱──大自然把這些送給他時毫不拖沓──作為這樣的暗示接受下來：他除了自己勞動和自我犧牲所得的正當果實之外，切不可期望別的好處。健康，麵包，氣候，社會地位，自有它們的重要性，他應公平地對待它們。讓他把大自然當成一個終生顧問，把她的完美視為衡量我們偏差的精確尺度。讓他知道，自然界的每件事物，哪怕是塵埃或羽毛，也是按規則而不是靠運氣運動的；讓他知道種瓜得瓜、種豆得豆的道理。讓他把黑夜當黑夜，把白晝當白晝；讓他控制消費習慣，讓他明白世界上的法則就寫在他手裡的每一塊錢上。依靠勤奮克己，讓他掌握他吃的麵包。因此，「詩歌和謹慎應當是一致的。……最大膽的抒情靈感不應當凌駕侮辱，而應當宣布、引導民法典和日常工作。」**❸⓪**

3.謹慎有時也意味著有勇氣面對困難和邪惡。

愛默生指出，謹慎並不只是意味著順應與服從。對於生活中的

---

❸⓪ *ECW*, vol. II, pp. 224–225.

不愉快和難對付的事情，謹慎並不是迴避，並不是逃跑，而是勇氣。
誰想寧靜地在人生的康莊大道上漫步，誰就必須打起精神，做出決
定，讓他面對他害怕的事物，他的堅定通常會使他的恐懼顯得毫無
根據。因為：

> 每個人都是外強中乾。他本人覺得軟弱；別人看上去則凶狠。
> 你害怕「狰獰」；「狰獰」也害怕你。你渴望最卑鄙的人的善
> 意，對他的惡意則惴惴不安。然而，就是破壞你和你的鄰居
> 安寧的亡命之徒，如果你全然不顧他的要求，他也就軟弱、
> 膽怯得什麼似的，社會的安寧之所以能維持下來，就像小孩
> 子說的那樣，因為一個害怕，另一個不敢。遠遠望去，人人
> 八面威風，橫行霸道，不可一世；如果跟他們一交手，他們
> 一個個都成了屢頭。❸

於是，真誠、坦率、勇氣、愛、謙恭和所有的德性都排列在謹
慎一邊，或者都是一種保護當前幸福的藝術。

4.謹慎應與靈魂溝通。

前面說過，謹慎實際上是知性在日常生活中的表現形式，是知
性的派生物，因此必然帶有知性的一切特性與局限。因此，愛默生
論述說，感官的世界是一個展示的世界，它不是為自己而存在的，
而是具有某種象徵性；而一種真正的謹慎或展示法則承認其他法則
的共存，並且知道它的職務是下屬的；知道它工作的地方是表面而
不是中心。一旦被孤立，謹慎就是虛假的。當它成為實體化的靈魂
的「自然史」時，當它在感覺的小天地裡展現了法則的美時，它才

---

❸ Ralph Waldo Emerson: *Essays and Lectures*, p. 366.

是合理的。並且，謹慎牽涉到目前的時間、人、財產和存在形式。然而，每一種事實的根子都紮根在靈魂裡，一旦靈魂被改變，事實就不再存在，或者變成某種別的東西。所以，對外部事物的妥善管理將永遠依賴對它們的原由的正確理解。謹慎必須與靈魂相溝通，才能避免或克服它的各種消極作用。

4.3.2　科學和技術

　　18 至 19 世紀的工業革命嚇壞了一批具有浪漫情懷的哲學家和詩人。他們一般都對科學技術文明持批評態度，認為技術毒化了人與自然之間的和諧關係，破壞了人詩意栖居的環境，使人蛻化為機器的附屬品，這就抽掉了整個人生存的根基和人賴以安身立命的精神家園。人不但成為無家可歸的浪子，而且會因為精神上的虛無而結束自身。愛默生通過柯爾律治、華茲華斯、盧梭等人接受了這種浪漫哲學的影響，因而他對科學技術總的來說也持批評的態度，主要關注的是它們的缺陷與不足。

　　愛默生是把科學和技術當作知性的形式來看待的，它們的目的是通過尋求事物之間的相似和同一性，不僅擴大人征服、控制物質環境的能力，而且加深人對於物質和心靈之間對應規律的理解。例如，愛默生曾在許多地方強調指出：「科學是對同一性的追求。」[32]「科學總是與人的昇華齊步前進的，與宗教和形而上學並駕齊驅；或者科學的水平就是我們自我認識的標誌。」[33] 但是，他認為，他那個時代的科學並沒有實現它的目標：「我們的科學是感性的，因而是膚淺的。」[34] 它的形而上學基礎是狹隘的物質主義，它只關注物質

---

[32]　*ECW*, vol. VI, p. 297.

[33]　*ECW*, vol. III, pp. 19–20.

主義的目標，它的發現因而只具有表面的性質，不足以改善人的生活質量；它的真理只是從素材中進行歸納和演繹的結果，起源於對孤立現象的分析。由於缺乏詩性，不考慮如何有效地運用直覺，它的方法不能產生對人和自然的深刻洞察。應該注意的是，愛默生抱怨一般所謂實踐的科學不能產生像引力理論、進化論、相對論這樣的普遍理論，正是後者才會增長對於人與自然的規律，以及人與自然的相互關係及其與上帝的關係的知識，這正是他所渴望的。他尋求並渴望具有詩性和宗教價值的科學。

20世紀的美國哲學家懷特海(A. N. Whitehead)出於差不多同樣的理由，也具有幾乎與愛默生同樣的隱憂與渴望：

> 對於文明社會的審美需求，科學的反應迄今為止一直是令人失望的。它的物質主義基礎把注意力引向與價值相對立的事物。若就其具體意義而言，這一對立是虛假的。但它在普通思維的抽象層次上是有效的。這一錯置的強調與政治經濟學的那些抽象規律相結合,後者實際上是商業賴以運行的抽象。於是，所有關於社會組織的思想都根據物質的東西、根據資本來表述自身。終極價值被排除了。它們被禮貌而恭敬地轉交給牧師，以便在禮拜天加以供奉。競爭的商業道德觀念旋轉著，在某些方面被置於令人奇怪的高處；而完全缺乏對於人生價值的考慮。工人們只被看作從勞動大軍的蓄水池裡取來的手。❸

---

❸ *ECW*, vol. III, p. 19.

❸ A. N. Whitehead, *Science and the Modern World*, New York: Macmillan, 1931, pp. 291–292.著重點係引者所加。

愛默生特別希望對生命、義務、價值等作出新的肯定陳述，但他懷疑哲學和科學都不能提供這樣的肯定陳述，因為它們只依賴人的智性能力，造成了主體和客體之間的分離和分裂，這妨害了對於真理的感知和交流必不可少的經驗的完整性。但他相信這樣一種追求存在於藝術中，特別是存在於詩歌中。

4.3.3　邏　輯

堅持知性與理性區分的哲學家，特別是黑格爾，對於通常意義的邏輯總是持貶斥與批評的態度，認為這種邏輯表述的只是知性的規律，而知性思維是一種片面化和絕對化的思維，必須被理性思維所昇華，相應地知性思維的邏輯也應被揚棄與超越。愛默生持有差不多同樣的看法，他對邏輯幾乎懷有一種本能的拒斥和不信任。例如，他以十分尖刻的言辭談到了邏輯學家奉為圭臬的一致性：「愚蠢的一致性是渺小的心靈上的惡鬼，受到小政客、小哲學家和小牧師的頂禮膜拜。如果強求前後一致，偉大的靈魂則什麼事也幹不了，他可能只好去關注自己在牆上的影子。」❸ 此外，他還談到：

> 如果我們考慮人們用什麼激勵我們並使我們受益，我們就會看出自發的或直覺的原則比算術或邏輯的原則優越。前者包含後者，卻具有有效性和潛在性。我們在每一個人身上都要求一種長久的邏輯；我們無法諒解邏輯的缺席，可是把它講出來卻不行。邏輯是直覺的行進或按比例的展現；然而它的功效就像未言明的方法；一旦它顯現為命題並且有獨立的價

---

❸　*ECW*, vol. II, p. 58.

值，它便毫不足取。**㊲**

愛默生不信任邏輯，主要是出於語言學和認識論的原因。我們
這裡需回顧一下他關於語言和實在關係的理論：詞語意謂著自然事
實，特殊的自然事實是特殊的精神事實的象徵；自然作為整體是精
神的象徵。這意味著，要表述我們的思想、情感或任何不可觸摸的
抽象物，我們都不得不把呈示物理現象的詞語作為象徵。即使我們
認為語言是按其字面意思使用的，詞語也是象形的，因為語言是一
個形象的或比喻的結構，在其派生用法中它使我們不再想起它的隱
喻起源。隨之而來的是語言中必定具有某種不精確的成份，言詞「不
能涵蓋真理的意義範圍。它們分割真理，削減它並使其變得貧乏。」
言詞是有限的表達手段，只能從某一方面逼近、到達真理；但真理
本身卻是無限的，具有不可計數的無限多的方面。

作為愛默生的同時代人，布什勒爾(Horace Bushnell)解釋說，
邏輯學家的謬誤起源於他們無限信仰有限的表達手段。例如，他必
須極其精確地下定義，而定義實際上只包括符號的改變，如果我們
把它們看做顯明的真理，它們確定無疑地會把我們引向謬誤。那些
承認其定義是明顯的真理的邏輯學家,進行了一個前後一致的推理，
得出結論卻使整個結論為假──「假的，因為它是一致的」**㊳**，而
愛默生則表述說，假的，因為「如果一個人把他的注意力集中在真
理的一個方面，而且長期執一不變，那真理就受到歪曲，不再是它

㊲　*ECW*, vol. II, p. 307.

㊳　H. Bushnell, *God in Christ. Three Discourses, Delivered at New Haven,*
Cambridge, and Andover, with a Preliminary Dissertation on language,
Hartford: Brown and Parsons, 1849, pp. 72, 57.

的本來面目，反而變成謬誤。」❸ 出於這些原因，愛默生抱怨形而上學家就像某種外科手術，他「不太相信形而上學急欲達到的那種體系的完整性，後者就像一隻小昆蟲妄圖抓住整個世界。」❹ 這樣的體系把柵欄強加給無限的、沒法設定界限的本質即「真理」。這種本質拒絕記錄在命題中。

於是，謹慎、科學、技術、邏輯等等作為知性的表現形式，都有其自身的局限性，不能把握無限的真理。這個任務有待更高級的理性去完成。

4.4　超驗的直觀

理性的任務是進入超感覺的領域，直接面對上蒼，感知和領悟與上帝同源同義的真、善、美。這裡不存在任何直達上帝、直達真善美的邏輯通道，我們只能憑藉超驗的直觀、神秘的啟示、突至的靈感、撼人心魄的頓悟。在他發表的第一本小冊子《論自然》中，愛默生給我們描述了他自己的親身經歷：

> 薄暮時分，我穿越一片布滿了雪坑的荒地，頭頂上是密雲籠罩的天空，此時我心中雖然沒有任何好運氣將降臨的預感，但我卻經歷了極度的欣悅，高興得幾乎到了恐懼的邊緣。……站在空曠的土地上，我的頭腦沐浴在清爽的空氣裡，思想被提升到那無限的空間中，所有卑下的自私都消失了。我變成了一個透明的眼球；我是虛無；我洞察一切；普遍存在之流在我

---

❸　*ECW*, vol. II, pp. 315–316.

❹　*ECW*, vol. XII, p. 11.

周身循環；我成了上帝的部分或原子。最親近朋友的名字聽
起來也陌生奇異之極。成為兄弟，成為熟人，——成為主人
或者僕從，當時都顯得那麼瑣屑和無聊。我是一種巨大而又
永恆的美的熱愛者。在曠野裡，我發現某種東西比在大街上
或村莊裡更為親切和更有意味。在這片寧靜的風景中，尤其
是在遠處的地平線上，人看到了某種與他自己的本性一樣美
麗的東西。**❹**

　　愛默生指出，這種經歷並不是他個人獨有的，許多其他人物身
上都有類似的感悟。實際上，某種發狂傾向總是在人的宗教意識萌
發時出現，似乎他們「被過強的光線照懵了似的」。　蘇格拉底的出
神，普魯提諾的融合，波菲利的幻視，保羅的皈依，伯麥的晨曦，
喬治・福克斯和他的貴格教徒的震顫，斯維登堡的洞明，都屬此類。
「這些傑出人物所表現出的陶醉在日常生活中也不勝枚舉，只不過
表現得不那麼觸目罷了。無論在任何地方，宗教史都暴露一種熱情
的傾向。」**❷**

　　這就是愛默生所謂獲得「啟示」(revelation)的過程或時刻。他
把啟示理解為靈魂的宣告，是靈魂自身性質的自我宣示。它總是由
崇高的情感伴隨著，因為這種交流是神聖的心靈流進我們的心靈。
它是個人的涓涓細流在洶湧澎湃的人生大海表現的一種漲落，對這
一中心指令的每一個明確理解都在人們心裡激起敬畏和喜悅。對於
新真理的接受，對於偉大行動的一次表現，所有的人都會感到一陣
激動，它是從自然的中心流露出來的。在這些交流中，觀照能力並

---

❹　*ECW*, vol. I, pp. 15–16.

❷　*ECW*, vol. II, pp. 264–265.

沒有與行為意志分開，不過洞見來自於服從，服從卻來自一種快樂的知覺。個人感受到靈魂的每個時刻都是難以忘懷的。由於我們性情上的需要，個人意識到那種神聖的存在，某種熱情就隨之而來。這種熱情的特性和持久程度因個人的情況不同而有別，從一種迷狂、出神和先知的靈感——這種情況較為罕見——到美好的情感的微弱閃光，它以這種形式好似居家的壁火一樣，溫暖著家家戶戶以及社團，使社交成為可能。這就是說，獲得啟示、靈感、頓悟的機會並不是少數奇異人士的特權，而是所有人都可能具有的，只不過強烈程度不同罷了。

由這些簡短的描述中，我們可以知道啟示、靈感、頓悟的一些特徵。一是它的突然性，不期而遇，出乎意料：「忽然之間，未經宣布，真理出現了。某種飄忽不定的光出現了，那正是我們原來需要的特徵、原則。……神諭來了。」❹二是它的強烈性；它們就像雷電一樣一下把人擊懵了，在他的心靈和眼睛面前展現了一個美倫美奐的世界，使他如覺在夢中，在仙境裡，並把他置於某種極度興奮甚至顛狂的狀態中。我們從「迷狂」、「狂喜」、「出神」這些字眼中也可以領悟這一點，愛默生對其自身經歷的描述更是明證。三是它們像「普照的光」，一下子使人領悟到以前百思不得其解的問題：

> ……神降臨了，把那些雕像變成熱情似火的人，它的目光一閃，就把那掩蓋一切的薄紗燒個淨光，於是一切的陳設，如杯盤、椅子、時鐘和華蓋的意義便一目了然。那些在昨天的迷霧中看起來似龐然大物的事實——財產、氣候、教養、人體美之類，都奇怪地改變了它們的比例。我們認為已經固定

---

❹　*ECW*, vol. II, p. 308.

的一切都在搖晃，嘎嘎作響；文字、城市、氣候、宗教，離
開了它們原來的基礎，在我們眼前舞動。……⓸

在愛默生看來，獲得啟示、靈感、頓悟的途徑和方法只能是直
觀或直覺，他的超驗主義因此亦被稱為「直觀哲學」。何謂「直觀」?
在〈自助〉一文中，在探討我們賴以自信的根由時，愛默生指出：

這種探究把我們引向那神秘的源頭，引向那天才、德性、生
命共同的本質。我們稱它為「自發性」(spontaneity)和「天性」
(instinct)。我們把這原初的智慧叫做「直覺」(intuition)，所
有爾後的教導都是「傳授」(tuition)。在那種深遠的力量，也
就是無法分析的終極事實中，萬事萬物發現了它們共同的根
源。⓹

從這段說明中，我們至多能夠知道「直覺」或「直觀」是重要的，
它是源頭，是天才、德性和生命之本質。但什麼是直觀? 如何直觀?
我們仍不清楚。實際上，「直觀」本身是無法定義的，進入直觀、
啟示就是進入了維特根斯坦所謂的「無法言說、只應保持沉默」的
神秘之域。但既然直觀在愛默生哲學中如此重要，關於它我們還是
想知道些什麼；並且，從愛默生關於它的片段的、零星的描述中，
我們還是可以捕捉到他所謂的「直觀」的一些特點。我把它歸結為
以下三點：

⓸ *ECW*, vol. II, p. 290.

⓹ *ECW*, vol. II, p. 64.

1.直觀對象的無限性和整體性。

直觀的領域是超感覺的領域，其對象是作為萬物起源與歸宿的上帝、靈魂、心靈、精神、真理、德性、美等等，它們實際上是同一個東西即「超靈」的不同名稱和不同說法。正如 2.2 節中已指出的，超靈是一個無限的對象，它至大無外，至小無內，無形無質，它把自身化為宇宙星體，山川河流，飛禽走獸，以及自身具有靈魂的人。所有這些事物由於有一個統一的超靈貫穿其中，因而形成了一個整體，超靈就是這個整體，或潛藏於這個整體之中。直觀的對象就是這個無限的作為整體的超靈，通過直觀超靈，人由此進入普遍的絕對的存在之中，進入到真、善、美的價值世界。

2.直觀主體的順從性和無我性。

要直觀超靈，與上帝對話，把握永恆的真善美，唯一正確的態度就是順從。愛默生論述說，只有在我們從容的、簡單的、自發的行動中，我們才是強有力的，只有甘心服從，我們才會變得神聖。信與愛──一種信念堅定的愛會解除我們憂慮的沉重包袱。我的兄弟啊，有上帝在。事物的整個進程自會教給我們信仰。我們只需要服從。我們每一個人都有一個嚮導，只要洗耳恭聽，我們就會正好聽見那會話，辛辛苦苦既無必要，也無效果。置身於力量和智慧的中流，它會激勵它所漂浮的一切人，你不用吹灰之力就被推向了真理、正義和滿足。於是你就成了衡量正義、真和美的標準。如果我們不是橫加干涉而壞了大事，那麼人們的工作、社會、文學、藝術、科學、宗教就會比現在繁榮得多，從世界一開始就預見到，而現在仍然從心底裡預言到的天國就會像玫瑰、空氣、太陽所做的那樣，使自己成為一個有機體。

順應、服從就意味著無我。與上帝的對話不需要任何中介。讓

時尚、習俗、權威、娛樂和金錢走開，不要讓它成為你的障眼物；同時，擯棄一切過於主動的活動，擯棄一切低劣的好奇心，允許情感即興發揮，給予它最大的特權；接受把我們漂浮進自然秘密中的存在潮流，工作生活，工作生活，於是出其不意地，一往直前的靈魂已經為它自己建造好一種新狀況，天才的洞察力由此獲得，啟示、靈感、頓悟由此獲得。

　　3.直觀的途徑是面向自我和面向自然。

　　由於世間萬物都是超靈和天國流經的渠道，每一個個人、整個自然及自然的各個部分都具有內在的神性。因此，人要進入靈魂、精神、絕對之域，就有向內和向外兩條途徑：一是面向自我，二是面向自然，從任何一條途徑都可以奔向無限、上帝和超靈。

　　面向自我，就是通過內心反省來喚醒自己心中潛藏的神性。在愛默生看來，內省並不會導致主觀的、只對內省著的那個人的生活有實際指導作用的結論，而是將導致普遍有效的結果。他深信：一個忠實地考察自己的精神軌跡的個人，將達到超越其個人的有限存在的普遍適用的知識，他在自身內發現的東西對於任何其他人也成立。「每個人的本性對他來說都是其同伴性格的忠實廣告」**⑯**。也正因如此，愛默生在許多地方一再指出：自助的人要能夠忍受孤獨和獨處，並且要有意為之，因為「獨處是平凡的衛士。對於天才而言，它是嚴厲的朋友，是冷冰冰的、隱蔽的庇護所；在那裡，天才的翅膀可以蛻換羽毛，從而載著它飛得比日月星辰還要遙遠。」**⑰**因為在幽靜的獨處中，一個人可以熟悉他自己的思想，傾聽內心深處的聲音，從而體悟或喚醒其內在的神性。所以愛默生說，如果你珍視自

---

⑯ *ECW*, vol. III, p. 204.

⑰ *ECW*, vol. VI, p. 149.

己的靈魂，驅逐雜念，建立起獨居生活的習慣，各種才能便會在你身上形成，正如森林裡的樹木和田野裡的花朵一樣長得美麗茂盛。並且你還能傳達你的所得給你的同胞，他們也樂於接受與傾聽你那獨特的聲音。

　　由於自然作為整體是精神的象徵，所有的事物都是道德的，或者說富含道德的啟示，因此直觀的另一條具體途徑就是面向自然，「從自然那裡傾聽神諭」❹。愛默生自己就經常倘佯、沉醉在自然的懷抱裡，用充滿深情的文字贊美大自然的神奇和美。例如，他的〈神學院高級班致辭〉是這樣開頭的：

> 在這陽光燦爛的夏天，吸入這樣的生命氣息真是一種奢華的享受！草木在生長，蓓蕾在綻放，鮮花以它那如火似金的顏色妝點著山坡草地。空氣裡迴盪著鳥鳴，飄逸著松脂、香葉楊樹脂和新草垛發出的清香。夜帶著宜人的幽涼，在人的心靈中未喚起任何憂鬱的情感。星星穿過透明的夜空，將那近乎神性的光輝傾瀉而下。置身星空下的人好像稚童，他所居住的巨大星球則好似玩具。清涼的夜像流水一般洗濯著這個世界，又在靜靜地期待著另一個殷紅的黎明。自然的神秘從未得到如此美妙的展示。❹

　　只有如此陶醉於自然的神奇與美妙中的人，才能從大自然那裡獲得靈感、啟示和頓悟，在自然的神奇點化之下，像愛默生本人一樣變成一隻「透明的眼球」，融入普遍存在的滔滔洪流之中。

---

❹　*ECW*, vol. I, p. 210.

❹　*ECW*, vol. I, p. 119.

除上述三點之外，也許還應提到的是：直觀的最好結果便是獲得某種突至的、強烈的、洞明一切的啟示、靈感與頓悟。

最後有必要談談認識的全面性問題。

在愛默生看來，萬物都是相互聯繫的，構成一個有機的整體；並且萬物都包含古老的「兩面」，既相互對立，又相互依賴。這就要求我們在認識論上做一個全面論者，不僅要看到一方面，而且要看到另一方面；不僅要看到一種情況，而且要看到另一種情況。他在〈唯名論者和唯實論者〉一文中反覆強調了這一點。他以自己為例，在該文末尾這樣說道：我時而愛這，時而愛那，樣樣都愛，但什麼都愛不長久。我喜愛核心，也喜愛表面；如果人們在我看來好像耗子，那我也愛人。我尊敬聖徒，但我一覺醒來又很高興看到古老的異教世界仍在堅守陣地，難以消滅。我對德才兼備的人感到滿意，但又不願生活在他們的懷抱之中。假如他們有朝一日能明白我喜歡知道他們的存在，並衷心祝願他們萬事如意，然而由於我的生活和思想貧乏，當他們來看我時，我對他們卻無話可說或沒有任何歡迎之舉；假如他們能無視我對他們的任何斷言，繼續固守他們在俄勒崗的生活，這將是我莫大的欣慰。愛默生這樣說的意思是：最重要、最關鍵的是要做一名全面論者。因為自然本身就包含著各種各樣的方面、矛盾、衝突、變化、發展等等，因此我們在自己的認識中、在自己的言行中也不要追求純粹，不要害怕矛盾與不一致。純粹常常意謂著貧乏、單薄、片面與死寂，而全面則意味著複雜、衝突、生機與活力，並且它還意味著心智的健全與平衡。

第五章　社會:「起伏著的波濤」

黃金白銀僅僅適宜

買來白銀和黃金;

售盡天下的羊毛飲食

只能換來類似的物品。

睿智的梅林作出預言,

偉大的拿破侖加以證實——

沒有任何品種,沒有任何金錢

能買到超越自身價值的東西。

恐懼、陰謀加上貪婪

不能把一個國家支撐。

用土建造的東西

卻比土更為重要——

安菲翁堆起的城牆

福玻斯必須把它加固。

倘若九位繆斯女神

和美德天使不期而遇

發現大西洋別莊一片,

> 完全依照她們的設計：
>
> 綠色的果園枝葉
>
> 把炎炎烈日遮擋，
>
> 政治家在此犁地
>
> 準備把小麥播種；
>
> 假如教堂有了社交價值，
>
> 假如議會大廈就是家室，
>
> 那麼，完美的國家就會到來
>
> 共和黨人將會自由自在。
>
> ——愛默生：〈政治〉一文序詩❶

在愛默生那裡，社會是由多種因素、多種力量所構成的一個有機整體，它們相互聯繫、相互制約、相互作用，並分別選擇保守黨人和自由黨人作為自己的代表，從而使社會總是處於生長、變易的狀態或過程中，並最終導致社會向前、向上的發展和進步。——這就是愛默生關於社會的總體觀點，本章以下各節則要進入它的細節。

5.1　政治和財富

5.1.1　政府的目的

在〈政治〉一文的開頭，愛默生就向國家及其制度的權威性發出挑戰：「論及國家時，我們應該牢記，它的一切制度儘管在我們出世

---

❶　*ECW*, vol. III, p. 189. 譯詩據《愛默生集：論文與講演錄》（趙一凡等譯）頁617–618酌改。

以前業已存在,但他們並不是原始固有的;他們並不比公民更優越;他們之中的條條款款曾經都是某個人的行為表現;各種法律和習俗都是人們在應付某種特殊情形的權宜之計;他們全都是可以模仿、可以更改的;我們能夠使之日臻完美,也能夠使之錦上添花。」❷

首先,愛默生比較、對照了涉世未深的青年和老政治家關於國家與政治的看法,並明顯傾向於後者。他論述說,在青年人眼裡,社會是僵臥在他們面前的幻象,具有某些名稱、人物和制度,猶如一棵棵橡樹,把根都縈向中心,周圍排列得井然有序。但老政治家明白,社會是流動易變的,沒有根和中心可言;任何微粒都有可能突然變成運動的中心,進而驅動整個體系繞它旋轉;政治依賴必要的基礎,切不可對它輕舉妄動。有許多青年人相信,是法律創造了城市;通過投票可以決定政治和生活方式的改造,以及居民的職業、貿易、教育和宗教的取捨;任何措施,儘管荒唐可笑,只要能夠獲得足夠的贊同使之成為法律,都可以強加在一個民族頭上。但智慧的老者懂得:愚蠢的立法不過是一條沙結的繩,一經扭曲,就會消失;國家必須遵循而不是領導公民的性格和進步;再強悍的僭主都會遽然倒台;唯有依賴思想的人才會立於不敗之地;盛行的政府形式就是能夠接受它的公民們的修養的體現;法律在人們的性格中所具有的勃勃生機就是它的威力,它無非是一本備忘錄,或者說是一種貨幣,上面印拓著鑄造它的主人的肖像,由於時勢的遷移,它不能再行流通,必須送回鑄幣廠銷毀重鑄。這就是說,公民的思想、意願等等是第一位的,國家、法律、制度都是派生性的。因此,愛默生認為,「國家的歷史勾勒著思想進步的粗略輪廓,並遠遠追隨著微妙的文化和志向。」❸

---

❷ *ECW*, vol. III, p. 191.

其次，愛默生對政府的目的進行了深入的討論。他指出：「政治理論的要旨在於，政府存在的目的有兩個——一是保護人身，二是保護財產。」❹關於人，因為天性相同，人人都擁有平等的權利；但他們的財產所有權卻差別懸殊：有的人只擁有自己的幾件衣物，有的人卻擁有一個郡。這種意外主要取決於每個人手段的高低和德性的優劣，還取決於所繼承的遺產。由此造成這樣的結果：既然個人權利一般來說是相同的，因此就需要一個以人口比率為基礎建立起來的政府，而財產則需要一個以占有者和占有的比率為基礎建立起來的政府。問題在於這兩者之間如何平衡。

在任何公正的社會裡，只要財富由所有者親手獲得，就應該制定財產法保護財產。不過，財產卻會通過贈送或繼承傳給那些不創造財產的人，並且人和財產在一切交易中都摻雜相混，這樣就使問題變得複雜起來。斯巴達人解決這一問題的原則是：「公正就算平等，平等不算公正」，主張有產者應比無產者享有更多的公民選舉權。但後來人們開始懷疑：法律是否過於重視財產，是否在我們的慣例中允許了一種富人剝削窮人，並使窮人永遠貧窮的結構？並且本能地意識到：按目前的財產保護法，關於財產的一切法律都十分有害，它對人的影響是破壞性的：事實上，國家應該考慮的唯一利益是人，財產總是跟隨人的；政府的最高目標就是要提高人的文化素養。如果人們能夠接受教育，制度就會隨人的改善而改善，而道德情感就會寫出國家的法律。於是，在愛默生眼裡主要由青年和愚人組成的改革者們甚至提出這樣的主張：人人將擁有權力，只有財產的所有者除外，他們沒有選舉權和被選舉權。而愛默生告誡說，

❸　*ECW*, vol. III, p. 193.

❹　*ECW*, vol. III, p. 193.

如果改革者真的實施此類改革，國家不日將趨於崩潰。他認為，人有人的法則，物有物的規律，萬物都不容小看。「根據一種更高級的法律，財產將年復一年地寫出尊重財產的每一條法令。非所有者將變成所有者的抄寫員。所有者想幹什麼，財產的一切權力就會照辦，或訴諸法律，或無視法律。」❺

隨後，愛默生批評了某種文化上或政治上的傲慢，強調政治制度不能進口或出口：「每個民族及其思維習慣都有自己特定的形式和手段，絕對不能轉嫁給其他社會形態。」❻他指出，在美國，我們對我們的政治制度深感自負，因為它們在這一點上是獨一無二的，即它們萌生於並忠實地反映著民眾的性格和狀況，因而我們喜愛它們勝過歷史上任何別的制度，把它說得天花亂墜。但在愛默生看來，它們並不見得比別的制度優越，只不過對我們更加合適罷了；對於其他社會形態而言，由於那裡的宗教尊崇君主體制，方便的則是那一種，而不是這一種。我們生來就是民主主義者，所以就沒有資格評價君主制度。而我們的父輩生活在君主觀念中，對他們來說君主制也是正確的。愛默生的這些話是針對當時美國人對英國君主制的態度而說的。

實際上，愛默生對任何國家和黨派都抱懷疑態度，極盡冷嘲熱諷之能事。他說，現存的每一個國家都是腐敗的；誠實的人切不可虔誠地遵守法律。古往今來，「政治」一詞表示的就是「奸詐」，暗示國家是一場騙局。而每個國家都分成若干黨派，充當政府的反對者和擁護者，這些黨派也有同樣的弊端。他以當時的美國為例，主要黨派的弊端就是：它們沒有紮根於它們應有的深厚而必要的根基

---

❺　*ECW*, vol. III, p. 198.

❻　*ECW*, vol. III, p. 198.

上,而常常在採取對全民毫無用處的局部和暫時的措施時暴跳如雷。
現在,民主黨和保守黨幾乎分治了整個國家,在愛默生眼裡,前者
具有最偉大的事業,後者擁有最優秀的人才,但它們各自都具有極
大的缺陷:民主黨人的激進主義精神具有破壞性和盲目性;沒有仁
愛,沒有遠大神聖的目標,只有出於仇恨和自私的破壞性。另一方
面,最穩健、最能幹、最有涵養的保守黨人卻膽小怕事,僅以保護
財產為己任。因此,這兩大黨無論誰來掌權,人類都不能期望在科
學、藝術或人道方面得到與美國資力完全相稱的利益。儘管如此,
愛默生說,我不會因為這些缺陷就對我們的共和國喪失信心。在君
主制與民主制之間,他還是偏愛民主制,並引用他人的話解釋其原
因:「君主制就像一條一帆風順的商船,可有時會觸礁沉入海底;而
共和國則好比一條永不沉沒的木排,不過你的腳總是泡在水中。」

　　最後,愛默生像往常一樣,強調個人的優先性、中心性和神聖
性,反對社會制度、法律、機構等等對個人自主權的侵犯和吞食。
他指出,包辦代替是像醜八怪一樣存在於世界各個政府中的大錯。
這在多人之間和兩人之間是一回事,只不過沒有那樣露骨而已;在
事必躬親與差人代理之間存在巨大區別。一切公共的目的與個人的
目的相比,都顯得模糊而虛幻。這是因為,任何法律都是荒唐可笑
的,除了人們為自己制定的之外。愛默生甚至提出了這樣的主張:
「政府管理越少越好——管得越少,法律越少,私人授權越少。對
付合法政府濫用職權的良藥是:依賴個性的影響和個人的凸顯;依
賴主事人替換代理人;依賴聖賢的出現,必須承認,現存政府只不
過是對聖賢的彆腳模仿。」❼他特別強調具有個性的聖賢的作用:國
家之所以存在,就是為了培養聖賢;聖賢一出現,國家就隨即消亡,

---

❼　*ECW*, vol. III, p. 206.

人們追隨聖賢的榜樣，完全實行自我管理。這是一種他本人也嚴厲批判過的社會烏托邦式的幻想。

　　總的說來，愛默生的政治觀點是相當保守的，在抽象的一般問題上的激進傾向與在具體的個別問題上的保守見解，令人奇怪地攙雜組合在一起，後面的5.3節「改革與保守」中可以更清楚地揭示這一點。

5.1.2　財富的功用

　　愛默生對財產或財富的作用是相當肯定的。早年他因父親夭亡，家庭深受財產缺乏之苦，儘管他後來作為講演人和著作家收入不豐，但亡妻愛倫・塔克的遺產以及第二位妻子莉迪婭的陪嫁，卻使他足以過上舒適、體面的紳士生活。這一點也許對他有關財產的看法起了作用。他認為，人生來就應當是富裕的。一個人若想得到良好的社會地位，他就必須不僅償還自己的債務，而且能夠為公共財富的積累作出貢獻，因此他需要發財致富。他關於財富的觀點可以歸納、概括為以下各點：

　　⑴財富是應用人類心智於大自然的結果，它的獲得需要智慧、才幹、技巧、辛勞以及其他一些優良品質。財富是思想的產物，簡單如笨拙地揮舞鐵鍬與斧子，複雜如潛心探索藝術的最終秘密，在思想與所有生產活動之間有著維持雙方聯繫的緊密紐帶。因此，致富之道要求參加者頭腦冷靜、推理正確、反應敏捷，並且富有耐心。商業更是一種技藝的遊戲，它並非每一個人都可以玩的，只有極少數人可以高明地玩它。好商人是那種才智平平，通常所謂「有常識的」人：他酷愛事實，凡事都要親眼見過，才肯作出決定；他完全相信算術的精確無誤；他匯聚信息，然後加以精心算計，慎重決策。

愛默生在〈性格〉一文中就描述了一位優秀商人的品質，末了他以欽佩的口吻說：一個人必須天生是經商的料，否則他是學不會的。經濟成功離不開準確地應用自然法則。他舉了不少例證說明這一點。

⑵財富甚至關係到人的獨立性和尊嚴能否得到保證這一決定性的道德問題。愛默生論述說，貧窮使人道德淪喪。一個負債者的地位與奴隸相去不遠；而華爾街卻認為，一位百萬富翁很容易恪守諾言，成為講信用的人；但是在失敗的環境中，絕不可指望此人的道德良知。在一個男人或女人陷入經濟困境時，幾乎不可能指望他們保持道德上的完整堅定。當然，愛默生也沒有忘記批評所謂上流社會濫用財富、縱情聲色。

⑶財富能轉化成為人們思想和形體方面的力量，成為達至某種目的的手段。有理智的人尊重財富，把它看作是從大自然身上吸取的乳汁，是將地球的元氣與汁液轉化為適於人類需要的營養品。他們所要求的是能力，即那種能實現自己設想的力量，那種能使自己的思想長出手腳、具備形體的力量——這對於頭腦清醒的人來說，恰是世界存在的最終目的，為此人們可運用一切資源。儘管計劃者最初的意圖是自私的，但由於某種平衡機制，公眾會成為真正的受益人，例如鐵路的修建就是如此。愛默生還指出，發財致富就意味著擁有一張去見識傑作和各民族頭面人物的入場券。它意味著你能夠靠著航海而控制大洋，去參觀名山大川，去遊覽畫廊、圖書館、兵器庫和各種大企業，去發展自己的智能和體能，如此等等。

⑷文化產生於財富之中。正是由於財富的積累，世界上才能有梵蒂岡和羅浮宮這樣裝滿了昂貴藝術品的寶庫，又擁有大英博物館、法國植物園、費城的自然史研究院以及大小不等的各式各樣的圖書館；並且才能有環球航行、宇宙探索以及各種各樣的科學研究活動，

而所有這一切最終都將造福公眾、造福人類，成為人類共同的財富。所以，愛默生強調說：真正有資格當富翁的是那些靠自己的工作創造就業機會、為所有人開闢出路的經營家。這種人一旦成為富人，人民將變得富裕；而當他們貧困潦倒時，人民也就淪落無助了。

⑸財富本身攜帶著它自己的制約平衡機制。政治經濟學的基礎是不干涉政策，唯一安全的遊戲規則是在供需關係的自我調節中被發現的，不必靠人去制定法規。在一個自由公正的國家裡，財產會迅速地從懶漢和笨人那裡流失，流到那些勤勉、勇敢、有毅力的人手裡。自然法則貫穿於所有商業活動中，人們使用計謀或調節手段時總會得不償失，遭到物價反彈、商品飽和、破產等形式的報復。

⑹金錢本身具有代表性，它反映出金錢擁有者的本性和運氣。硬幣本身正是民俗、社會與道德變化的一種精細測量表。財富具有精神的品質，也具有道德的功用。美元的價值在於用它去購買適當的東西；隨著世界上所有才能與美德的發展，美元的價值也將不斷增加。在大學裡花上一塊錢，要比在監獄裡花一塊錢更有用；在一個溫和有序、遵紀守法的社區裡花一塊錢，自然要比花在賭博、鬥毆與縱火案件的犯罪地段為好。此外，經濟力量甚至會通過民眾牽動政治巨頭的注意，金錢可以成為社會風暴的測量儀，它能宣告革命的動態。

最後，愛默生提出了幾條經濟上的具體建議，涉及目的與手段的關係，主要是：每個人都要根據自己的性格脾氣來決定消費水平，真正的男子漢是那種盡力而為、量力而行的人；根據你的才能去花錢，並且要有系統的計劃；成功的訣竅在於收入與支出間的適當平衡，並且收入要略大於支出，這樣才會有財富的積累；信賴和依靠鄉間習俗與約定俗成之規，這是前人和他人經驗的總結；盡力尋求

你所熟悉、與你相配的東西，而不要指望異想天開的收穫；應該向
更好的方向投資，例如，從財富到金錢到價值到精神歷險，從麵包
到想像和思想到勇氣和耐久力等等，這都是向更高級的善投資，由
此通向精神、道德的最高境界。

總的來說，愛默生對財富的積極方面說得較多，並且只涉及到
獲得財富的正當手段。而對財富的消極方面，如他有時深惡痛絕的
物質主義，財富對人的精神道德方面的腐蝕，獲取財富的各種非法
手段，他或者很少論及，或者視而不見，因此他關於財富的觀點是
有些片面的，大約反映了當時美國資本主義大發展初期的價值觀吧。

5.2　宗教和崇拜

宗教和崇拜是一種社會現象，表現為一定的社會組織、制度、
習俗與禮儀形式。愛默生對當時美國基督教的種種弊端作了無情的
揭露和批判，深入闡述了他自己關於上帝、宗教、救贖等問題的一
系列全新見解，從而在理論上完成了從以上帝為中心到以人為中心，
從依賴上帝到依賴個人、依賴個人的自立自助的變革。

5.2.1　歷史基督教批判

在愛默生時代，美國是一個剛誕生不久的移民國家，它的宗教
是它的第一批移民從歐洲大陸帶過來的，具體地說就是清教 (Puri-
tanism)。清教徒們接受了加爾文教的許多基本原理，例如認為上帝
是至高無上的絕對主宰；人由於與生俱來的原罪，因而完全隸屬於
或依賴於上帝（原罪說）；上帝預先決定了誰將被選為「聖人」，進
入天國，因而人不能通過德性行為來獲得救贖，不過德性行為仍可

使人的靈魂感受到上帝的慈愛（上帝選民論）。　清教徒們認為，生活是一個道德過程，因而修行、獻身、誠實、謙恭、節制、節儉、勤勞、儉樸等道德品質得到他們的大力提倡。清教倫理是鼓吹勤奮工作和取得實際成就的倫理，它們更多地反映了早期移民面對蠻荒的自然環境所作出的一種道德選擇。

但清教徒們面臨的最大困境就是意志自由和決定論之間的矛盾。這種矛盾在 19 世紀美國生氣勃勃的現實面前更顯得尖銳突出。在當時的美國，嚴格、僵死的加爾文教義正在失去它的吸引力，各種宗教改革運動風起雲湧，剛剛在新英格蘭占據主導地位的唯一神教就是其中之一。唯一神教亦稱「一位論」，因信仰上帝一位以取代聖父、聖子、聖靈三位一體而得名。作為一個教派，它在17世紀起源於英國，美國18世紀末19世紀初興起的唯一神教運動，則代表著當時宗教自由主義的主流，其特點在於全面反對加爾文教關於上帝、人以及上帝和人的關係的觀念，例如反對後者的原罪論、預定論和上帝選民論這三大基本教義，充分肯定人的自由、理性和尊嚴，主張實行耶穌的倫理和宗教。唯一神教的大本營在哈佛大學和波士頓地區，其骨幹是大學裡的一批自由主義知識分子和教會內思想開放的神職人員，因而帶有某種「精英文化」的意味，具有濃厚的理性主義色彩。

愛默生對加爾文教和唯一神教都不滿意。在他看來，加爾文教是建立在驕傲和無知上的，其弊病在於把來世說得與現世完全不同，乃至為了來世而喪失對現世的準備和把握。而作為一個教派的唯一神教則正好建立在相反的基礎上，它寒氣逼人，全無歡樂，是純粹理解力的產物，一直要等到爭議爆發，從下層往上冒的火焰才能使它溫暖。他把加爾文教、唯一神教等等及其教會叫做「歷史的基督

教」，在〈神學院高級班致辭〉(1838)等文中對它們進行了嚴厲的批判，具體指出了它們共有的兩大弊端：

第一，對個別人物和形式、禮儀的過分誇大，以致使所有傳達宗教情感的努力都歸於失敗，並導致宗教和道德相分離。

愛默生指出：基督教的歷史和現實都向我們表明，「它不是靈魂的教義，而是一種對於神格、對於實證、對於儀式的鋪張揚厲，它過去一直是並且現在仍然是與對耶穌神格的有害誇張聯在一起的。」❽而在他看來，耶穌只不過是一個歷史人物，並非十全十美，例如「我並沒有在他那裡發現愉悅；沒有發現對自然科學的熱愛；沒有發現對藝術的善意；沒有發現蘇格拉底，拉普拉斯，莎士比亞。」❾在某些方面，耶穌甚至比不上蘇格拉底偉大。不過，愛默生仍然承認，耶穌基督屬於真正的先知之列：他清楚地看見了靈魂的秘密；他被它的極度和諧所吸引，被它的美所折服，他生活於其中，並擁有它的存在。在全部歷史上，唯有耶穌評價了人的偉大，因而他是歷史上唯一認識到人的價值的靈魂。但是，後來的教會並不是建立在他的原則上，而是建立在他的那些比喻上，基督的教義變成了一個像從前在希臘和埃及用來對人進行詩教手段的神話，他的那些具有解放意義的言辭也被當作了僵死不變的教條。這樣一來，基督教作為以人的恐懼與怠惰為統治基礎的專斷的東方君主，就使得耶穌從人類的朋友變成了人類的傷害者。他的名字一度散發著敬與愛的光環，現在卻被牢牢地嵌入了官方的頭銜，戕害著所有的同情和愛好。愛默生以致說出這樣的憤激之辭：「我找不到哪種宗教仍然對人們非常有益。它們要麼幼稚弱小，要麼女人味十足。最致命

---

❽ *ECW*, vol. I, p. 129.

❾ *Journals*, vol. V, p. 72.

的毛病是它們把宗教和道德分割開來。」❿

　　與上述作法相反，愛默生主張不要把耶穌基督描繪成一個不食人間煙火、神奇無比的形象，而要把他當作一位平民，讓他的生命和語言保持原樣，讓它們充滿生氣和溫暖，成為人類生活、風景和歡樂時光的一部分。基督教應該引導人走向他自己，服從他自己，成為一位獨立自助、頂天立地的個體；而不是使人遠離他自己，使他成為一名隨從、僕役、空殼和僵屍。所以，愛默生指出：「那種向我表明上帝就在我心中的宗教，使我心靈上的力量頓然增長；那種對我說上帝在我之外的宗教則把我變成了一個贅疣和樹瘤。我的存在不再具有必然的理由，那種過早來臨的湮沒我的力量總在我的頭頂盤旋，我將從此永遠萎縮下去。」⓫

　　正是從上述觀點出發，愛默生在一個具體問題上與當時的教會發生了衝突——聖餐儀式。在〈聖餐儀式〉(1830)的佈道中，愛默生指出，這一儀式一直是教會歷史上最富爭議的話題。它的本質究竟是何道理，歷來人言人殊，見仁見智；它的慶典究竟如何舉行，也從來沒有一定之規。因此，聖餐儀式遠不是人人皆已達到完全共識的傳統，關於它的見解存在著廣大的差異空間。並且，他還通過分析、引用《聖經》原典，對該儀式的權威性提出質疑。他說：耶穌與他的門徒們享用逾越節晚餐時，並未有意使其成為一項人們必須永遠遵循的禮制。此外，他還證明：即使把聖餐儀式作為一種權宜之計也是有害的：(1)它給耶穌披上了他從未要求過的權威的外衣，令崇拜者們心緒不寧、精神渙散，因為他們搞不清楚上帝究竟是一個還是多個；(2)麵包和葡萄酒作為象徵物並不適於用來表達美國人

---

❿　*ECW*, vol. VI, p. 199.

⓫　*ECW*, vol. I, pp. 130–131.

的情感和思想；⑶賦予這一儀式以重要性，違背了基督教的真精神，因為神的國不在乎吃喝，只在乎公義、和平與聖靈中的喜樂。因此，愛默生主張取消聖餐儀式，用其他紀念耶穌的方式代替，例如摘讀一段他的教導，緬懷他的事跡，某種形式的公眾聚會等等。當愛默生的主張未被接受時，他勇敢地辭去了教堂牧師的職位。正如有人正確地指出的：「這場鬥爭的實質在於要儀式還是要精神，要形式還是要真理——愛默生一貫的主題。」⑫

第二，把宗教啟示看作久遠已畢之事，似乎上帝已經死去，教會只會照搬《聖經》的詞句，卻不會遵循它的精神，從而使本應氣勢如虹的佈道變得枯燥乏味，沒有絲毫吸引力。

這一弊端是上一弊端的結果。愛默生指出，作為規律之規律的道德自然的顯現把偉大即上帝本身引入到開放的靈魂中，但它卻沒有被作為社會中現存的教化方式的發端。「自然法則是人類心靈的基礎。它在我們身上是靈感啟示，而在自然界卻體現為致命的力量。我們把這稱作道德情感。」⑬本來，佈道或祈禱是運用於生活的責任的道德情感的表達，是立於最高觀察點對生命事實的沉思，是宣布上帝把一切都做得甚好的精靈。真正佈道者的標誌在於，他把他的生活、他的經思想之火精煉過的生活傳授給眾人。但是，歷史上的基督教卻毀滅了佈道的力量，其毀滅方式就是放棄對人的道德自然的探求。它的佈道是來自於記憶，而不是來自於靈魂。它關注的是一事物能否讓人感到熟悉，而不是它是否有必然性和永恆性。神聖的講壇被一幫形式主義者所占據，他只會照本宣科，鸚鵡學舌，甘當時尚的傳聲筒，從未學會把生活轉化成真理，從未把他的經驗中

---

⑫　錢滿素：《愛默生和中國——對個人主義的反思》，頁26。

⑬　*ECW*, vol. VI, p. 211.

任何一個事實引入到他所宣講的理論中。從他那冗長的說教中，我們甚至無法確定他本人究竟生活在什麼時代，也無法知道他是否上有父母下有孩子，是富有還是貧窮，是一位市民還是一名農夫，如此等等。總之，我們從他的說教中看不出他的生活經歷中的任何事實，這就使得在禮拜日進教堂對某些人來說成為一種懲罰，有一種惡作劇的意味，並導致社會上在總體上陷入腐敗，虔誠的信仰已不復存在，教堂似乎已瀕於崩潰，整個生活幾乎陷入死寂。

愛默生強調說，只有精神才能教導人。任何瀆神的人，淺俗的人，騙子，奴隸都是無法教導人的，只有真正擁有什麼的人才能給予什麼，只有真正存在的人才能創造什麼。只有那種靈魂降臨其上的人，而且靈魂借他之口說話的人才能教導人。勇敢、虔誠、愛、智慧能教導人。因此，拯救基督教佈道的途徑就是讓它與人的活生生的靈魂相結合，始終不懈地對它進行探討。並且，愛默生還認為，宗教啟示並非只在過去發生，只對希伯來人、對耶穌基督顯現；實際上，它每時每刻都有可能對每個人顯現，因此就有可能誕生新的耶穌基督。於是，他發出了這樣的企盼：

　　我盼望著這樣的時刻到來：那至高無上的美，那曾使東方人、主要是希伯來人的靈魂極度欣悅，並通過他們的嘴唇向一切時代訴說的神諭也能在西方開口說話。希伯來和希臘的經文包含著不朽的詞句，它們一直是千百萬人生命的麵包。但它們沒有史詩般的完整性，它們是殘破不全的，未能井然有序地展現給人的心智。我尋找一位新教師，他追隨那些閃光的規律是如此之遠，以致能夠看到它們運行的全過程，看到它們圓潤、完滿的美姿，看到世界是靈魂之鏡，看到引力規律

　　與心靈的純淨合二為一，並將表明：義務、責任與科學、美、
歡樂同一不二。❹

愛默生在為美國呼喚新的先知和基督耶穌。

5.2.2　全新的宗教觀

　　與歷史的基督教相比，愛默生對宗教提出了一種全新的理解，
他將之稱為「精神的基督教」。這種精神的基督教包括以下要點：

1 上帝的非人格化

　　在愛默生那裡，上帝就是超靈，它是一種精神性的存在，隱藏、
滲透、彌漫於萬物之中，世上一切事物都只不過是它的化身、顯現
和流經渠道。上帝是一切生命的生命之源，是一切存在物的存在本
質：宇宙是靈魂的外在表現，歷史只是它的工作記錄；每一個人或
物都是它的原子或片段，即它的某種片面表述形式。「哪裡有生命，
哪裡就有上帝，宇宙在那裡擴展著自身，如同從一個中心向外無限
擴散。」沒有了這樣一個上帝，無論是人、動物，還是自然都不能
生存；它是萬物的生命，後者正是從它的創造力中源源不斷地湧流
而出，一浪接一浪，如同太陽一刻不停地放射光芒。上帝不是別的，
就是那靈魂的名字，那靈魂處於萬物之所以成為萬物的中心，而我
們的存在就是它的證明。

　　愛默生指出，當從不同的角度觀照時，我們還可以給上帝以不
同的名稱，如靈魂、理性、精神、心靈、聖父、真、善、美、愛、
仁慈、自由、公正等等：

---

❹ *ECW*, vol. I, p. 148.

人意識到，在他個人生命的裡面或者背後，潛藏著一個統攝一切的靈魂——在其中，正義、真理、愛、自由的本性，就像天空中的太陽一樣升起、閃耀。他稱這普遍的靈魂為「理性」。……當我們從它與自然的關係考慮時，我們稱之為「精神」。精神就是造物主。精神有它自己的生命。各個時代和所有國家的人，在他們的語言中將精神實體化，稱之為「聖父」。❶❺

仁慈是絕對而真實的，一個人有多仁慈，他就擁有多少生命。因為所有事物都出自這同一個精神，愛、正義、節制，不過是它在不同場合的不同名稱罷了，就像海洋沿著它沖刷的海岸被喚以不同的名字一樣。❶❻

　　實際上，愛默生使用「上帝」一詞的時候較少，而使用後面這些名稱的場合更多。總之，他把上帝徹底精神化了，使它與柏拉圖的「理念」、黑格爾的「絕對精神」如出一轍。因此，他反對任何界定上帝和把上帝人格化的做法，認為這只能使宗教情緒降格和庸俗化，最終必然導致赤裸裸的偶像崇拜。他是反對偶像崇拜的，因為任何崇拜和順從都不是把人引向他自己，引向自立自助，而是使他由頂天立地的巨人蛻變成精神的侏儒。

　　2.人神相通的非中介化

　　愛默生指出，由於每個人無論貴賤，都是靈魂的化身，都是上帝的原子或片段，因而都具有內在的神性，在原則上都可以走近或

---

❶❺　*ECW*, vol. I, p. 33.

❶❻　*ECW*, vol. I, pp. 123–124.

走進上帝，感受到它的仁慈與愛；甚至還能夠成為上帝，達到人神相通的境界。他在很多地方反覆強調了這一點：

> 如果一個人在內心深處是公正的，他便因此而成為上帝。上帝的安穩、上帝的不朽、上帝的威嚴隨著正義一起進入到他的人格中。❼

> 不可言喻的是，在靈魂的每一個行為中都有人和上帝的統一。最純樸的人在真心誠意地崇拜上帝時就變成了上帝。❽

也許正是在這個意義上，愛默生有時強調說：「人是萬物產生的根源。」❾因為人不僅是靈魂貫通的渠道，而且他自身具有靈魂，能夠意識到潛藏於一切自然物中的靈魂，從而達至他自身的靈魂與普遍靈魂的統一。正是這一點使人在這個作為精神沉澱物的世界上占據一個特殊的位置，成為它的主人和中心。

愛默生還指出，每個人達至人神相通的手段應該是個人化或非中介化的。他論述說，靈魂與神性精神的關係純潔至極，任何別的因素插足其間都是褻瀆或顯得多餘。情況一定是這樣：上帝說它將傳達的不是一件事而是所有事，它將讓它的聲音充滿整個世界，它將從現在思想的中心散播出光明，自然，時間，靈魂，把一切從頭開始，重新創造。無論何時，只要一個心靈是純樸的並且領承到一種神性的智慧，所有舊事物就會讓路；宗教的手段、導師、經文和

---

❼　*ECW*, vol. I, p. 122.

❽　*ECW*, vol. II, p. 274.

❾　*ECW*, vol. II, p. 22.

廟宇都將退隱。這個心靈生活於現在，把過去和將來都召入現在的時光。所有事物都因與它發生關聯而變得神聖——而且彼此不分高下。於是，愛默生發出了這樣的勸誡：「你們要隻身而行，拒絕效法好的榜樣，甚至是那些在人們的想像中具有神聖意味的榜樣，要敢於不經過任何中介或遮擋地愛上帝。」❷具體地說，就是通過面向自然、依賴直覺、領承天啟這些個人化的手段，去達到人神相通的境界。

3.宗教解釋的道德化

在愛默生那裡，沒有人格化的上帝；為達至與精神性的上帝合一，甚至也不需要牧師、經文、廟宇、禮儀，而只需憑藉每個人都具有的直覺能力，去面向自然領承天啟。這樣一來，作為制度化的宗教已經岌岌可危了。因為宗教作為人類行為和信仰的一種特殊形式，以下幾個因素是至關重要的：崇拜，神界與塵世的區分，對靈魂的信仰，對神靈或上帝的信仰，承認超自然的啟示，渴望獲得拯救等。這些因素在愛默生那裡已所剩無幾了。但他並不想完全否棄宗教，而是給予它一個不同於神學化解釋的道德化解釋，把宗教的起源和實質都歸結於人們趨善畏惡的道德情感。例如，他這樣談到了宗教的起源：

> 聖人者……就是慣於尊崇道德情操為法則的人，他們在思想中將道德法則與自我相區分，並將它切下放置遠處，另外再給它取一個名字。他們不以道德情操的無限價值歸於自己，卻將自身的動物屬性來與這無比的價值相對照。這樣區分之後，他們把一方稱為上帝——崇拜之，而把另一方稱為自己，

❷　*ECW*, vol. I, p. 143.

輕蔑之。㉑

　　這就是說，宗教是由聖人在心靈淨化、靈感激發的某些偉大時刻所創造的，他們在上帝身上寄予了個人在現實中渴求、但又很難達到的各種道德理想。在這種意義上，上帝也是一個道德楷模，只不過是比現實中的楷模更加完美的楷模，它達到了人們在現實中不可能達到的絕對的完善與完美，是真善美的化身和體現。

　　於是，愛默生順理成章地把宗教看作一種責任體系、道德體系，起著維護每個人的道德良知和整個社會的道德秩序的作用。例如，他在〈聖餐儀式〉佈道的末尾指出：

　　　如果說我對基督教的特徵有所了解的話，它之所以優於所有
　　其他的體系，它之所以被人們奉為神聖的東西，正是因為它
　　是一種道德體系。它向人們揭示真理，這真理正是他們自己
　　的理性；它責成行動，這行動正是對他們自身的證明。……
　　我皈依基督教並不是通過莊重體面的儀式或匡救神聖的聖
　　餐。……在基督教中，我所崇敬和服從的只是它的現實性，
　　是它那廣大無邊的慈愛之心，它那深遠的內在生命；是它為
　　我的心靈所帶來的寧靜，它與我們思想的共鳴；是它通過上
　　帝與天意的各種表現所達到的與我們的理智絲絲入扣的和
　　諧；是它由此給予我們的不斷引導我們向上向前的勸告和勇
　　氣。自由是這一信仰的本質。它的目標就是要使人變得善良

㉑　R. W. Emerson, *The Early Lectures*, ed. byStephen E. Whicher et al,
　　Harvard University Press, 1959, vol. II, p. 341, 譯文引自錢滿素：《愛
　　默生和個人》，頁29。

並且聰敏。它的制度也應像人們的需求那樣靈活變化。**㉒**

4.宗教改革建議

　　儘管愛默生提出了一種全新的宗教觀，幾乎去掉了宗教的神學內核，但他仍想保留它的神學外殼。這是因為，在他看來，「我們是天生的信仰者。一個人有他的信仰，就像蘋果樹要結果實一樣自然。每一顆微小的物質都有它自身的平衡；每一個心靈都有它特有的正直，並且是它那個社會主持公道的復仇女神和保護神。」**㉓**人們之所以需要宗教和上帝，是為了滿足對於永恆和無限的精神追求，實現自我超越，獲得生命和生活的價值和意義。用現在的時髦語來說，宗教負載著人們的終極關懷，並且它作為一種道德體系，作為一種制度化的形式，扮演著播撒希望、療救苦痛、安撫人心、懲惡揚善的社會角色。

　　因此，愛默生並不想否定和拋棄宗教，而是要對它進行改革。如何改革呢？可以用一句中國俗語來概括他的改革主張：用舊瓶裝新酒。如同在任何其他社會改革問題上一樣，他的一般觀點是非常激進的，但所提出的具體措施又是異常溫和的。例如，他指出：一切用新儀式重建一種崇拜制度的企圖都是勞而無功的。是信仰造就了我們，而不是我們造就了信仰。信仰創造了它自己的種種表現形式——禮儀。所有建立一個新體系的嘗試與法國人引入理性女神而建立起來的新崇拜一樣，都是冷冰冰的——今天以硬紙板和花邊開始，明天就以瘋狂和謀殺結束。倒不如通過已經存在的禮儀來呼吸新生命。一旦你充滿活力，你將會發現這些禮儀是富於表現力且充

㉒　*ECW*, vol. XI, pp. 25–26.

㉓　*ECW*, vol. VI, p. 195.

滿新意的。「能把這些禮儀從敗壞的狀態中拯救出來的，第一是靈魂，第二是靈魂，永永遠遠是靈魂。德性的一次搏動能使所有的宗教禮儀得以昇華，獲得活力。」❷

在愛默生看來，基督教已經給予我們兩個其價值不可估量的有利條件：一是安息日，它是整個世界的慶典。它的曙光不僅照進了哲學家的陋室，而且也同樣照進了勞苦者的閣樓，照進了狹窄的牢房，以及一切蘊含精神存在之尊嚴的地方。讓教堂永遠矗立著，新的愛、新的信念、新的視野將把它向人類展示的輝煌恢復到前所未有的高度。其二是佈道，一種人對人談話的機制，它實際上是所有機制、所有形式中最靈活的一種，問題是要給它注入新的內容，注入靈魂、理性、良知、經驗、智慧、科學、仁慈、藝術和美，並用富於感染力和啟發性的言辭將它們宣講出來，從而喚起每個人的內在神性，成為一尊真正的神，並因此使教會成為獨立自主、自立自助的個人歡聚的萬神殿。

5.3　改革和保守

5.3.1　改革的必要性

改革的必要性源自兩個方面：從一般的角度來說，按照愛默生的超驗主義哲學，整個自然都處在永恆的變易、生長、發展的過程中，作為廣義自然一部分的社會當然也不能例外。從特殊角度來說，現存的社會制度和社會現實與人們變更了的道德觀念及其他要求不相適應，甚至成為束縛後者的桎梏，因此也需要變革。

---

❷　*ECW*, vol. I, p. 147.

如前所述，在愛默生看來，宇宙是靈魂的外在表現。而靈魂的本性就是不安分的，它是一股能動的、活躍的力量，注定要向上和向外發展，在他物身上展現自身。它就像一個不斷旋轉、不斷向外擴張的圓，沒有疆界，沒有終點，因為每一個終點都是起點，在每一個小圓之外又能再畫一個大圓，永無止境。於是，作為靈魂之外化與展現的自然、社會包括人的觀念世界也都處在流動、生長、變化的狀態中，每一件事實都是靈魂的一種流溢，而從每一個流溢中又會產生一個新的流溢。

> 大自然回答說：「我會成長。」一切都是新生的、嬰兒期的。當我們被博學者苦苦計算大自然的直線和長度、弧線的回歸度之類數學問題搞得頭暈眼花時，讓我們感到安慰的是大量的事件正在進行著。一切都似剛剛開始。遙遠的目的正在積極的實現中。我們道不出任何地方有任何完成了的東西。但這種趨勢到處可見：星球、星系、星座，整個大自然都像七月的一塊玉米地在迅速成長，在長成別的東西，在急劇的嬗變中。❷⁵

這些結論顯然可以延伸至人類社會，因為社會是由作為天國流經渠道的每一個個人組成的，社會、習俗、制度、帝國都只不過是靈魂聖殿的外化與陰影，是整個自然的一部分。它們與自然一樣受同樣的規律支配，處於永恆的萌發、變易、搏動的狀況中。

正像自然是精神力量的表達一樣，構成社會的各種制度體現著當時大多數人所持有的觀念，或曰社會理想。歸根結底，這些觀念

---

❷⁵ *ECW*, vol. I, pp.193–194.

或思想就是某種道德情感，它構成一切習俗、典章、制度、政府、帝國賴以存在的根據、基礎或前提：

> 我們必須相信普照一切法律的有益必然性。人性用法律表現自己，與用雕像、歌曲或鐵路表現得一樣典型，所以各個國家法典的摘要就成為共同良知的一種寫照。政府起源於人們的道德同一性。……無論黨派怎樣眾多，怎樣固執己見，總有一個使各黨皆大歡喜的中間尺度。每個人在他自己的決定中發現了對他最簡單的要求和行為的一種認可；他把這種認可美其名曰「真理」和「神聖」。在這些決定中，而且只有在這些決定中，而不是在好吃、好穿、好玩，或者充分利用每個人有權占有的所有土地或社會援助之類的決定中，全體公民才找到了一種完全的一致。人們現在力圖將這種真理和公正運用到丈量土地、分配工作、保護生命財產等方面。❷⑥

因此，隨著人們的道德觀念的改變，社會及其典章制度也應該相應地改變，而不能保持固定和僵死的狀態。新觀念的出現和採納應引起後者的變革或消失。一個又一個時代，陣營，帝國，王朝，共和國，民主制，只不過是人的多方面精神應用於這個多方面的世界罷了。於是，在愛默生看來，「一切改革的根本原因都來自人類道德情感的神秘源頭。這股源泉在自然因素的籠罩之下，卻一直含有人類特有的超自然因素。這是一種嶄新而富有創造力的因素，也是一種活的東西。單憑這種因素，便能使一個人洗心革面，獲得新生。這裡貯存著別處不可能有的巨大能量與威力。」❷⑦

---

❷⑥ *ECW*, vol. III, pp. 203–204.

順便指出，在馬克思看來，社會變革的動力來自於生產力和生產關係、經濟基礎和上層建築之間的矛盾運動，其中起決定作用的又是社會生產力的發展。隨著社會生產力的發展，舊有的生產關係成為束縛生產力發展的桎梏，於是在作為新的社會生產力的代表者那裡就產生了變革已有的社會生產關係、經濟基礎及其相應的上層建築的要求，並將這種要求付諸行動，於是發生社會革命，最終導致社會制度的變革。我認為，馬克思的這套理論要比愛默生的上述思想深刻，更觸及事情的本質。愛默生指出社會變革的原因是人們的道德觀念已經發生變化，但問題恰恰在於：為什麼人們的道德觀念會發生變化？為什麼他們會把先前認為是合理的，至少是可以接受的東西不再看作是合理的或可接受的？其原因是什麼？對此愛默生未予深究，但真正要害的東西正隱藏於此。實際上，從後面的討論中可以看出，愛默生所著力強調的仍是當時美國社會生產力發展所引起的觀念變化。

當時的美國正處於急劇的發展之中。疆域正大幅度地向西部擴展，許多對後世影響巨大的技術發明相繼出現，如電報、電話，作為經濟、政治動脈的鐵路正在到處延伸，正如愛默生所談到的，修築鐵路所引起的一個未曾料到的後果是：它使得美國人民越來越熟悉他們所擁有的遼闊豐富的領土資源，它不僅使人與人之間的距離變近，而且把時間的長度大大縮短，它提前五十年在美國完成了土地的耕種、水利設施的興建、礦山的開發，以及其他自然資源的利用。鐵路的軌道是一根魔杖，以其神威喚醒陸地與河流沉睡的能量。此外，商業新勢力在當時美國的興起和發達，對美國社會帶來了深刻的影響。愛默生充分肯定了商業的積極意義：商業就是打垮封建

㉗ *ECW*, vol. I, p. 259.

主義的強者，是世界上新出現的代理人，具有巨大的潛能；商業使政府變得無足輕重，它把每個人身上任何一種職能都挖掘出來「出售」，讓它們為人服務。於是，商業的好處和壞處都在於：它把一切都投入市場——才能、美貌、美德以及人本身，它的原則就是自由。商業培植了今天的美國。新的現實促使人們產生了新的思想和觀念，要求變革的呼聲此起彼伏，各種改革的運動、組織如雨後春筍般的湧現，以致沒有一個王國、城鎮、法規、儀式、職業、男人或女人不處在這種變革的新精神的威脅之下。

那麼，在愛默生看來，當時的美國需要進行一些什麼樣的變革呢？如何進行這些變革？變革的需要產生於存在嚴重弊端之處。我們來看一看愛默生把批判的鋒芒對準了當時美國的哪些現實：

首先是商業所帶來的各種負面效應。經商方法變得如此自私，幾乎到了盜竊的程度，它又柔順逢迎到了近乎欺詐的地步，以致年輕人沒有足夠的精力與智慧去對付這種局面，他被淹沒其中，無力自拔。在愛默生眼裡，普遍的商業制度是一種自私自利的制度，它不受人性的高尚情操支配，不以平等互利的嚴格法則來衡量。並且，該詛咒的遠不止於商業，各行各業都有它的不正當之處。一個人，只要他還有溫柔聰穎的良知，他便沒有成功的可能。每個行業都要求自己的從業者對陋習熟視無睹，接受成規，靈活多變，並泯滅慷慨與仁愛之心，放棄個人見解和高尚品格。不止於此，邪惡的風俗實際上已經蔓延到整個財產制度裡，以致於我們用來建立並保護這制度的法律，看起來也不再是出於愛與理性的考慮，而是為了自私的目的。

另外，財產制度及嚴格的社會分工造成了人的嚴重異化，即人不再具有他本應具有的完整性，如多方面的稟賦、才能和情趣等等。

愛默生談到，有一則古老的寓言，說在創世之初，眾神把「人」分成「人們」，以便他能夠更好地照料自己；這好比一隻手分成五指後，手的用處就更大了。這個寓言隱含的意思是：所謂「人」只是部分地存在於所有的個人之中，或是通過其中的一種稟賦得以體現；你必須觀察整個社會，才能找到完整的人。「但不幸的是，這原初的統一體，這力量之源，已經被分而為多，並被異常精細地一分再分，零星發售，就像潑撒出去的水滴，再也無法聚攏。社會陷入了這樣一種狀態，其中每一個人都只是從軀體上鋸下來的一段，昂然走來走去，如同怪物——一個好手指，一個脖子，一副腸胃，一隻臂肘，但從來不是完整的人。」❷⑧ 人最終蛻變為一個個物。從事種植的人本來是指派為收穫糧食的「人」，但他幾乎不能從這任務裡感受到做人的真正尊嚴，他已從農田裡的人降格為一個單純的農夫；同樣，一個生意人也不覺得自己的工作有什麼理想的價值，他只是被蠅營狗苟的事務所操縱，疲於奔命，靈魂成了金錢的附庸；牧師成了一個擺設，……學者也從「思想著的人」蛻變成為社會的犧牲品，他成了一個不會行動的單純的思想者，甚至成為別人思想的鸚鵡。「這才是罪惡之所在——沒有一個人覺得他應當以『人』的身份來行動，而只是人所分裂出來的一部分。」❷⑨

因此，愛默生呼籲全面變革，呼籲每一個人都去做一名改革者：

> 我們將要改造整個社會結構，諸如國家、學校、宗教、婚姻、商業和科學，並且在我們自己的本性中開發出它的基礎。我們要讓這世界不只適合於前人，而且適合我們自己；我們要

---

❷⑧　*ECW*, vol. I, p. 85.
❷⑨　*ECW*, vol. I, pp. 222–223.

在自身清除一切未在我們的心靈中繁根的習俗。一個人到底為何而生？只不過是為了做一名改革者，一個前人產品的改造者，一個謊言的揭露和批判者，一個真和美的恢復者。他仿效那包容一切的大自然，後者過去從不稍息片刻，而是時時矯正自己，每日更新萬象，刻刻孕育新生。讓改革者棄絕一切對他來說不真實的東西，追溯他的所有行動的原始意圖，拒絕每一樁在他看來與世無益的事情吧！ ❸

那麼，究竟從何處著手改革呢？或者說，如何進行改革？愛默生不是社會實踐家，從沒有設計任何具體的改革方案，只是提出了少數一般原則。例如，他認為，社會是由一個個個人構成的，改造社會首要的就是要造就新人，而人是觀念的囚徒，「每個人的關鍵就是他的思想。雖然他看上去孔武有力，睥睨一切，他仍然有一個他所服從的舵，那就是觀念，他的一切事實都是按它來分門別類的。要改造他，只有給他輸入一種統帥他自己的觀念的新觀念。」 ❸ 因此，變革社會首先需要的是一場觀念革命，通過批判舊觀念，傳播新思想，從而來改變人們的心智，培養和造就新人。這顯然是一個見效緩慢的過程，因此改革者不能急躁，不要幻想一夜成功，更不要訴諸武力，因為武力的作用只是毀壞，不能建造。除此之外，愛默生還提出了少許具體的改革主張，例如把體力勞動作為青年教育的一部分，因為鋤頭和鏟子裡蘊藏著美德，對沒有受教育的人如此，對受過教育的人也是如此；既然社會及其制度的根基在於人們的道德觀念，因此我們應該用仁愛原則來支配改革：「仁愛能夠潛入一

---

❸　*ECW*, vol. I, p. 236.

❸　*ECW*, vol. II, p. 283.

切,在不知不覺中完成大業。它是自己的槓桿、支柱和力量——而暴力無法做到這一點。」❷

5.3.2 對改革運動的距離感

愛默生指出,在改革什麼和如何改革等問題上,人們之間存在很大的分歧,從而歷史地形成了兩大陣營——保守黨和革新黨。這雙方由來已久,自古以來就一直爭論著世界的歸屬權。它們之間這樣一種不可調和的對立,自然有其深藏於人性之中的相應的根源:它是過去和未來的衝突,是記憶和希望的對抗,是常識與理智的矛盾;它是最原始最根本的不和,是在瑣事中表現出來的天性的兩極。愛默生用下述充滿詩意的對比具體揭示了這兩者之間的差異:

> 保守主義的議論含有某種卑下成份,卻又夾雜著事實上的優勢。它肯定,因為它擁有。它的手指抓住事實,而它不肯張開眼睛去看一個更好的事實。保守主義力圖捍衛的堡壘是事物的現實狀況,無論是好是壞。革新方案則著眼於事物最好的可能狀況。當然保守主義在爭論中總是居於下風,它總是在道歉,聲稱這是必須的,聲稱一旦變革後果會更糟。它不得不馱負著堆積如山的社會暴行與罪惡。它必須否認事情變好的可能性,否認新思想,懷疑並用石頭擊斃先知。而革新精神永遠處於有理的地位,它總是在獲勝、進攻,並確信自己能獲得最後勝利。保守主義立足於人自己承認能力有限,而革新精神則堅持說人無可爭辯地前途無量。保守主義的基礎是環境,自由主義的基礎是力量。前者的目的是造就社會

---

❷ *ECW*, vol. I, p. 242.

束縛中的圓滑之徒，後者卻認為人比其他的一切都更重要。
保守主義是文雅和善於交際的，改革則是唯我主義和專橫的。
……改革是肯定的，保守主義則是否定的；保守主義要求的
是舒適，改革追求的是真理。保守主義比較坦誠地承認他人
的價值，改革卻傾向於維護並增進自身的價值。保守主義不
做詩，不祈求，也不去發明創造，它完全是回憶。改革沒有
感恩心理，既不審慎，也不節儉。……㉝

簡單地說，在「必須」(must)和「可能」(may)兩者之間，保守
黨用「必須」對付「可能」， 其局限性和片面性在於：它未能認識
到「可能」像「必須」一樣是生活中固有的，甚至本身就是「必須」
的一部分或一方面。革新黨則選擇「可能」對抗「必須」， 其缺失
之處在於：它未能認識到「可能」是圍於「必須」法網之中的，逃
脫不掉「必須」的控制和支配。因而，這兩者實際上各執一端，都
只具有片面的真理性，都有其存在的理由。於是，愛默生論述說，
假如我們用歷史的觀點看世界，我們就會說，現在的時代及其狀況
是過去一切時代累積的結果，是大自然迄今所擲出的最好的骰子，
因而傾向於保守黨立場；但一旦我們改從意志論或道德情感的角度
看問題，我們就會指責「過去」與「現在」， 並要求獲得不可能的
「未來」， 即採取革新黨的態度。但實際上，在現實社會中，或在
真實的人性中，革新與保守這兩種並立互襯、好壞參半的思想必定
是混雜交溶的。大自然決不會把她認可的桂冠「美」的嘉獎賜給任
何一個單獨的行動、徽記或派別，而只會加恩於那些揉合了兩種素
質的人們。

㉝　*ECW*, vol. I, pp. 281–282.

不過，完全不偏不倚的態度是不可能的，以愛默生本人為例。從理智上，從總的傾向上說，他毫無疑問屬於改革派，宣揚和支持改革；但是，在情感上，在具體措施上，他卻對保守黨溫情脈脈，傾向於保守立場，而與任何改革運動和改革措施保持距離。愛默生是以一位明智、中庸、儒雅的紳士自居的，他這樣談到：

> 我並不提倡荒唐迂腐的改革，也不想對周圍的情形作過激的批評，使我不得不自殺，或是與文明社會的一切利益完全隔絕開來。我們只能憑藉良知，通過將精力奉獻給公眾福利，由此換來自己的麵包，並通過每天理順一樁事理，來不斷清除積弊。㉞

愛默生這樣談到了保守黨和革新黨的優劣對比：保守黨最大的優勢就是其不可避免性，即人們稱之為「命運」的東西——它不受制於良心的取捨褒貶，超然於人們的意願之上。因為良心的支配儘管在本性上是絕對的，但它在歷史中的作用卻是相當有限的。所以，智慧的人並不強求刻板的公正，而強調人的能力與事物的法則所容許的有益的公正。他也決不會去嘗試過大的、與其能力不相稱的事，不貿然去做難以成功的事。改革派鬥士則始終面臨下述困境：儘管他不滿社會的安排，甚至寧可冒天下之大不韙，冒險改革社會弊端，然而他卻陷身在這個社會中，因而要受到它的制約。正像人不利用地面的阻力，就無法跳躍；不從岸上猛推一把，船就不能划入海中一樣，改革者必須利用事物的實際規律，以便擺脫、超越這種規律。他必須依照它的要求生活，同時設法消滅它的存在。「過去」替他

㉞　*ECW*, vol. I, p. 235.

烤熟麵包，吃了這麵包，他才有氣力去打破它的爐灶。否則的話，無論改革者怎樣努力，結果都將是失敗，甚至造成自殺性反彈，傷害改革者本人，他甚至有可能由此蛻變為保守主義者。愛默生由此得出結論說：「保守主義根深蒂固，沒有被鏟除的危險。」❸

愛默生還具體論證了改革運動必然具有的缺陷和失誤。在他看來，所有改革者共同的毛病在於：當他們試圖改善社會狀況時，只著眼於一些外在的改變，而沒有直接關注於人本身，實際上只有後者才是真正關鍵的，因為社會是由個人組成的，社會的善與惡都取決於當時人們的道德認識水準；只有造就新人才能形成新的社會及其狀況。由於這一共同的毛病，派生出改革運動兩個共同的失誤：「如果偏頗是這個運動團體的一個缺點，那麼它的另一個不足就是他們對於團體的依賴。」❸

愛默生認為，改革運動的偏頗首先表現在改革著眼點上，例如當時美國的一些改革家發起了一些運動或建立了一些團體，主張禁酒，反對蓄奴和不抵抗，主張無政府和男女同工同酬，甚至要求保護某些動物等等，五花八門。他們發現在這些方面存在惡，於是主張採取改革措施去根除它們。但在愛默生看來，社會是一個有機體，社會的各個方面都是相互聯繫、相互制約，甚至是相互派生的。「萬事萬物都是好壞參半。濁流也一樣洗刷著我們的制度。你是不是抱怨我們的婚姻？我們的教育、飲食、貿易與社會習俗並不見得比我們的婚姻高明。……」❸因此，他提倡全面改革，並認為「留在該體制內而又勝該體制一籌，再拿出最佳表現，要比用沒有全面復興

---

❸ *ECW*, vol. I, p. 289.

❸ *ECW*, vol. III, p. 250.

❸ *ECW*, vol. III, p. 249.

作後盾的單一的改良措施去攻擊邪惡更合適。」一句話，他主張用舊瓶裝新酒，進行漸進而又全面的改革，而不是在某一個個別問題上急躁冒進。

其次，改革運動的偏頗表現在改革方式上。在愛默生看來，改革雖然產生於一種理想的正義感中，但它們卻不可能保留思想的純潔性，而以某種低下而不適當的方式迅速組織起來，並且毫無詩意地呈現在人們眼前，幾乎與它們批判的舊傳統一樣粗俗。它們把道德情感的火焰與個人和黨派的狂熱匯聚在一起，加上無限制的誇張，以及一種不顧公正與真理、一心偏愛某種特殊方法的盲目性。這些人以極大的熱情宣揚所謂人類的最大利益，但他們其實是心地狹隘、喜歡自娛而又自滿的人，往往令我們覺得是在與瘋子為伍。他們完成改革的方式是一種褻瀆的方式，而非虔誠的方式——是靠著管理、策略和大造輿論完成的。這是一種患了耳鳴的感覺，非常令人不快。也正因為如此，每一種改革初期必然產生與其能量成正比的厭惡，甚至改革的信徒們在其最初成功的時刻也會奇怪地感到懊喪、厭倦和普遍的不信任，並考慮把自己投入他剛剛強烈反對過的營壘裡去。

再次，改革運動的偏頗表現在依賴團體。改革者們意識到，要單槍匹馬地反對商業習氣、貴族風氣以及根深蒂固的城市惡習，是不可能的。於是，為對抗千軍萬馬，他們也組織千軍萬馬；為對抗萬眾一心，他們也依賴新的萬眾一心，並由此建立了眾多的社團甚至政黨，通過金錢、輿論、組織的力量去實施改革。但如前所述，愛默生是一名徹頭徹尾的個人主義者，對任何有可能妨害個人的自立自助的團體與組織都持有本能的反感甚至敵意。他論述說，一個社會永遠不可能像一個人那樣寬廣。一個人在友誼中、在自然和暫時的聯合中會使自己化為兩個或是多個自我，然而一旦他這樣做了，

他就變成了侏儒，永遠達不到一個正常人的身高。所以，他明確指出:「我一面渴望表達我對於改革的燦爛前景的敬意與喜悅——這前景已在我們四周顯現出雛形，一面又以更大的急迫感提醒人們注意自助自信的重要意義。」❸「真正的個人主義才是理想聯合的沃土」❸。

正由於上述認識，使愛默生始終與改革運動保持某種距離感，他幾乎從不投身於它們之中，即使是他的老朋友、超驗主義同道喬治・里普利開辦帶有空想社會主義性質的布魯克農場時，他也僅止於有限度的道義支持，而拒絕加入。他自己作為精神領袖的超驗主義運動，從來沒有形成一個固定的組織或領導核心，只是一些有共同傾向的知識分子的鬆散聯盟。也許唯一的例外是在廢奴問題上，他早中期在這個問題上的態度一直是溫和的，只是議會通過的《逃亡奴隸法》激怒了他，使他變成了一名激進的廢奴主義者，在此運動中陷得很深。

在我看來，愛默生對改革運動的批評與他自己的某些學說相矛盾。他一再強調指出，歷史上大多數偉大成果都是通過「惡的」手段取得的；成就偉業需要意志和激情，學者型改革家們的缺陷就在於過份知識化，以至失去了行動的勇氣和熱情；矯枉常常必須過正，不過正則無法矯枉；全面的改革也必須一件一件地做起，不能一天完成。而按照他對改革運動的過份批評，人們簡直只能無所作為，聽憑事情自己發展，但這又與他關於改革的總體觀點相矛盾。實際上，矛盾、衝突、不一致在愛默生的話語中隨處可見，甚至可以視為他的一種言說風格。他自己還從理論上論證這並不是什麼了不得

---

❸ *ECW*, vol. I, p. 265.

❸ *ECW*, vol. III, p. 254.

的大問題，他甚至反問道：就算前後不一致了，那又怎麼樣?!

愛默生對改革運動作了如此多且嚴厲的批評，而對保守主義立場又顯得那樣溫情脈脈，以致人們不禁要懷疑：他究竟是何許人也？是改革者還是保守黨人？答案是確定無疑的，愛默生是一位堅定的、徹底的改革派人士，儘管在改革方式上他傾向於溫和和保守。他的下述話語可為憑證：

> 讓我停止交替顯示兩種偏激觀點，回到具有普遍必然性的歷史高度去作出結論吧！這結論就是：人類應當感到高興，改革運動已經走得如此之遠，並且已經擁有如此自由的活動範圍。人們懷抱著大膽的希望，其大膽程度超過以往一切經驗；它向人們顯示了一種簡樸而平等，並且洋溢著真理和虔誠的新生活，從而使人們感到舒慰和歡欣。這一希望將會在什麼樹上開花呢？那將不是移植的奇株異樹，而是從本土的保守主義這株野蘋果樹上嫁接而來的。正是現今這個古老且受詛咒的制度已經養育出一個如此可愛的孩童。它預示著，在這個擠滿保守黨人的星球上，真正的改革者或許已經誕生。❹

5.4 社會的進步

5.4.1 循環或進步

社會是廣義自然的一部分，總是處於流動、變化的過程中。但

---

❹ *ECW*, vol. I, p. 307.

社會變革是不是一種向上的發展？是否具有某種改良性？抑或只是各種因素的複雜組合、同一過程的循環往復？愛默生在此問題上的看法是搖擺不定的，他甚至提出了兩種相互矛盾的觀點。

一種觀點是，社會總是處在循環往復的狀態。愛默生曾明確指出：「社會絕沒有向前進展。它在某一方面的退步與它在另一方面的進步一樣快。它經歷了持續的變遷：先有野蠻社會、後有文明社會，基督教社會，富裕社會，科學社會；但這種變化並不是改良。因為有所得必有所失。社會獲得了新技藝，卻失去了舊本能。」**④** 可以看出，這種「社會無進步」的觀點是建立在他的補償學說的基礎之上的：社會在某一方面的「得」被它在另一方面的「失」抵銷、平衡掉了。他舉了大量例證說明這一點。

例如，文明人製造了馬車，但他的雙足也就喪失了力量。他有了支持他的拐杖，但他的肌肉也就鬆弛無力了。他有了一塊精緻的日內瓦表，但他喪失了通過太陽準確辨別出時間的技能。他有了格林威治的航海手冊，當他需要什麼信息時，他能從中準確查到，但這生活在市塵喧囂中的人連天上的星星都認不出來，對立春夏至他不曾注意，對春分霜降所知甚少。本是極生動的日曆在他心中引不起切實的感受，對他來說只不過是一張紙罷了。筆記本損毀了他的記憶，圖書館壓制了他的智慧，保險公司使各種事故與日俱增，先進機械給人造成的危害可能正好抵銷了它給人帶來的好處。以致我們不禁要問：機器是不是一種障礙？文雅的習俗是不是使我們喪失了生命的某些原動力？基督教把我們限制在某些固定的機構和形式中，是不是使我們喪失了充滿野性的美德所包含的那種活動？如此等等。

---

④ Ralph Waldo Emerson: *Essays and Lectures*, p. 279.

社會無進步的另一標誌是：現在並沒有出現比過去曾出現過的那些偉人更偉大的人物。我們可以在最早的和最近的偉人身上發現奇特的一致性。19世紀的科學、藝術、宗教和哲學並沒有教育出比普魯塔克筆下的二十三、四個世紀以前的人物更偉大的人物來。人類從古至今在道德標準上並無大的變化，它在這段時期內無進步可言。於是，愛默生運用比喻作出結論說：社會猶如波濤。波濤在向上運動，而構成波濤的水卻並不如此。同一個水珠不會從波谷升到波峰。波濤的一體性只是表面的。今天構成一個民族的那些個人將會死去，他們的經驗也隨同他們一道消亡。

但是，問題還有另一面：愛默生同時又是一位進化論者。根據他的進化學說，自然是從無機物到植物、到動物、最後到人，由低級到高級發展而來的。社會是廣義自然的一部分，同樣也應該存在著從低級到高級的發展。在談論命運時，他實際上明確指出了這一點：「命運包含著改善。關於宇宙的陳述若不承認向上的努力，就不可能具有任何可靠性。」❷整體和部分都是趨向利益，相應地也趨向健康。在每一個個體身後，組織已關閉；而在他的前面，自由正展開──那是更善，那是最善。第一批的種類最低劣，第二批的種類尚未完善，它們正在消亡，或者正在成長為更高的等級。在最近的種類即人類那裡，每一種慷慨行為，每一種新的感知，每一種他從同伴那裡強求而來的愛和讚頌，都證明他已擺脫命運，進入自由。把人的意志從他賴以成長的組織的桎梏和枷鎖中解放出來，正是這個世界的目標與目的。……──人類只要能夠站在一個足夠遠的地方來觀察這一演化過程，就會為這種發展感到高興。

並且，愛默生還是一名改革派人士。假如社會沒有改善、改良

---

❷ *ECW*, vol. VI, p. 39.

和進步可言，那為什麼要進行改革？其意義和目的何在？改革無非是除舊布新，去弊興利，使這個社會變得更好，更合乎人性，更合乎道德理想，能夠有利於更多的人自由發展。因此，無論從哪一方面來說，愛默生都不得不承認社會是處在一個進步的過程中：「從整體上看，人類社會中存在進步，這一點是無可爭辯的。存在一種神聖的必然性，憑藉它人的利益總是驅迫他們走向正確，並且還使所有的罪犯顯得卑賤和醜陋。」❹

不過，社會的進步並不表現為產生了比過去的偉人更偉大的偉人，因為善本身就是與存在同一，是不可比較的；而在於有越來越多的人獲得了道德進步，道德規律獲得了越廣泛的應用，道德情感得到了越來越普遍的理解和認同，越來越多的個人從群體、從民眾中脫穎而出，成為自立自助的個人，成為愛默生所欣賞的那類個人主義者。只有在獨立的個人的基礎上，才會有理想的聯合，才會有合理、健康的社會秩序。這就是說，社會的進步最終體現在獨立自主的個人的大量湧現上。「時代進步的節律推動了個人主義的發展，宗教也因此變得孤立無助。我珍視朝著正確方向邁出的這一步。」❹

5.4.2 英雄和民眾

這裡所涉及的是英雄和民眾在社會變革和社會發展中的地位和作用問題。可以這樣說，愛默生持有某種英雄史觀，他推崇英雄，貶斥民眾，呼喚個人。在他那裡，「英雄」常被冠以不同名稱，如神性、天才、偉人、國王、先知、預言家、學者、詩人、代表性人物等等。他關於英雄和民眾的觀點可以概括如下：

---

❹ *ECW*, vol. XI, p. 175.

❹ *ECW*, vol. VI, p. 205.

1.英雄是時代精神的體現者或化身，因而成為相應時代的標誌。

愛默生論述說，時代精神是我們的嚮導，它用各種語言說話，控制所有的人，卻無一人能瞥見它的身影。假如一個人嚴格依順它，那它就會接納他，從而他將不再在自己思想裡把自己和它分開，它應該看起來就是他，他也應該是它。假如他如飢似渴地傾聽，那更豐富和偉大的智慧將授於他，那聲音將增強為一種令人銷魂的音樂，使他像捲在洪水中一樣被沖走。於是，他由此成為天堂與人間的流通渠道，而成就了自己的健康和偉大，成為一名天才、偉人或英雄。

愛默生還用更明確的語言表達了上述意思。他說，每當大自然有工作要做，她就創造一個天才去做它。只要她急於合併的兩部分之間仍然缺少連接的一環，就會把她創造的天才投進去，作為應急的橋梁，去做那原本不能結合的兩部分之間的聯繫者。也正因如此，天才用不著考慮站在什麼地方好，也用不著把東西放在適當的光線下。他身上就有光明。在他身旁，一切都被光線完全照亮。他的使命就是把他心中的思想從一個世界傳播到另一個世界，把自然不能棄絕、而他也不能推卸的職責完成，而後又沉入他曾作為人而誕生於其中的神聖的寂靜和永恆之中。

由於英雄是時代精神的體現者和化身，他們因此也成為各自時代的標誌和象徵。愛默生指出：「這個世界的奧秘就在於個人和事件之間的聯繫。個人創造事件，事件也創造個人。什麼是『時期』或『時代』？不就是少許深謀遠慮的個人和少許生龍活虎的個人象徵著一個時代嗎？——像歌德、黑格爾、梅特涅、亞當斯、卡爾霍恩、基佐皮爾、科布頓、科蘇特、羅思柴爾德、阿斯托爾、布呂內爾和其他一些人。一個人與時代和事件之間的關係，必須像兩性之

間的關係，必須像一種動物與它的食物或它所使用的較為低級的動物種類之間的關係一樣，保持一種合宜的聯繫。」❹

愛默生的上述說法肯定與黑格爾的相應思想有某種關聯。在黑格爾那裡，整個宇宙都不過是絕對理念的自我展示、自我外化和自我演變；當這種外化進入社會歷史階段時，歷史的必然性常被稱作「世界精神」或「時代精神」，它需要挑選一些優秀的個人即所謂的「英雄」作為旗幟，帶領眾人去實現這種必然性。例如，黑格爾就曾贊賞地把拿破侖稱之為「騎在馬背上的世界精神」。當這種必然性得以實施時，這些英雄的使命也就完成了；但歷史仍在向前發展，於是它又需要尋找新英雄作為新旗幟，……由此造就了歷史的偉業和歷史的進步，人類逐漸由必然王國進入自由王國。

2.英雄具有一系列優秀品質，因而數量很少，發揮的作用卻巨大。

愛默生指出，自信是英雄主義的精髓。英雄主義是靈魂交戰時的狀態，其終極目標就是極大地蔑視虛偽和邪惡，有能力承受惡勢力所施加的一切災難。它說真話，它公正、慷慨、好客、溫和，瞧不起斤斤計較，也瞧不起被人瞧不起。它意志堅定，鍥而不捨；它無所畏懼，不屈不撓。它挪揄日常生活的渺小；它譏笑那種迷戀健康和財富的假謹慎。英雄在需要節制時也懂得節制，並且始終表現出某種愉悅和狂歡。英雄們單純的心把這個世界的一切歷史和習俗拋在身後，全然不顧世界上的清規戒律，一心玩他們自己的遊戲。除這些品質外，前面關於性格的論述也完全適用於英雄。因為在愛默生眼裡，性格就是英雄，或者說英雄就是具有性格的個體。

由於英雄具有一系列卓越非凡的品質，因而英雄只是罕見的例

---

❹ *ECW*, vol. VI, pp. 42–43.

外。愛默生論述說，自然每創造一個良種瓜，就會創造五十個劣質瓜。你若想找到十幾顆新鮮的優質水果，你就必然會搖下滿樹疙裡疙瘩、布滿蟲眼且半生不熟的酸澀苦果。自然播撒下赤身露體的印度民族，自然也傳播下以衣蔽體的基督教徒，他們中間各有那麼兩三個卓越的頭腦。自然不辭勞苦的工作著，在百萬次投擲中只有一次擊中靶心。在人類社會，她若能在每一個世紀產生出一位卓絕的偉才，她就會感到滿足。而創造優秀人物的困難越大，他們來到這個世界上的用途也就越多。他們注定要在這個世界上作為核心人物發揮作用。我們時代一切重大的事變、一切城市、一切殖民地都可以在某個人的大腦裡去追根溯源。我們的文化能夠得以產生，一切功績都歸於少數幾個精英人物的思想。

3.英雄為後人提供了可資追隨的榜樣，並激勵和呼喚著更偉大的英雄出現。

愛默生指出，相信偉人是天經地義的事業，而追隨偉人則是青年人的夢想，是對於人格最嚴肅的塑造。偉人的作用就是幫助我們，充當我們行動的嚮導。「偉人之所以存在，就為了有更加偉大的人物出現。」❻但偉人的幫助不是直接的，如通過贈送禮物，給予物質援助等等；人是內向的，起教育作用的是偉人的行為表現。

愛默生論述說，就像植物把無機物轉化成動物的食料一樣，每個人都把自然界裡的某種原料加以轉變，供人使用。火、電、磁性、鐵、鉛、玻璃、亞麻布、絲綢、棉花等的發現者，工具的製造者，十進制記數法的發明者，幾何學家，工程師，音樂家——分別給人在未知和不可能的混亂中闖開一條康莊大道。每個人都通過神秘的相知與自然中的某一領域發生關聯，他就是這一領域的代理人和解

❻　*ECW*, vol. IV, p. 38.

說者，如林耐是植物的，蒲伯是蜜蜂的，……道爾頓是原子形態的，歐幾里德是線段的，牛頓是流數的。來到美洲的每一艘船都從哥倫布那裡得到航海圖；每一部小說或戲劇都受惠於荷馬；而沒有柏拉圖，我們幾乎不再相信可能有一本講理性的書。並且，在千人一面的地方，偉人就是我們所需要的例外。一種外在的偉大是一種神秘教義的解毒劑，或者說是一種洗眼劑，可以根除我們目空一切的毛病，在偉人這面透鏡面前意識到自身的缺陷與不足。正因為如此，每個人都追求與他自己的品質不同的人和另外一種好處；也就是說，他追求他人和最不相同的東西。

但愛默生接著告誡說，我們切不可讓偉人發揮過分強大的影響，以致於他的吸引力使我們偏離了自己的位置，把我們變成了他的附庸，並使我們在智能上自取滅亡。這樣一來，英雄就會變成討厭鬼。為避免這種局面，可以從兩個方面考慮：一是真正的天才會設法保護我們，以免我們受到傷害。他不會使人精神貧困，而是使人的心智獲得解放；從我們自身來說，我們在任何時候都不能忘記我們自身的獨立，並且要保護我們的獨立。這樣才能保證英雄、偉人層出不窮：「當自然除去一個偉人時，人們望遍天涯尋找繼任者，然而後無來者。他這一類人隨他一起消失了。在另外一個截然不同的領域裡，下一個人會出現；不是杰佛遜，不是富蘭克林，而現在是一個偉大的推銷員，爾後又是一個道路包工頭；後來是一位魚類研究者，後來又是一位獵捕野牛的探險家，或者是一個半野蠻的西部將軍。」❹

4.民眾是處於半開化狀態的動物，需要得到教化和訓練。

愛默生在極力讚美英雄的同時，也以異常尖刻的言詞貶斥民

---

❹　*ECW*, vol. IV, p. 24.

眾。他談到，我們究竟是應該根據多數人還是根據少數人來判斷一
個國家呢？當然是根據少數人。如果我們判斷一個國家是根據人口
普查，或是根據土地面積，或是根據別的什麼東西，而不是根據它
對當代偉才的重視程度，那是非常迂腐的。他說：

> 拋開這種空談民眾的虛偽說教吧！民眾的要求和影響是蒙昧
> 的、猥劣的、變態的和有害的；民眾需要的不是恭維而是教
> 化。我不希望對他們作任何讓步，而應該馴服、訓練、區分
> 和驅散他們，從中抽引出個人來。慈善行為最糟糕的處境是：
> 要求你保護的生命並不值得你保護。民眾！災難就是民眾。
> 我可不願意要什麼民眾，不願意要千百萬扁手寬掌、窄頭小
> 腦、喝烈酒的穿長襪者或者流民；我只願意要誠實的男人和
> 漂亮、可愛、完美的女人。假如政府知道怎麼辦，我願意看
> 到它阻止人口的發展，而不是繁殖人口。當政府能夠順應它
> 真正的行動規律時，每一個出生的人都應該作為必不可少的
> 生命而受到歡呼。讓這亂糟糟的民眾見鬼去吧！……㊽

　　愛默生還談到，在古埃及，預言家的一票相當於普通人的一百
票，這種估計還太低。因此他認為，每人一票的所謂民主制實際上
是有嚴重弊端的，因為它把少數精英拉到與多數群氓同等的位置上，
而無視在他們之間存在的巨大差異。

　　愛默生的上述話語，聽起來簡直像法西斯主義言論，十分刺耳
或刺目。不過，他的言說其實別有深意。他所謂的民眾，實際上是
由一個個愚昧無知、不知道獨立自主和自立自助的個體的疊加和累

積。而他是一名堅定的個人主義者，始終一貫地倡導個人的自立自助、獨立自主，若非如此，那麼此人就還未完全擺脫四足動物的狀態，接近於猩猩，還沒有真正從精神上「直立」起來。因此，他強調要打破民眾的堅殼，從中抽引出個人來。正是在這個意義上，他解釋說：「每當一個觀察者說大多數人都是邪惡的時候，他並沒有惡意，也並沒有壞心眼。相反，他只不過是說明大多數人還不成熟，他們尚未成年，不知道如何判斷善惡。假如他們知道這樣做，那麼對於他們和對於所有人來說，那種判斷將會是一種神諭。」❹ 他是在以尖刻的言詞呼喚獨立自主的個人出現。

儘管如此，說愛默生持有某種英雄史觀、主張精英政治，這一點是大致不錯的。但問題恰恰在於英雄史觀、精英統治的理論是很難站得住腳了。按照馬克思主義的理論，人民群眾是歷史的真正創造者和主人；英雄人物之所以能在歷史進程中發揮重大作用，就在於他們是人民群眾利益的代表，是其意志的體現者，所以人民群眾願意在英雄們的統領下完成偉業。一旦英雄人物背棄了人民群眾的利益，後者可以反過來將其推翻。如果把人民群眾比作大海中的水，英雄人物喻為航行於大海中的船，連中國封建皇帝都知道「水能載舟，亦能覆舟」。平靜的海水一旦發怒就可以掀起滔天的巨浪，吞沒一切平時春風得意的小舟巨艦；窄頭小腦、扁手寬掌的民眾一旦真的行動起來，也能掀翻御座，打倒國王，令江山易幟，王朝換代。

5.4.3 「惡」的作用

愛默生充分肯定「惡」在社會進步，甚至是個人發展中的作用。他指出：「歷史給人們上的第一課就是邪惡的好處。善是一位良醫，

---

❹ *ECW*, vol. VI, p. 240.

但惡有時候是一位更好的醫生。」「歷史上大多數偉大成果都是通過可恥的手段取得的。」❺他舉了大量例證說明這一點。

例如，正是由於諾曼人威廉的壓迫、野蠻的弱肉強食法則和殘無人道的暴政，才啟發英國人迫使約翰王簽訂大憲章。愛德華一世貪得無厭地搜刮一切可能到手的錢財、軍隊和城堡，人們覺得有必要以更為迅捷的方式把人民召集起來，因而下院得以誕生。為獲得國王特別津貼，愛德華一世就得付出特權。在他即位的第二十四年，他曾頒布敕令：「未經上院和下院准許，不得徵稅。」——這就是英國憲法的基礎。

又如，普魯塔克斷言，正是亞歷山大大帝的進軍所帶來的戰爭把希臘的文明、語言和藝術引入了野蠻的東方；正是他的戰爭推廣了婚姻，建立起七十座城市，並把相互仇視的民族團結在一個政府之下。席勒以為，德國能夠成為一個國家歸功於三十年戰爭。

再如，開發加利福尼亞、得克薩斯、俄勒岡和連接兩大洋、修築鐵路等是一些了不起的壯舉，但是實現這些壯舉的動力——卑鄙齷齪的自私自利、詐騙舞弊和陰謀詭計——卻是可鄙的。當初前往加利福尼亞淘金的人們都懷有一個非常庸俗的願望：希望找到一條致富的捷徑。於是，這幫冒冒失失、窮困潦倒的冒險家，其中不乏流氓和惡棍，爭先恐後地湧向西部淘金。但自然照管一切，她把這種壞事變成了好事：加州得到了人口，並從此繁榮起來，它以不道德的方式獲得了文明。

如此等等，不一而足。之所以能夠如此，在愛默生看來，是因為世間自有一種補償機制和平衡作用，會把邪惡的壞處抵銷掉，而將其好處留下來。例如，嚴霜毀掉了一年的收成，但由於它殺死了

---

❺　*ECW*, vol. VI, pp. 240–243.

象鼻蟲和蝗蟲，它也就拯救了一百年的豐收成果。戰爭、火災、瘟疫打破了恆久不變的慣例，掃清了人類腐朽的制度，它們使得萬物能夠進入一種嶄新的、自然的次序。極端的邪惡被彎曲成一種週期性，正是這種週期性使得行星的錯誤、人類的狂熱和失常具有自我限制。「自然是由相克作用來加以維護的。痛苦、阻力、危險是老師。我們所獲得的力量就是我們所制服的力量。沒有戰爭，就沒有士兵；沒有敵人，也就沒有英雄。」**⑤** 甚至一位苦難的洗衣婦都知道：苦難越多，勇猛如獅的人就越多。

對於國家、民族、社會的發展如此，對於個人的成功亦然。貧窮和孤獨，可以激發人的工作才能，而受到過份的嬌慣，享受過多的俗樂，則是一種致命的損失。所以，愛默生在〈自助〉一文的序詩中寫道：

> 把這黃口小兒拋給岩石，
>
> 讓母狼的乳汁將他餵養，
>
> 讓他與鷹、與狐狸共度冬日，
>
> 讓他的雙腳與雙手變成速度與力量。**⑤**

偉人一般都來自中產階級，每個人會時常受惠於他的惡習。

我想，愛默生的上述思想肯定來源於黑格爾，或至少與他有關。因為黑格爾在他的著作中一再強調和論證說：惡是歷史發展的重要動力。

---

⑤ *ECW*, vol. VI, p. 242.

⑤ *ECW*, vol. II, p. 46.譯詩引自《自然啟示錄》（博凡譯），頁123。

第六章　結語：美國文化聖哲

衰老的時刻已經來臨

應該收帆減速——

疆界之神，

為海洋設置了海岸，

在他必然的輪迴中走近了我，

並對我說：「別再繼續！

別讓那寬大、炫耀的枝條和根莖

進一步滋長。

讓幻想離去：別再恣意任行；

將那無垠的天空

縮入那窄小的營頂。

對於這和那的追求永遠沒個夠，

在兩者之間作出你的選擇；

珍惜那流逝的河水，

也同樣敬重那施予者，

拋開那眾多，抓住那少許。

歷經滄桑的智者接受那大限，

讓它用關愛的步履和緩地降臨；

還有一小段時間

仍可去籌畫和微笑，

並且——誤生新的幼芽——

讓那未墜之果熟透。

如果你願意，詛咒你的父輩，

當他賦予你生命時，

卻未能給你的骨骼附贈

那恆常必需的強碩肌腱

和無拘的髓汁，

而只留下衰頹的血脈，

間歇的熱能和鬆散的鞍轡——

與繆斯為伴，卻讓你既聾且啞；

同鬥士為伍，卻讓你跛足而偏癱。」

當那神鳥將自己交付給大風，

我也把自己交付給時間的潮汐，

操縱那舵輪，縮下那風帆，

服從那命令，在傍晚和清晨：

保持低調的自信，驅逐開恐懼，

向著前方安然地驅行；

航船將駐泊的港灣已經臨近，

每一朵浪花都如此嫵媚，令人心醉。

　　　——愛默生63歲的詩作〈終點〉❶

---

❶　*ECW*, vol. IX, pp. 216–217，由本書作者譯出。

這一章是結論性的，我將簡要討論愛默生哲學的淵源，特質，在美國哲學史以及更廣義的思想文化史上的地位和影響。這一章與1.1節一起，旨在勾勒出愛默生哲學的總體圖像，並給它在美國思想文化史上定位。

6.1 愛默生哲學的淵源

《美國百科全書》的有關辭條這樣談到了愛默生所受到的影響：

> 愛默生所說的東西很少是令人驚訝的獨創。他的思想是下述要素的攙雜組合：繼承而來的染上唯一神教色彩的清教思想，對柏拉圖及新柏拉圖主義的閱讀，對東方聖書的研究，通過柯勒律治、卡萊爾等人所接觸到的德國唯心主義。華茲華斯的浪漫主義，蒙田的懷疑論，18世紀瑞典哲學家斯維登堡的神秘主義也成為他思想模式的一部分。愛默生的閱讀範圍相當廣泛且富於選擇性，他挑選一切能強化他的信念的書籍來閱讀。他並不總是前後一致的，偏愛靈感的火花勝過邏輯的論證。真理是隱喻所欲誘捕的神秘戀人。真理，即使是單個真理，也有眾多的姻親。❷

這種說法是大致成立的。根據史料，我們可以理出愛默生思想

❷ *Encyclopedia Americana*, New York: Americana Corporation, 1974, vol. X, p. 305.

的六大來源，它們分別是：基督教特別是唯一神教背景；古希臘羅馬文化；歐洲文學特別是浪漫主義文學；德國唯心主義；歐洲近代科學；東方思想，等等。下面我逐一對它們作簡要描述和討論。

6.1.1 唯一神教背景

唯一神教是基督教的一支或一派，它源自於加爾文教或清教，因反對上帝三位一體而主張上帝一位而得名，最早作為異端於16世紀興起於英格蘭和匈牙利。愛默生的祖先早在英國宗教改革時期就是牧師，他的中間名字「沃爾多」(Waldo) 據說傳統上來自於Waldenes，而後者在中世紀就是教皇所稱呼的「異教徒」，由此可知叛逆的種子在他遙遠的祖先那裡就種下了。愛默生最早的美國祖先是彼得·巴爾克利·愛默生，他於1635年作為拓荒者來到波士頓，並於當年在康科德建立了基督教教堂。自那時以來，除三十二年的短暫間隔外，愛默生的祖先一直占據著康科德的佈道壇，他的祖父和繼祖父都是康科德的牧師，他的父親則是波士頓唯一神教教堂的牧師。所以，那位對他的思想和人格有很大影響的姑母瑪麗·穆迪時常給他講他們共同的祖先們的種種美德。「他們許多代人都是牧師，而且他們的虔敬和許多人的口才至今在教堂裡為人傳頌。」

出生於這樣的家庭背景內，愛默生從小就接受了嚴格的唯一神教教育，這種教育的過於理性和板滯使愛默生幾乎失去了童稚的歡樂，顯得過於早熟，像一個小大人式的愛好讀書和耽於思考，並使他自然而然地決心繼承家族傳統，先進哈佛神學院，再作佈道人和牧師，決心在神學方面有所建樹。正是由於長期浸淫於唯一神教及其他基督教教義中，對它們的各種弊端感同身受，瞭如指掌，於是從內部起來造反，對歷史上基督教的種種形式作了嚴厲批判，並自

動輒去了牧師職務。但愛默生並未真正離開佈道壇，在很長時期內仍作為候補佈道人從事佈道。有人這樣談道：愛默生的佈道是「宗教的講演」，而他在各種場合的講演則是「世俗的佈道」。這就是說，愛默生的宗教背景終生未從他身上退隱，相反是理解他的各種學說或觀點的一條門徑、一把鑰匙。例如，他儘管提出了一種全新的宗教觀，把宗教只不過視為一種道德體系；但他始終不願完全摒除其神學外殼，他只是在以一種新的形式宣講他認為有價值的基督教教義。

6.1.2　古希臘羅馬文化

在1848年10月的日記中，愛默生告誡自己要讀許多人的書，其中屬於古希臘羅馬時期的人物就有：荷馬 (Homer)，埃斯庫羅斯 (Aeschylus)，索福克勒斯(Sophocles)，歐里庇德斯(Euripides)，阿里斯托芬(Aristophanes)，柏拉圖(Plato)，普努克洛(Proclus)，普魯提諾(Plotinus)，伊安布利克斯(Iamblichus)，波菲利(Porphyry)，亞里士多德(Aristotle)，維吉爾(Virgil)，普魯塔克(Plutarch)，阿普利烏斯 (Apuleius) 等等。這些人大致可分為三類：一是戲劇作家和詩人，如荷馬、埃斯庫羅斯、歐里庇德斯；二是哲學家如柏拉圖、亞里士多德；三是人物傳記作家和歷史學家如普魯塔克。愛默生確實讀了這些人的著作，並對他們極為欣賞，在他的講演和著作中多次提到他們的名字，一再徵引他們的話語。愛默生本人思想中的唯心主義、人文主義、民主主張、精英文化和英雄史觀等成份，都可以在上述這些人物那裡找到根源。而在這些人中，愛默生受影響較大的則是柏拉圖和一批新柏拉圖主義者。他把柏拉圖選作六位代表性人物之一，對他推崇備至：

在浩如煙海的著作中，只有柏拉圖夠得上奧馬爾給予《古蘭經》的奇崛贊語，他說：「把圖書館統統燒掉；因為它們的價值就在這本書裡。」柏拉圖的名句包含了世界各國的文化；它們是各個學派的基石，是各種文學的源泉。……現在思想家們仍然大書特書、爭論不休的一切事物，都來自柏拉圖。

柏拉圖就是哲學，哲學就是柏拉圖——既是人類的光榮，又是人類的恥辱，因為撒克遜人或羅馬人都無法對他的範疇增加任何概念。他沒有老婆，沒有孩子，所有文明國家的思想家就是他的子孫後代，都帶有他的思想色彩。大自然不停地從黑夜裡送出多少偉大人物當他的追隨者。

猶太人的《聖經》在歐美各民族裡家喻戶曉，深入人心。同樣，柏拉圖的作品已經迷住了每一個學派，每一個熱愛思想的人，每一個教會，每一個詩人——在某種水平上，不通過他，就不可能思考，……他佇立在真理與每個人的心靈之間，語言和思想的基本形態幾乎都打上了他的印記。❸

　　愛默生還從普魯提諾等新柏拉圖主義者那裡繼承了「流溢說」(emanationism)。這是一種通過設定完美的超驗的原理而解釋實在的起源和結構的學說，它把世上萬物都看作是從某種完美、超驗的源泉那裡流溢出來的，流溢是無時間性的，並且不使其源泉有任何衰減，但隨著流溢過程的繼續，流溢出來的事物則越來越不完善。

---

❸　*ECW*, vol. IV, p. 41–46.

在普魯提諾那裡，最高的原理是超驗的，不可言說的，絕對簡單的，姑且名之為「一」。　它必然要流溢，就像熟透的果實必定會落地一樣。它首先流溢出「努斯」（理智、思想），大致相當於柏拉圖的「理念」；從思想又流溢出「普賽克」（靈魂、心靈、自我）；從心靈流溢出物質，後者在心靈的「燭照」之下，變成為物理世界。在愛默生這裡，作為流溢之源的是普遍、絕對的「超靈」，　世上其他的一切，包括無機物、植物、動物、人以及人的靈魂都是超靈的流溢，都是超靈貫通的渠道。

6.1.3　歐洲文學特別是浪漫主義文學

在這方面，愛默生常談到的作家有喬叟(G. Chaucer)、但丁(Dante)、拉伯雷(Rabelais)、蒙田(Montaigne)、塞萬提斯(Cervantes)、莎士比亞(Shakespeare)、本·瓊生(Ben Jonson)、彌爾頓(John Milton)、莫里哀(Moliére)、帕斯卡爾(Blaise Pascal)、歌德(Goethe)，以及他的同時代人卡萊爾、華茲華斯、柯勒律治等人，其中給他印象較深的是但丁、拉伯雷、蒙田、莎士比亞、歌德，後三人還屬於他選擇的六位代表性人物之列。

愛默生談到，當他剛走出大學校門時，偶然從他父親留下的藏書裡讀到了蒙田的隨筆集。「我至今記得我同它一起生活的快樂和驚奇。我覺得這本書好像是我自己寫的，前世寫的，它是那樣誠摯地對我的思想和經驗講話。」❹他並且高興地在其他文化名人如莎士比亞那裡發現了對蒙田同樣的喜愛。他以為，蒙田是一切作家中最坦白最誠實的一個，他的誠摯和精髓都流入他的文句裡；從來沒有一本書像他的隨筆寫得那樣自然，它把日常談話的語言移到一本書

❹　*ECW*, vol. IV, p.155.

裡。「割裂這些字句，它們會流血；它們是有脈管的，活的。」**❺** 他認為，蒙田所代表的懷疑論是有道理的，因為對習俗全盤進行質疑是每一個優越的心靈成長的一個必經階段，證實它觀察到了宇宙間那種在一切變化中依然保存它的本性的流動力。每一個優越的心靈都應知道怎樣利用我們天性中的抑止器與平衡輪，作為一種天然的武器，抗拒偏執的人與愚人的誇張與形式主義；也就是說，都應像蒙田那樣，保持一種理智的、平和的、聰穎的懷疑論態度，這種態度是我們生活在風浪中所需要的船，它是一件彈性鋼鐵織成的外衣，像前者一樣堅硬，像後者一樣柔軟，張弛有度，伸縮自如。愛默生是十分欣賞這位懷疑論者蒙田的。

談到莎士比亞時，愛默生贊譽說：別人的聰明是可以想像的，而他的聰明是難以想像的。一個優秀的讀者還可以略微鑽進柏拉圖的頭腦，從那裡進行思考；可是卻鑽不進莎士比亞的頭腦。就實幹的能力，就創造力而言，莎士比亞是獨一無二的，誰也別想超過他。他是與個人相容的敏感性的極致——最敏銳的作家，剛好在創作的可能的範圍之內。

愛默生所尊崇的同時代人華茲華斯、柯勒律治是英國浪漫主義文學的主將，是著名的「湖畔詩人」，他們又與更早發生的、並且持續時間更長的德國浪漫主義文學和哲學有千絲萬縷的聯繫，常在其著述中對後者加以推介。因此，愛默生通過他們獲悉了當時仍在進行中的歐洲浪漫主義文學和哲學運動，並在後來成為「美國哲學與歐洲浪漫主義之間的直接連環」。正如有論者提出的，歐洲浪漫主義始終把握著如下三個主題：

---

❺ *ECW*, vol. IV, pp.160–161.

⑴人生與詩的合一論，人生應是詩化的人生，而不應是庸俗的散文化；⑵精神生活應以人的本真情感為出發點，智性是否能保證人的判斷的正確是大可懷疑的。人應以自己的靈性作為感受外界的根據，以直覺和信仰為判斷的依據；⑶追求人與整個大自然的神秘的契合交感，反對技術文明帶來的人與自然的分離和對抗。在這些主題下面，深深地隱藏著一個根本的主題：有限的、夜露銷殘一般的個體生命如何尋得自身的生存價值和意義，如何超逾有限與無限的對立去把握超時間的永恆的美的瞬間。❻

從前面幾章的論述可以看出，愛默生的思想與這種浪漫主義是完全契合的，甚至他的某些具體表述也與某些浪漫主義先驅的表述驚人的相似。例如，他在著名的演說〈美國學者〉一開頭就指出，由於嚴格的社會分工造成人的異化，導致只有部分的、片面的人，而不見完整的人；例如只有農夫，而不是工作在田野裡的人等等。而我們在更早的德國哲學詩人荷爾德林 (Friedrich Holderlin, 1770–1843)那裡讀到：在德國，只看得見手藝人、思想家、教士，卻看不見人。每一個個體被困窘在一種專業範圍內，而在這個範圍內根本不能叫靈魂生存。在這個民族裡，沒有任何神聖的東西是不被褻瀆的，不被貶為可憐的隨隨便便使用的東西。現代人的無家可歸感，就是由於技術把人與大地分離開，把對神性的感知逐出了人的心房，冷冰冰的金屬環境取代了天地人神的四重結構。❼

---

❻　劉曉楓：《詩化哲學——德國浪漫美學傳統》，山東文藝出版社，1986
　　年版，頁11。

❼　參見《詩化哲學——德國浪漫美學傳統》，頁96。

6.1.4　德國唯心主義哲學

　　也是通過柯勒律治和卡萊爾等人，愛默生接觸到了德國唯心主義哲學，特別是康德、謝林(Schelling)、黑格爾、費希特(J. G. Fichte)等人的哲學。他的超靈世界與作為超靈之外化與顯現的現實世界的區分，與康德的可感可觸的現象界與抽象的超驗的物自體的世界的劃分，以及黑格爾的絕對理念與作為絕對理念之外化與顯現的實在世界的劃分，有著極其驚人的相似。如所周知，他所倡導的「超驗主義」，就其詞源來說，來自於康德的"transcendental"一詞，儘管是對後者的誤用；他還從康德、黑格爾那裡接受過來了關於「知性」和「理性」的區分，儘管他並不執著於這兩者的嚴格區分；他關於「萬物都是兩面的」、「到處都充滿補償」的論述，與黑格爾「萬物都包含相互矛盾、相互對立的兩個方面」的矛盾辯證法，有著一眼可看出的相似。他關於英雄人物以及「惡」在歷史上的作用的觀點，也明顯來自於黑格爾。也許由於他不諳德文，通常只是通過一些雜誌和二手文獻來接觸德國唯心主義，因此他對於後者有很多不精確的理解甚至故意的明顯的誤讀。但無論如何，他與德國唯心主義的密切關聯，是誰也無法否認的明顯事實。

　　愛默生對瑞典神秘主義哲學家斯維登堡也贊賞有加，並把他列為六位代表性人物之一。他這樣談到了斯維登堡：他極富想像力，卻又以數學家式的精確進行寫作。他曾經嘗試把一種純粹的哲學倫理嫁接到他生活的那個基督教社會中去。這樣的嘗試自然非常困難，是一種無論什麼天才也難以克服的困難。然而他看到並指出了自然與心靈情感之間的聯繫，揭示出這個看得見、聽得到、摸得著的物質世界所具有的象徵性、精神性特徵。他那偏愛陰暗色彩的冥思尤

其會活躍地詮釋自然界的低下現象。他顯示出那種將道德邪惡與惡劣物質連結在一起的神秘紐帶，並且用史詩般的寓言提出了一種關於瘋狂、野獸以及骯髒可怖事物的理論。

6.1.5 歐洲近代科學

從愛默生的講演和文字中可以看出，他在自然科學方面具有廣博的知識，對當時各門實證科學的進展及其成就是相當熟悉的，經常提到和徵引眾多科學家的名字和理論。這裡僅以〈斯維登堡，或神秘主義者〉一文中的一段話為例：

> 斯維登堡生在一個充滿了偉大思想的環境裡，……哈維已經證實了血液的循環，吉爾伯特已經證實地球是一個磁體。笛卡兒在吉爾伯特磁體說及其漩渦、螺旋和極性的指引下，使漩渦運動這一主導思想風靡歐洲，成了大自然的秘密。牛頓在斯維登堡出生的那一年，出版了《原理》，建立了萬有引力論。馬爾比基追隨希波克拉底、留基伯和盧克萊修的高超學說，強調了大自然在最渺小的事物中的活動……。斯瓦梅爾達、列文虎克、溫斯洛、歐斯塔斯、海斯特爾、韋塞留斯、布爾哈弗這一些無與倫比的解剖學家，在人體解剖和比較解剖學方面，沒有留下任何讓解剖刀或顯微鏡去揭示的東西。斯維登堡的同時代人林耐在他美妙的科學中正在證實「大自然總是像她自己」。最後，方法的崇高、原理的最廣泛的運用，已經被萊布尼茨和克利斯蒂安・沃爾弗在宇宙論中展示出來了；而且洛克和格勞秀斯已經引起了道德爭論。❽

---

❽　*ECW*, vol. IV, pp.101–102.

此外，愛默生時常提到或徵引的科學家還有哥白尼、伽利略、達爾文、道爾頓、培根等。他主要是通過當時的各種科學雜誌及其有關書籍獲得科學知識與科學觀念，並把它們運用到自己的講演與寫作中。也許正是由於受到達爾文進化論的影響，他的超驗主義哲學也肯定世上萬物的變化、運動過程是一個進化過程，是向著更好的方向演變的過程。他還利用當時的科學知識，論證他關於「整個世界是一個相互關聯的有機整體」的觀點。

6.1.6 東方思想

為了給他的超驗主義哲學尋求靈感，愛默生還把目光投向了東方異教世界。東方哲學的某些特質，如強調宇宙的整體性和一致性，人與自然的和諧，倫理型和審美型的致思傾向，綜合型和直觀型的認知方式，沉思的氣質等，與他的超驗主義預期一拍即合，觸發了他對東方思想的濃厚興趣。他在這方面涉獵和研讀了印度吠陀、印度教、摩奴、瑣羅亞斯德❾、波斯詩歌和中國儒家。印度的宗教哲學無疑最合他的心意，它們不同於儒家，不是把重點放在人類社會，而是傾向於出世，企圖超越塵世苦樂；婆羅門教和印度教也確實更具有他所追求的超驗性。愛默生在1840年7月18日給一位友人的信中，描述了他對《吠陀》的入迷程度：

> 在這昏昏欲睡的酷暑天裡，我無所事事，只有讀《吠陀》，這熱帶的聖經。我發現自己每隔三四年就要重讀一次。它崇高

❾ 瑣羅亞斯德（Zoroaster, 西元前628–前551），古代波斯的宗教先知，瑣羅亞斯德教的創始人。

如炎熱，如夜晚，如屏息的大海。它包含著逐個拜訪了這些高尚而詩意的心靈的一切宗教情緒，所有偉大的倫理。……想擱下這本書是徒勞的：我若呆在林子裡，或置身湖上小舟，大自然馬上便將我變成一個婆羅門：永恆的需求，永恆的補償，深不可測的力量，持續的沉默──這便是她的教義。她對我說，安寧，純潔，徹底解脫──這些苦行懺悔可以贖去一切罪孽，將你帶到「天龍八部」的極樂真福。❿

愛默生所讀的有關中國的第一本書很可能是《長生鳥》，這是一本出版於1835年的小書，副標題為《古代精品拾零》。內分八章，論述了八位中國古代思想家的智慧，第一章介紹孔子，是全書的重點。1836年愛默生開始認真對待孔子，從此一直保持對中國古典的興趣。他先讀了喬舒亞・馬什曼譯的《孔子》（1809年版），並在日記和筆記本中抄錄了好幾十段，後來從中選出二十一段刊在《日晷》1843年4月號上，題目是〈各族聖經：孔子語錄〉。1843年，愛默生又得到了戴維・利科譯的《中國古典：通稱四書》，並親切地稱它為「我的中國書」。此書不僅提供了更好的孔子版本，而且第一次介紹了孟子。對愛默生來說，孟子是全新的靈感源泉。同年《日晷》10月號上，又刊載了長達六頁的「四書」語錄。1867年，愛默生還讀了詹姆斯・萊格譯注的《中國古典》中的兩冊，如此等等。⓫

　　一個人的閱讀和知識範圍，會影響到他的思想的廣度和深度。

---

❿　*Selections From Ralph Waldo Emerson*, ed. by Stephen E. Whitcher, Houghton Mifflin Company, Boston, 1960, p. 144.

⓫　《東方思想》這一大段據錢滿素：《愛默生和中國》一書中所提供的有關材料寫成，特此說明。

孤陋寡聞的天才世所罕見，特別是在哲學、人文科學、社會科學領域。愛默生在談到柏拉圖時就曾指出：一個偉人具有巨大的親和力，他把一切藝術、科學，一切知識，當作食物吞進肚裡，什麼東西他都饒不掉，任何東西他都能處理。也正因為如此，才成就了偉人的強碩、寬廣、雄奇和偉大。愛默生本人就是這樣的一位偉人。

6.2　愛默生哲學的特質

在這一節，我要給愛默生哲學「貼標籤」，也就是要揭示和說明它的各種特質，並給之以適當的評價。有人抱怨說愛默生是個沒有標籤的人，其實說他身上有太多的標籤也許更為準確。很難把他歸入某個單純的類別裡去。論職業，他先是一位牧師，爾後則是講演人。說他是哲學家，總讓人感受到文學家的影子；說他是文學家，但字裡行間明明顯現著一個哲學家的形象，甚至是一位道德說教者；他還是一個不折不扣的社會評論家，曾被稱為激進黨人，但在文章裡卻拐彎抹角地為日漸沒落的保守黨人辯護。對於愛默生哲學，情形也許要稍為單純一些，但我也為它準備了一堆標籤：超驗主義、唯心主義、個人主義、人文主義、樂觀主義、實驗主義等等。

6.2.1　超驗主義

超驗主義無疑是愛默生哲學的第一大特點，他本人還發起和領導了一場超驗主義運動。不過，這裡的「超驗主義」主要指它的先於、超越於感官經驗，抽象的且有些神秘的性質。這種超驗特質主要體現在兩點：一是在愛默生哲學中居於核心地位的「超靈」，本身是一抽象的超驗的存在：它無形無質，沒有任何具體的限制，因

而一切度量單位如時間、空間在它身上失去效用；但它又彌漫、滲透、遍及一切事物之中，是萬物的起源、歸宿、本質及發展的動力。它把整個宇宙，包括無機物、植物、動物以及具有靈魂的人都作為自己的外化和顯現，它是世上萬物隱而不顯的統帥者、支配者；儘管看不見、摸不著，卻又無所不在、無所不能。二是認識和把握「超靈」、進入真善美之域，不能憑藉感官經驗的日積月累，而只能憑藉神秘的直覺或直觀，通過內心反省和面向自然，來領承天啟，獲得突至的靈感、洞明一切的頓悟，由此豁然開朗，進入終極、絕對、真實的價值世界。這種超驗主義使愛默生哲學中有很多神秘主義的成份和意謂。

6.2.2　唯心主義

超驗主義是一種唯心主義，因為作為萬物之本原、始基與歸宿的「超靈」是一個精神性的存在。根據愛默生的對應學說，詞語是自然事實的象徵；在特殊的自然事實背後隱藏的是特殊的精神事實；在個別的心靈後面隱藏的是普遍的心靈；在個別的靈魂後面隱藏的是普遍的創造的靈魂，即所謂的「超靈」。在愛默生那裡，超靈只不過是心靈、精神、理性、靈魂、上帝等等的同義語，它類似於柏拉圖哲學中的「理念」、黑格爾哲學中的「絕對精神」。因此，愛默生的超驗主義是一種客觀唯心主義，而不是貝克萊的「存在就是被感知」、中國王陽明的「吾心便是宇宙，宇宙便是吾心」之類的主觀唯心主義，實際上愛默生還不時對後者予以批判。而愛默生之所以要採納客觀唯心主義立場，就是因為在他看來，唯物主義不能說明感覺知識的可靠性，不能達至事物的本來狀態，不能說明或乾脆放棄對人類社會中真正有價值的東西、崇高而神聖的東西——真、

善、美的追求，還不能說明對於人來說至關重要的個人的自立自助何以可能；而主觀唯心主義卻把物質世界歸之於人的觀念或感覺，最終會將其歸於虛無或虛幻；但他的超驗主義卻克服了這兩者的缺點，它一方面能夠說明和確保真善美的價值世界的存在，同時又能承認和接納物質世界在一定程度上的客觀存在。但在我看來，這種超驗主義哲學作出了一個永遠無法證實或也無法證偽的預設——超靈，它逃避一切檢驗和測試，形同「虛無」，因而去掉這個虛無也沒有關係，世界並不因此有所減少或增加。而這就表明了「超靈」這個終極預設的空洞性和無效性。

6.2.3 個人主義

如果說超驗主義是愛默生哲學的形而上特徵，那麼個人主義則是它的帶有塵世色彩的特徵，是它的另一個最突出的特徵。愛默生哲學的個人主義表現在它始終一貫強調作為個人的無限性與個人的自立與自助，它甚至給這種個人主義以形而上學或神學的基礎和論證。既然世上萬物（當然包括每一個人）都是完美的超靈的化身與顯現，都是天國貫通的渠道，因而每個人內在地都包含著神性，都是同樣高貴、神聖、平等的，都是一尊偉大而聖潔的神。只不過每個人在現實社會中，其內在神性被各種障礙物，如社會、團體、歷史、傳統、習俗、權威、書籍、偶像崇拜以及各種錯誤觀念所遮蔽和摧殘，因此每個人所應做的就是勇敢地袪除一切遮蔽，擺脫一切禁錮，讓自己內在的神性發揚光大，成為自信、自立、自助的頂天立地的個人。只有在這種健全的個人主義的基礎上，才會有理想聯合的沃土。因此，愛默生的個人主義同時也意謂著某種民主主義。他對各種束縛、禁錮、限制個人的自立自助的因素進行了無情的批

判，對於社會、團體、民眾、政府等等抱有本能的不信任，他力主打破團體、民眾的堅殼，從中抽引出自立自助的個人來。明顯可以看出，這裡所謂的「個人主義」，並不是通常所謂的「只顧自己、不顧他人、自私自利」的自我主義。

6.2.4　人文主義

馮・賴特指出：「人文主義是對於人和事物、而不是對科學的一種態度。很難、也許不可能給『人文主義』下定義。人文主義經常、但不必然是一種世俗（非宗教）的態度：它把人而不是把神置於世界的價值中心。人們也許可以說，人文主義關注於人的好。容忍是至關重要的人文價值。啟蒙時代的人文主義倡導人的『自由、平等和博愛』；文藝復興時期的人文主義更傾向於個人主義。」❷ 按照對人文主義的這樣一種理解，愛默生無疑是一位人文主義者，他始終一貫地強調個人的優先性、中心性和神聖性，反對任何宗教、社會制度、法律、機構等等對個人自主權的侵犯和吞食。他把上帝徹底精神化了，使它與柏拉圖的「理念」和黑格爾的「絕對精神」如出一轍，因而反對任何把上帝人格化或界定上帝的做法。在他眼裡，上帝只不過是一個比現實中的道德楷模更加完美的楷模罷了，耶穌基督更是如此，在某些方面他甚至不如蘇格拉底偉大。與歷史基督教把耶穌偶像化的做法相反，他極力主張把耶穌當作一位平民，讓他的生命和語言保持原樣，讓它們充滿生氣和溫暖，成為人類生活、風景和歡樂時光的一部分。基督教應該引導人走向他自己，服從他自己，成為獨立自助、自尊自信的個體；而不是使人遠離他自

---

❷　陳波：〈邏輯、哲學與維特根斯坦——訪馮・賴特教授〉，《哲學動態》1998年第2期，頁30。

己，使他成為一名隨從、僕役、空殼和僵屍。於是順理成章地，他把宗教的起源和實質都歸結於人趨善畏惡的道德情感，把宗教本身看作只不過是人的責任體系、道德體系，起著維護每個人的道德良知和整個社會的道德秩序的作用。總之，在愛默生那裡，神或上帝退隱了或被空殼化了，人的地位上升了，人成為這個世界的主人和中心。

6.2.5　樂觀主義

樂觀主義確實是愛默生哲學的基調，以致有人抱怨愛默生「只聽得見理想化了的聲音」， 在20世紀中葉把他視為看不見罪惡、不食人間煙火的盲目樂觀的人一度成為時尚，從而使他的聲望在當時急劇下降。但情形並非如此。根據他的補償學說，萬物都有兩面，好壞參半，善惡並行；特別是在他的中晚年，他更多地感受到了生活中各種否定性、限制性因素的存在，以致作出了「自然之書是命運之書」的斷語。但是，他對這個世界總的看法仍是樂觀的，對人類的未來也充滿了信心。這是基於三點：⑴作為造物主的上帝的本性是絕對仁慈的，他是靈魂、理性、精神、心靈、正義、真理、愛、美、自由、德性、公正等等的同義語，他以「一種盡善盡美的公正，在生命的各個部分調整平衡。」 因此，儘管這個世界上有專橫跋扈之徒、富強幸運之輩，但補償法則的平衡機制卻始終維繫著這個世界大致的和諧與均衡。⑵補償、兩面只是表面世界裡的現象，而在上帝、超靈的世界裡，在真善美的價值世界裡，卻沒有兩面、沒有補償：

靈魂不是一種補償，而是一種生命。靈魂存在著。事態猶如

洶湧的大海，海水以完美的平衡漲落。在這個大海下面，有
真正存在的原始深淵。本質，或者上帝，不是一種關係，也
不是一個部分，而是整體。存在就是巨大的肯定，排除了否
定，有自我平衡，把所有的關係、部分和時間都納入體內。
自然、真理、德性就是從那裡流溢出來的。惡則是存在的缺
席和背離。虛無、假也許確像茫茫黑夜或巨大的陰影，活的
宇宙把它作為背景，在它上面把自己描畫出來，但沒有事實
是由虛無產生的；它起不了作用，因為它不存在；它不能行
什麼善，也不能造任何孽。它就是孽本身，因為不存在劣於
存在。❸

(3)儘管在現象世界裡存在假醜惡，但這個世界總體上是向善的，始
終在向上、向前發展著、進化著，在發展進化的過程中，假醜惡將
逐漸減少，真善美將不斷增加，整個世界將變得更加合理，更合乎
人性和理想。正因如此，愛默生在總體上始終是一位樂觀主義者，
他的哲學的主旋律就是樂觀主義。

　　除了上面這些主要特質之外，還可以給愛默生哲學貼上其他一
些標籤，如浪漫主義、神秘主義、實驗主義等等。浪漫主義是一個
含義豐富、很難定義清楚的詞，在這裡它主要指18世紀末19世紀初，
首先在德國，繼而在英、法、美以至全歐洲，出現的一股強大的思
潮，甚至表現為一場哲學和文學運動。這種浪漫主義的旨趣始終在
於：終有一死的人，在這白日朗照、黑夜漫漫的世界中究竟從何而
來，又要去往何處？為何去往？有限的生命究竟如何尋得超越，又
在那裡尋得靈魂的歸依？如前所述，愛默生構成美國哲學與歐洲浪

❸ *ECW*, vol. II, p. 116.

漫主義之間的直接連環。愛默生哲學的神秘主義表現在：作為世界
萬物的本原、始基和歸宿的超靈就是一個難以述說清楚的神秘；從
超靈如何派生出這個繁複多樣的大千世界，是另一個神秘；認識超
靈這個神秘，我們只能憑藉神秘的手段：直覺、啟示、靈感、頓悟，
……如此等等。關於愛默生哲學的實驗主義，例如他曾指出，自然
是以效用(use)學說來教育人的；就是說，一個事物是好的僅僅因為
它有用。各個方面，各種努力協力促成一個目標的達到，這對於每
個人來說都是必需的。他還曾說到，所謂好的就是有效的、有生產
力的，能為它自己創造出房屋、食物和同盟者；一切好的東西總是
有再生產能力的。他還自稱僅僅是一個實驗者、探求者，等等。正
是這些實驗主義、工具主義成份，使愛默生對美國實用主義哲學大
師詹姆士、杜威產生了一定程度的影響，在某種意義上成為實用主
義哲學的先驅。

6.3　愛默生哲學的影響

　　關於愛默生及其哲學的地位和影響，《美國百科全書》說道：「愛
默生是第一位在國內和國外都發揮了廣泛而深遠影響的美國思想
家。當他去世之時，在這個星球的每一個角落都公開承認他的道德
和詩歌天才，與這種承認一起還產生了這樣一種感覺：在某種程度
上受那一群傑出人物 —— 富於思想、具有魅力、喜歡想像和擅長雄
辯的男人和女人們，他們在愛默生生前或遲或早地追隨其左右 ——
的影響，已經形成了一個明顯的愛默生思想派別。」⓮《劍橋哲學辭

⓮　*Encyclopedia Americana*, New York: Americana Corporation, 1966,
　　vol. X, p. 287.

典》則指出：「愛默生思想的影響跨越了階級、種族與派別。像詹姆士，尼采，惠特曼，普羅斯特，格特魯德・斯坦因，羅伯特・弗羅斯特，弗朗克・洛伊德・賴特，Ｆ・Ｌ・奧爾姆斯特德和Ｗ・斯特文斯等如此不同的思想家都屬於從愛默生那裡受惠很深的人。並且，正是杜威最好地把握了愛默生的不朽遺產，他寫道：『愛默生哲學最重要的話語就是沒有限制、無法刪削的存在與性格的同一。』」❶ 這些評價儘管多少有點誇大的成份，但基本上是可以成立的。

在愛默生生前，他的聲譽日隆，到中晚年時已是一位世界著名的人物了。早年作為佈道的牧師，他的講演才能就為他在一個不大的圈子內贏得聲譽。超驗主義運動是美國的一次文藝復興運動，而這一運動是與愛默生的名字連在一起的，他作為這個運動的精神領袖，在其周圍聚集了一大批志同道合者，時常在他家裡聚會討論，辦雜誌，作講演，推行各種試驗或運動。他的《隨筆：第一輯》和《隨筆：第二輯》在英法獲得好評，使他的影響第一次跨出了美國國界，於是有1847–48年的歐洲之行，他此行在英國所受到的各種禮遇，甚至引起卡萊爾夫人的嫉妒。隨後是在美國國內也贏得了廣泛的聲譽，應邀在全國範圍內到處講演，最多時一年達八十次。並且到晚年時，美國終於給她最偉大的兒子之一以很多榮譽。1863年，被任命為一委員會成員，考查美國西點軍校的水準；1864年，當選為新成立的「美國藝術科學院」院士；1866年，這位因發表〈美國學者〉和〈神學院高級班致辭〉兩次演說而被禁止登上哈佛講壇達三十年之久的「逆子」，終於得到母校的認可與接納，被授予哈佛

---

❶　*The Cambridge Dictionary of Philosophy*, ed. by Robert Audi, Cambridge University Press, 1995, p. 222.

大學榮譽法學博士學位，並於次年當選為該校學督，開始忙於大學
事務。愛默生是在獲得舉世的認可與贊譽後去世的。

　　作為哲學家，關於愛默生的重要性存在不同看法。有人說他只
不過是一個詩人和神秘主義者，因為他沒有代表性的系統哲學，有
人則說他是早期美國哲學史、甚至是整個美國哲學史上的大哲學家。
有人指出，早期美國哲學經歷了三個大的階段，即宗教、政治和文
學。清教代表了宗教方面的一個階段，在這個時期中，哲學完全是
在神職人員的掌握下。所以，美國哲學活動的最早格式是神學，一
再說明人是生活在一個以神為中心的宇宙中。啟蒙運動代表有政治
色彩的一個階段，在這個時期中，哲學是由政治家操縱。這第二種
哲學格式是以社會學為主。最後，超驗主義代表早期美國哲學的文
學格式，在這個時期中，哲學是由詩人指揮，這格式完全滿足浪漫
的色彩，力求使人脫離各種限制，把人看作是一個完全自力更生而
有創作性的個體。「愛德華茲、杰佛遜、愛默生是早期美國思想界這
三種較大潮流的發言人。他們代表了早期美國知識生活的高點 ——
愛德華茲是一位神學家兼哲學家，杰佛遜是一位政治家兼哲學家，
愛默生是一位詩人兼哲學家。」 ⓰ 如本書第一章末尾曾引述過的，
美國實用主義哲學大師杜威稱，愛默生是「屬於新世界的一位公民，
他的名字適於與柏拉圖的名字在同樣廣的範圍內傳誦。」 杜威把愛
默生看做一名經驗哲學家，一位「理念論者」， 他把理念的東西不
是歸諸於實在，而是歸諸於它們在人類生活中的起源。杜威還認為，
當時正在開始的新世紀將明確揭示出：愛默生不僅是一位哲學家，
而且是「民主的哲學家」。 美國著名哲學家桑塔亞那則認為，如果

⓰ 參見 Guy W. Stroh, *American Philosophy from Edwards to Dewey: An Introduction*, New York, 1968, p. 7.

說愛默生不是第一等的星體，那麼他確實是「哲學天空上的一顆恆星」，而且是唯一的美國恆星。另一位美國哲學家羅伊斯宣稱：有三位代表性的美國哲學家，各自對美國文化的不同階段給出了經典表述，他們是愛德華茲、愛默生和詹姆士。許多人則把愛默生視為美國迄今為止產生過的最偉大的思想家之一。我本人基本上持有類似看法，愛默生構築了一套以「超靈」為核心，以「個人的自立自助」為基調的超驗主義哲學，作為美國特色的個人主義、實用主義、民主主義等等，都可以在他那裡找到淵源，他的許多思想對於長期浸淫於封建專制的思想及體制中的中國人，仍具有某種思想解放作用。

愛默生在美國哲學史甚至整個歐洲哲學史上都產生了廣泛而又深刻的影響，許多著名的哲學大師都曾受到愛默生哲學的熏陶，包括尼采、柏拉森、詹姆士、杜威等人，已經出版了不少專門著作探討愛默生對這些人的影響及其承接關係。例如，1958年出版休巴德(S. Hubbard)的《尼采與愛默生》一書；1990年出版的哥德曼(R. B. Goodman)的《美國哲學與浪漫傳統》一書，則探討了愛默生、詹姆士、杜威與歐洲浪漫哲學傳統的關聯以及他們之間的承接關係。這裡僅以詹姆士為例，他的父親亨利・詹姆士(Henry James)是愛默生的好友和超驗主義同道，一起組織「星期六俱樂部」，常在一起交談、討論，兩人也常到對方府上拜訪。因此，威廉・詹姆士從小就與愛默生本人相熟，並深受後者的思想影響。在愛默生誕生一百週年之際，他重讀了《愛默生全集》，發表了一個紀念演說，著重闡述了愛默生關於個人的優先性、中心性與神聖性的見解，稱他是「真正的先知」❼。

---

❼　William James, *Essays in Religion and Morality*, Harvard University

愛默生哲學是一種文學意味和浪漫色彩極濃的哲學，並且他的某些隨筆和詩歌也可以位列文學珍品，他本人更享有「詩人哲學家」的美譽。因此，愛默生在美國文學史上也產生了十分重要的影響。在他之前，美國文學中雖然也出現了庫柏 (J. F. Cooper)、歐文 (R. Owen) 等表現美國生活的作家，但在文化生活中占統治地位的還是英國的「舶來貨」。 出版物多是英國書籍的再版，許多生活在美國的作家也沒有植根於美國的生活和人民的情感，寫作上仍套用別國的模式。在美國文藝復興時期，獨立的美國文學第一次呈現出一派繁榮的景象，湧現出梭羅、霍桑、麥爾維爾、惠特曼這樣的文學巨匠；寫出了《沃爾登湖》、《紅字》、《白鯨》、《草葉集》這樣一批代表獨立的美國文學的作品。它們不論在內容還是形式上都更強烈地反映了美國資本主義上升時期的民族特點和精神。而愛默生則對這一代作家有重要影響，他們大都聚集在愛默生周圍，是他的超驗主義同道或追隨者。這裡僅以愛默生與梭羅、惠特曼的關係為例。

梭羅比愛默生年輕14歲，他一生中有許多重要事件是與後者聯在一起的。就在1837年8月他從哈佛學院畢業的第二天，愛默生在哈佛發表了那篇著名的〈美國學者〉的講演。儘管沒有證據表明梭羅聽了這次講演，但是在那個時代的人中間，如愛默生在講演中呼籲人們去做的——把對本國問題的思考和獨創精神結合起來，睜大眼睛看看腳下的土地，同時也放開目光看看全部歷史——沒有誰比梭羅做得更好了。梭羅領悟到愛默生用更具有理論色彩的文字贊美的自然的神秘，並身體力行地把愛默生的理論體現在他那獨特的生活方式與散文文體中，始終不懈地觀察著康科德的大自然。1841年春天，愛默生邀請梭羅入戶並提供食宿，作為他管理花園和在家中

Press, 1981, p. 69.

打雜的報酬；1843年春天，為他在斯塔騰島找到工作；1845年，允許梭羅在沃爾登地產上搭建小屋，這為他後來的傳世之作《沃爾登湖》提供了基礎，……如此等等。以致詩人洛威爾批評梭羅只不過是在愛默生的果園裡撿拾被風吹落的蘋果，這種評價當然言過其實，但梭羅是愛默生的弟子這一點卻得到公認。正像處於同一智力水準的人難以相處一樣，他們兩人的關係越到後來越趨疏遠，這有他們各自的日記為證。

　　惠特曼在《草葉集》發表之前雖然沒有見過愛默生，卻讀過他的許多作品，從中受到激勵，唱出了「我贊美我自己，歌唱我自己」的〈自己之歌〉。正如惠特曼本人所說：「我不斷地冒著熱氣，愛默生則使我達到沸騰的程度。」1855年《草葉集》初版問世時，惠特曼專門給愛默生寄去一冊。當時，這本詩集並沒有引起人們多少重視，銷路也不大。愛默生卻從中看到美國一代詩風的萌芽，在給惠特曼的信中給以極大的贊揚：「我充分了解惠贈《草葉集》的價值，並視其為美國迄今為止寫出的最具有獨特才氣的作品。」❸愛默生的鼓勵消除了惠特曼出師不利的沮喪。一年後，修改充實了的《草葉集》第二版問世，書後附了愛默生致惠特曼的信和惠特曼的公開復信以後，《草葉集》又再版多次，由十幾首詩的小冊子發展成三百多首詩的洋洋大作，展開了美國19世紀社會生活和思想的畫卷；而愛默生不能不被看作是在這叢茂盛的草葉還是小草時，就對它加以扶植的人。不過，惠特曼公開發表愛默生復信的做法，未經愛默生本人同意，引起他的不快；並且，1860年愛默生勸說惠特曼緩和《草葉集》中「性因素」的調子時，也未獲成功。所以，愛默生後來編

---

❸　參見《惠特曼精選集》，李野光編選，山東文藝出版社，1997年，頁667。

輯他所喜愛的詩歌選集時，未收入惠特曼的作品，惠特曼對此耿耿於懷。

實際上，愛默生還對後世的其他一些作家，如弗羅斯特(Robert Frost)和舍伍德・安德森(Sherwood Anderson)等人也產生了重要影響。當我念博士學位期間，「英語聽力課」由一位治美國文學史的美國教師上，他把一門英語聽力課變成了一門美國文學史課，並把一門美國文學史講成了愛默生思想的影響史。也正是在這門課上，我第一次接觸到愛默生的一些作品，產生了對愛默生的興趣，這也就是本書的由來。

綜上所述，愛默生是一位在哲學、文學等多方面產生了廣泛而深遠影響的美國文化聖哲。

愛默生年表

1803年

5月23日生於美國馬薩諸塞州波士頓。父母都是英國後裔，父親為唯一神教牧師；生有八個孩子，愛默生排行第四。

1811年

父親病故，年僅42歲。留下五個男孩。

1812年

入波士頓公立拉丁文學校；開始作詩。

1817-21年

入哈佛大學學習。靠打雜幫工和假期教學支付費用。開始記日記。因講演和寫作有關蘇格拉底及道德哲學的文章而獲獎。畢業時，在全班五十九人中名列第十三名。

1821-24年

在其兄威廉開辦的女子學校任教，並在威廉去德國學習神學期間管理學校。

1822年

在唯一神教評論刊物《基督徒》上匿名發表第一篇文章〈論中世紀宗教〉。

1824年

決心致力於神學研究，並希望做牧師。

1825-26年

關閉其兄開辦的學校。入哈佛神學院中級班學習，因眼疾中斷。重操教業，並獲准講道。

1826-27年

健康不佳。在叔父資助下，乘船去南卡羅來納州的查爾斯頓、弗羅里達州的聖奧古斯丁島度假，並與拿破侖的外甥阿希爾・繆拉建立友情。

1827年

重入哈佛神學院，並獲神學學位。講道時遇到愛倫・路易莎・塔克。

1828年

被選為全美大學優等生榮譽協會會員。12月，與愛倫・塔克訂婚。

1829年

被聘為波士頓第二教堂的初級牧師。9月，與愛倫結婚。

1831年

其妻愛倫因患肺病辭世，年僅19歲。

1832年

要求改革聖餐儀式，遭拒絕後辭去牧師職務，作〈聖餐儀式〉的佈道。乘船去歐洲。

1833年

在意大利、法國、英國等歐洲國家遊覽，並會見沃爾特・蘭多、約翰・穆勒、柯勒律治、華茲華斯和卡萊爾等歐洲文化名人，並與卡萊爾建立終身友誼。10月回到美國，以後主要

以講演為生。

1834年

在波士頓做關於博物學的講演並佈道。得到愛倫的一半遺產，約11600美元。搬回老家康科德。其弟愛德華病逝。

1835年

在波士頓做關於偉人生平和英國文學的系列講演。花3500美元在康科德買下一幢房子，成為此後他與家人共享四十多年的故宅。與莉迪婭‧杰克遜訂婚並結婚。

1836年

其弟查爾斯病逝。瑪格麗特‧福勒來訪，組織非正式小組，即後來所謂的「超驗主義俱樂部」，活動持續到1843年。9月，匿名出版第一本綱要性質的小冊子《論自然》。10月，兒子沃爾多出生。冬季做「歷史哲學」系列講演。

1837年

得到愛倫的另一半遺產；遺產總數達23000美元，提供了約1200美元的年收入。8月，在全美大學優等生協會哈佛分部作題為〈美國學者〉的講演，引起轟動。冬季舉辦「人類文化」講座。

1838年

4月，向范‧布倫總統寫公開信，抗議把切諾基印第安人逐出故土。7月15日，在哈佛發表〈神學院高級班致辭〉，引起軒然大波，以後三十年內被禁止登上哈佛講壇。與梭羅建立友情。冬季舉辦「人類生活」系列講座。

1839年

做最後一次佈道。女兒艾倫出生。

1840年

與福勒共同出版超驗主義刊物《日晷》。拒絕加入超驗主義者的烏托邦試驗──布魯克農場。

1841年

《隨筆・第一輯》出版,並在倫敦和巴黎贏得好評,奠定了國際性聲譽的基礎。女兒伊迪絲出生。發表〈自然的方式〉的講演,冬季舉辦「時代」講座。

1842年

愛子沃爾多患猩紅熱去世。在福勒辭職後,繼任《日晷》編輯。

1844年

《日晷》最後一期出版。兒子愛德華・沃爾多出生。《隨筆・第二輯》出版。反對併吞當時屬墨西哥的得克薩斯,抨擊西印度的奴隸制。

1845年

冬季發表「代表性人物」系列講演。

1846年

《詩集》出版。

1847–48年

應邀到英國各城市發表系列講演,並與歐洲社會和文化名人廣泛交往。赴巴黎目睹了法國大革命的情景。7月下旬乘船返回波士頓。

1849年

《論自然、演說詞與講演錄》出版。發表有關英國的系列講演。

1850年

    《代表性人物》出版。發表題為「生活的準則」的系列講演。

1851年

    發表反對《逃亡奴隸法》的演說，積極參與廢奴主義運動。

1852-53年

    母親去世，享年84歲。

1854年

    西部旅行演說。

1855年

    在波士頓、紐約、費城等地發表演說反對奴隸制。寫信給惠特曼，贊揚《草葉集》。

1856年

    《英國特色》出版。

1857年

    會見激進的廢奴主義者約翰・布朗。

1859年

    弱智的弟弟巴爾克利去世，時年52歲。

1860年

    《生活的準則》出版。南北戰爭爆發。

1861年

    發表廢奴演說時遭攻擊，中途退席。

1862年

    在華盛頓發表題為「美國的文明」的講演，並與林肯談話。梭羅病逝，在其葬禮上致悼詞。

1863年

姑母瑪麗去世，享年89歲。被任命為一委員會成員，考查美國西點軍校的水準。在中西部發表講演。

1864年

當選為新成立的「美國藝術科學院」院士。發表題為〈美國人的生活〉和〈共和國的命運〉的講演。

1865年

南北戰爭結束。林肯遇刺身亡，發表講演悼念林肯。全年講演達七十七次。女兒伊迪絲與鐵路大王之子威廉・福布斯訂婚。

1866年

獲得哈佛大學榮譽法學博士學位。

1867年

詩集《五朔節及其他篇章》出版。被任命為哈佛學院學督。全年講演達八十次。兩次去西部旅行，達至明尼蘇達和衣阿華。

1868年

其兄威廉去世。

1870年

《社交與獨處》出版。在哈佛發表題為「智力的自然史」的系列講演。

1871年

在約翰・福布斯的安排下，去加利福尼亞州旅行。

1872-73年

康科德故宅失火被毀。10月，在女兒艾倫陪伴下，第三次赴歐洲旅行，訪問了意大利、法國、英國、埃及、希臘。次年

5月返回康科德，住宅已在朋友們的資助下修葺一新。

1874年

編輯的他人詩歌選集《詩集》出版。

1875年

停止寫私人日記。《文學與社會目標》出版。

1876年

編輯的他人詩歌選集《詩選》出版。

1882年

4月27日在康科德故宅安然去世，享年78歲。

參考文獻

I.愛默生的著作

New and Complete Copyright Edition of The Works of Ralph Waldo Emerson, Riverside Edition, ed. by J. Elliot Cabot, 12 vols. London: George Routeledge and Sons, Limited, 1903–04.

vol. I, *Nature, Addresses and Lectures*

vol. II, *Essays, First Series* (1841)

vol. III, *Essays, Second Series* (1844)

vol. IV, *Representative Men* (1850)

vol. V, *English Traits* (1856)

vol. VI, *The Conduct of Life* (1860)

vol. VII, *Society and Solitude* (1870)

vol. VIII, *Letters and Social Aims* (1875)

vol. IX, *Poems*

vol. X, *Lectures and Biographical Sketches*

vol. XI, *Miscellanies* (1884)

vol. XII, *Natural History of Intellect and Other Papers* (1893)

The Complete Works of Ralph Waldo Emerson.Centenary Edition. ed. by Edward Waldo Emerson. 12 vols. Boston and New York: Houghton Mifflin Company, 1903-04.

（這是一個更標準和更通用的版本，因赫爾辛基大學圖書館沒有此一版本，只有前面所列的版本，因此本書寫作主要依據的是前一版本。對於一本關於愛默生哲學的導論性著作來說，各種版本之間的細微差別幾乎可以忽略不計。）

The Journals and Miscellaneous Notebooks of Ralph Waldo Emerson, ed. by William Gilman et al. 16 vols, Cambridge, Mass.: Harvard University Press, 1960-82.

The Letters of Ralph Waldo Emerson. Ed. Ralph L. Rusk. 6 vols. New York: Columbia University Press, 1939.

《愛默生集：論文與講演錄》，上下卷，吉歐・波爾泰編，趙一凡等譯，趙一凡校；生活・讀書・新知三聯書店，1993年。

《自然沉思錄》，R. W. 愛默生著，博凡譯，上海社會科學院出版社，1993年。

《愛默生作品集》，張愛玲譯，廣州花城出版社，1997年。

II.第二手文獻

Abel, Darrel, ed. *Critical Theory in the American Renaissance.* Hartford, CT: Transcendental Books, 1969.

Albee, John. *Remembrances of Emerson.* New York: Robert Grier Cooke, 1901. Rev. ed. 1903.

Alcott, Amos Bronson. *Ralph Waldo Emerson:An Estimate of His*

Character and Genius in Prose and Verse. 1882; Rpt. New York: Haskell House, 1968.

Allen, Gay Wilson. *Waldo Emerson: A Biography.* New York: Viking, 1981.

Ando, Shoei. *Zen and American Transcendentalism,* Tokyo: Hokuseido, 1970.

Asselineau, Roger. *The Transcendentalist Content in American Literature.* New York: New York UP, 1980.

Barbour, Brian M., ed. *American Transcendentalism: An Anthology of Criticism.* Notre Dame: U of Notre Dame P, 1973.

Berry, Edmund G. *Emerson's Plutarch.* Cambridge, MA: Harvard UP, 1961.

Bishop, Jonathan. *Emerson on the soul.* Cambridge, MA: Harvard UP, 1964.

Bode, Carl, ed. *Ralph Waldo Emerson: A Profile.* New York: Hill and Wang, 1969.

Boller, Paul F., Jr. *American Transcendentalism, 1830–1860: An Intellectual Inquiry.* New York: Putnam's, 1974.

Bolton, Sara Knowles. *Ralph Waldo Emerson.* 1889. Rpt. Folcroft, PA: Folcroft Lib. Eds., 1972.

Boswell, Jeanetta. *Ralph Waldo Emerson and the Critics: A Checklist of Criticism, 1900–1977.* Metuchen, NJ: Scarecrow, 1979.

Brooks, Van Wyck. *The Life of Emerson.* New York: Dutton, 1932.

Buono, Carmen Joseph Dello, ed. *Rare Early Essays on Ralph Waldo Emerson.* Norwood, PA: Norwood, 1979.

Burkholder, R. E., and Joel M. eds. *Critical Essays on Ralph Waldo Emerson*. Boston: Hall, 1983.

Burrows, H. *Emerson's Centenary: His Thought and Teaching*. London: South Place Church, 1903.

Cameron, K. W. *Emerson the Essayist: An Outline of his Philosophical Development through 1836 with Special Emphasis on the Sources and Interpretation of " Nature"*. 2 vols. Raleigh, NC: Thistle, 1945. Rev. and rpt. Hartford, CT: Transcendental Books, 1972.

Cameron, K. W. *Emerson's Workshop*. 2 vols. Hartford, CT:Transcendental Books, 1964.

Carpenter, F. I. *Emerson Handbook*. New York: Hendricks House, 1953. Rpt. 1967.

Cary, E. L. *Emerson: Poet and Thinker*. New York: Putnam's, 1904.

Clare, Maurice. *A Day with Ralph Waldo Emerson*. London: Hodder and Stoughton, 1911. Rpt. Folcroft, PA: Folcroft Lib. Eds., 1978.

Colton, O. A. *Emerson*. Toledo, OH: Chittenden, 1937.

Conway, M. D. *Emerson at Home and Abroad*. 1883, Rpt. New York: Haskel House, 1968.

Crothers, S. M. *Emerson: How to know him*. Indianapolis: Bobbs-Merrill, 1921. Rpt. Port Washington, NY: Kennikat, 1975.

Custard, H. L., and E. M. Custard. *The Essence of Emerson: A Guide to the Unity of Life, Nature, and Knowledge*. Arlington, VA: Unity of Knowledge Press, 1955.

Danna, W. F. *The Optimism of Ralph Waldo Emerson.* 1886. Rpt. Folcroft, PA: Folcroft Lib. Eds., 1976.

Derleth, A. *Emerson, Our Contemporary.* New York: Crowell Collier, 1970.

Dillaway, N. *Prophet of America: Emerson and the Problems of Today.* Boston: Little Brown, 1936.

Duncan, J. L. *The Power and Form of Emerson's Thought.* Charlottesville, VA: UP of Virgnia, 1973.

Dwivedi, A. N. *Emerson, Bara Bazar, Bareilly*, India: Prakash Book Depot, 1975.

Elliot, E., ed. *Literary History of United States*, Columbia UP, 1988.中譯本：《哥倫比亞美國文學史》，朱通伯等譯，四川辭書出版社1996年版。

Ellison, J. *Emerson's Romantic Style.* Princeton: Princeton UP, 1984.

Engel, M. M. *I Remember the Emersons.* Los Angeles: Times-Mirror, 1941.

Firkins, O. W. *Ralph Waldo Emerson.* Boston: Ton Mifflin, 1915. Rpt. New York: Russell & Russell, 1965.

Gale, R. L. *Barron's Simplified Approach to Ralph Waldo Emerson and Transcendentalism.* Woodbury, NY: Barron's Educational Series, 1966.

Ganett, R. *Life of Ralph Waldo Emerson*, 1888. Rpt. New York: Haskel House, 1974.

Gay, R. M. *Ralph Waldo Emerson: A Study of the Poet as Seer.* Garden City, NY: Doubleday, Doran, 1928.

Goodman, R. B. *American Philosophy and the Romantic Tradition.* Cambridge UP, 1990.

Goren, L. *Elements of Brahmanism in the Transcendentalism of Emerson.* New York: Columbia UP, 1959. Rpt. Hartford, CT:Transcendental Books, 1977.

Gray, H. D. *Emerson: A Statement of New England Transcendentalism as Expressed in the Philosophy of Its Chief Exponent.* Palo Alto: Standford UP, 1917. Rpt. Folcroft: Folcroft Lib. Ed., 1975.

Hannah, H. K. *Emerson as a Religious Teacher,* Concord, MA, 1903.

Harding, W. *Emerson's Library.* Charlottesville: UP of Virginia, 1967.

Hale, E. E. *The Gospel of Emerson.* Boston: South End Industrial School P, 1903.

Harris, K. M. *Carlyle and Emerson: Their Long Debate.* Cambridge, MA: Harvard UP, 1978.

Hawthorne, J. *Youth's Captain: The Story of Ralph Waldo Emerson.* London: Longmans, Green, 1935.

Hill, J. A. *Emerson and His Philosophy.* London: Rider, 1919.

Holmes, O. W. *Ralph Waldo Emerson.* 1884. Rpt. New York: Chelsea House, 1980.

Hubbard, S. *Nietzsche und Emerson.* Basel: Verlag für Recht und Gesellschaft, 1958.

Huggard, W. A. *The Religious Teachings of Ralph Waldo Emerson.* New York: Vantage, 1972.

Hughes, G. R. *Emerson's Demanding Optimism*, Boston Rouge: Louisiana State UP, 1984.

Hussey, A. R. *Emerson, The Prophet.* Baltimore: First Independent Christ's Church, 1903.

Ireland, A. *Ralph Waldo Emerson: His Life, Genius, and Writings: A Biographical Sketch.* 1882. Rpt. Port Warshington, NY: Kennikat, 1972.

Irie, Yukio. *Emerson and Quakerism.* Tokyo: Kenkyusha, 1967.

Ishida, K. *Emerson and American Neohumanism.* Tokyo: Kenkyusha, 1958.

Jones, H. N. *Emerson Once More: The Ware Lecture.* Boston: Beacon, 1953.

Keyes, C. E. *The Experimentor: A Biography of Ralph Waldo Emerson.* New Haven, CT: College and Univ. Press, 1962.

Konvitz, N. R., ed. *The Recognition of Ralph Waldo Emerson: Selected Criticism Since 1837.* Ann Arbor: U of Michigan P, 1972.

Lalana, F. K. *Emerson Viewed with an Oriental Eye.* Cornplanter, PA: Fanny Morrison, 1900.

Langham, J. J. *An Englishman's Appreciation of Ralph Waldo Emerson.* Toronto: George N. Morang, 1900.

Leary, L. *Ralph Waldo Emerson: An Interpretive Essay.* Boston: Twayne, 1980.

Levin, D. ed. *Emerson: Prophecy, Metamorphosis, and Influence. Selected Papers from the English Institute.* New York: Columbia UP, 1975.

Lockwood, C. B. *Philosophic Reminiscenses——Memories of Emerson and Others: An Address.* Washington: Unitarian Club of Washington, 1916.

Loewenberg, R. J. *An American Idol: Emerson and the "Jewish Idea."* Lanham:UP of America, 1984.

Loving, J. *Emerson, Whitman, and the American Muse.* Chapel Hill: U of North Carolina P, 1982.

MacDonald, H. P. *The Power of Emerson's Wisdom.* New York: Pageant, 1954.

MacDonald, L. B. *Emerson's Service to Religion.* Concord, MA: Erudite P, 1903.

Malloy, C. *A Study of Emerson's Major Poems.* Ed. K. W. Cameron. Hartford, CT: Transcendental Books, 1973.

Masters, E. L. *The Living Thoughts of Emerson.* New York: Longmans, Green, 1940.

Matthiessen, F. O. *American Renaisance: Art and Expression in the age of Emerson and Whitman.* London: Oxford UP, 1941. Rpt. 1968.

Maulsby, D. L. *The Contribution of Emerson to Literature.* Tufts College, MA: Tufts College P, 1911.

McAleer, J. *Ralph Waldo Emerson: Days of Encounter.* Boston: Little, Brown, 1984.

McQuiston, R. *The Relation of Ralph Waldo Emerson to Public Affairs*. Lawrence: U of Kansas, 1923.

Mead, C. D., ed. *"The American Scholar" Today: Emerson's Essay and Some Critical Views*. New York: Dodd, Mead, 1970.

Mead, E. D. *Emerson and Theodore Parker*. Boston: American Unitarian Association, 1910.

Mead, E. D. *The Influence of Emerson*. Boston: American Unitarian Association, 1903.

Metzger, C. R. *Emerson and Greenough: Transcendental Pioneers of an American Esthetic*. Berkeley: U of California P, 1954. Rpt. New York: Greenwood, 1975.

Michaud, R. *Emerson: The Enraptured Yankee*. Trans. George Boas. New York: Harper, 1930.

Miles, J. *Ralph Waldo Emerson*. Minneapolis: U of Minnesota P, 1964.

Myerson, J. *Ralph Waldo Emerson:A Descriptive Bibliography*. Pittsburgh: U of Pittsburg P, 1982.

Myerson, J. ed. *Emerson Centenary Essays*. Carbondale: Southern Illinois UP, 1982.

Myerson, J. ed. *The Transcendentalists: A Review of Research and Criticism*. New York: Modern Language Association, 1984.

Neufeldt, L. N., ed. *Ralph Waldo Emerson: New Appraisals, A Symposium*. Hartford, CT: Transcendental Books, 1973.

Paramanada, S. *Emerson and Vedanta*. Boston: Vedanta Centre, 1918.

Parish, L. *Emerson's View of France and the French.* New York: American Society of the French Legion of Honor, 1935.

Perigord, P. *Ralph Waldo Emerson.* Los Angeles: Lambda Siga Pi, 1937.

Perry, B. R. *Emerson Today.* Princeton: Princeton UP, 1931. Rpt. Folcroft, PA: Folcroft, 1969.

Paul, S. *Emerson's Angle of Vision: Man and Nature in American Experience.* Cambridge, MA: Harvard UP, 1952.

Parker, B. L. *Emerson's Fall: A New Interpretation of the Major Essays,* Continuum, New York, 1982.

Poirier, R. *The Renewal of Literature: Emersonian Reflections,* Random House, New York, 1987.

Pommer, H. F. *Emerson's First Marriage.* Carbondale: Southern Illinois UP, 1967.

Porte, J. *Emerson and Thoreau: Transcendentalists in Conflict.* Middletown, CT: Welsleyan UP, 1966.

Porte, J. *Representative Man: Ralph Waldo Emerson in His Time.* New York: Oxford UP, 1979.

Porte, J., ed. *Emerson: Prospect and Retrospect.* Cambridge, MA: Harvard UP, 1982.

Porter, D. *Emerson and Literary Change.* Cambridge, MA: Harvard UP, 1978.

Porter, L. C. *New England Transcendentalism: A Self Portrait.* Diss., Michigan U, 1964.

Rao, A. R. *Emerson and Social Reform.* New Delhi: Arnold-

Heinemann, 1980.

Rather, L. R. W. *Emerson, Tourist: The Story of Ralph Waldo Emerson's Visit to California in 1871*. Oakland, CA: Rather, 1979.

Reaver, J. R. *Emerson as Mythmaker*. Gainesville: U of Florida P, 1954.

Robertson, J. M. *Ralph Waldo Emerson: Man and Teacher*. 1884. Rpt. Philadelphia: West, 1977.

Robinson, D. *Apostle of Culturer: Emerson as a Preacher and Lecturer*. Philadelphia: U of Pennsylvania P, 1982.

Rogers, W. C. *Transcendentalism Truly Remarkable*. Boston: Christopher, 1947.

Rose, A. C. *Transcendentalism as a Social Movement, 1830–1850*. New Haven: Yale UP, 1981.

Rountree, T. J., ed. *Critics on Emerson: Readings in Literary Critism*. Coral Gables, FL: U of Miami P, 1973.

Rusk, R. L. *The Life of Ralph Waldo Emerson*. New York: Scribner's, 1949.

Russell, P. *Emerson: The Wisest American*. New York: Brentano's, 1929.

Saito, Hikaru. *Emerson*. Tokyo: Kenkyusha, 1957.

Sanborn, F. B. *The Personality of Emerson*. Boston: Charles E. Goodspeed, 1903.

Sanborn, F. B. *Ralph Waldo Emerson*. Boston: Small, Maynard, 1901.

Sanborn, F. B., ed. *The Genius and Character of Emerson*. 1885. Rpt. Port Washington, NY: Kennikat, 1971.

Schulman, J. F. *Ralph Waldo Emerson:His Life, His Work, His Theology*. Houston: Emerson Unitarian Church, 1965.

Sealts, M. M, Jr., and A. R. Ferguson, eds. *Emerson's «Nature»: Origin, Growth, Meaning*. New York: Dodd, Mead, 1969. Rev. ed. Corbondale: Southern Illinois UP, 1979.

Simon, M. and T. H. Parsons, eds. *Transcendentalism and Its Legacy*. Ann Arbor: U of Michigan P, 1966.

Snider, D. J. *A Biography of Ralph Waldo Emerson: Set Forth as His Life Essay*. 1921. Rpt. Philadelphia: Richard West, 1969.

Social Circle in Concord. *The Centenary of the Birth of Ralph Waldo Emerson*. Cambridge, MA: Riverside, 1903.

Staebler, W. *Ralph Waldo Emerson*. New York: Twayne, 1973.

Stoehr, T. *Nay-Saying in Concord: Emerson, Alcott, and Thoreau*. Hamden, CT: Archon, 1979.

Thayer, J. B. *A Western Journey with Mr. Emerson*. 1884. Rpt. Port Washington, NY: Kennikat, 1971.

Thomas, Henry and Thomas, Dana Lee, *Living Biographies of Great Philosophers*. Garden City, NY: Blue Ribbon Books, 1946. 中譯本：《大哲學家生活傳記》，武斌譯，書目文獻出版社，1992.

Thompson, F. T. *Emerson's Debt to Coleridge, Carlyle, and Wordsworth*. Chapel Hill: U of North Carolina P, 1925.

Thompson, L. R. *Emerson and Frost: Critics of Their Times*. 1940. Rpt. Folcroft, PA: Folcroft Lib. Eds. 1973.

Thurin, E. I. *Emerson as Priest of Pan: A Study in the Metaphysics of Sex*. Lawrence, KS: Regents P of Kansas, 1981.

Tichenor, H. M. *A Guide to Emerson*. Girard, KS: Haldeman Julius, 1923.

Van Leer, D. *Emerson's Epistemology: The Argument of the Essays*. Cambridge UP, 1996.

Wagenknecht, E. *Ralph Waldo Emerson: Portrait of a Balanced Soul*. New York: Oxford UP, 1974.

Waggoner, H. H. *Emerson as Poet*. Princeton UP, 1974.

Wahr, F. B. *Emerson and Goethe*. Ann Arbor: George Wahr, 1915.

Warren, A. *The New England Conscience*. Ann Arbor: U of Michigan P, 1966.

Wood, C. *Emerson: The Man and His Works*. Girard, KN: Haldeman Julius, 1924.

Wood, J. P. *Trust Thyself: A Life of Ralph Waldo Emerson*. New York: Pantheon, 1964.

Woodberry, G. E. *Ralph Waldo Emerson*. New York: Macmillan, 1907. Rpt. New York: Haskill, 1968.

Woodbury, C. J. *Talks with Ralph Waldo Emerson*. 1890. Rpt. with an Introduction by Henry LeRoy Finch. New York: Horizon, 1971.

Yannella, D. *Ralph Waldo Emerson*. Boston: Twayne, 1982.

Young, C. L. *Emerson's Montaigne*. New York: Macmillan, 1941.

錢滿素：《愛默生和中國——對個人主義的反思》，北京：三聯書店，1996年版。

人名索引

十　劃

十一　劃

十四　劃

十五　劃

主題索引

四　劃

七 劃

八　劃

十　劃

十一劃

十二劃

十三劃

<h2 style="text-align:center">十四劃</h2>

十五劃

世界哲學家叢書（一）

書　　　　　名	作　　者	出　版　狀　況
孔　　　　　子	韋　政　通	已　　出　　版
孟　　　　　子	黃　俊　傑	已　　出　　版
荀　　　　　子	趙　士　林	已　　出　　版
老　　　　　子	劉　笑　敢	已　　出　　版
莊　　　　　子	吳　光　明	已　　出　　版
墨　　　　　子	王　讚　源	已　　出　　版
公　孫　龍　子	馮　耀　明	排　　印　　中
韓　　　　　非	李　甦　平	已　　出　　版
淮　　南　　子	李　　　增	已　　出　　版
董　　仲　　舒	韋　政　通	已　　出　　版
揚　　　　　雄	陳　福　濱	已　　出　　版
王　　　　　充	林　麗　雪	已　　出　　版
王　　　　　弼	林　麗　真	已　　出　　版
郭　　　　　象	湯　一　介	已　　出　　版
阮　　　　　籍	辛　　　旗	已　　出　　版
劉　　　　　勰	劉　綱　紀	已　　出　　版
周　　敦　　頤	陳　郁　夫	已　　出　　版
張　　　　　載	黃　秀　璣	已　　出　　版
李　　　　　覯	謝　善　元	已　　出　　版
楊　　　　　簡	鄭　曉　江　貴 李　承	已　　出　　版
王　　安　　石	王　明　蓀	已　　出　　版
程　顥　、　程　頤	李　日　章	已　　出　　版
胡　　　　　宏	王　立　新	已　　出　　版
朱　　　　　熹	陳　榮　捷	已　　出　　版
陸　　象　　山	曾　春　海	已　　出　　版

世界哲學家叢書 (二)

書　　　　　名	作　　者	出　版　狀　況
王　　廷　　相	葛　榮　晉	已　　出　　版
王　　陽　　明	秦　家　懿	已　　出　　版
李　　卓　　吾	劉　季　倫	排　　印　　中
方　　以　　智	劉　君　燦	已　　出　　版
朱　　舜　　水	李　甦　平	已　　出　　版
戴　　　　　震	張　立　文	已　　出　　版
竺　　道　　生	陳　沛　然	已　　出　　版
慧　　　　　遠	區　結　成	已　　出　　版
僧　　　　　肇	李　潤　生	已　　出　　版
吉　　　　　藏	楊　惠　南	已　　出　　版
法　　　　　藏	方　立　天	已　　出　　版
惠　　　　　能	楊　惠　南	已　　出　　版
宗　　　　　密	冉　雲　華	已　　出　　版
永　明　延　壽	冉　雲　華	已　　出　　版
湛　　　　　然	賴　永　海	已　　出　　版
知　　　　　禮	釋　慧　岳	已　　出　　版
嚴　　　　　復	王　中　江	已　　出　　版
康　　有　　為	汪　榮　祖	已　　出　　版
章　　太　　炎	姜　義　華	已　　出　　版
熊　　十　　力	景　海　峰	已　　出　　版
梁　　漱　　溟	王　宗　昱	已　　出　　版
殷　　海　　光	章　　　清	已　　出　　版
金　　岳　　霖	胡　　　軍	已　　出　　版
張　　東　　蓀	張　耀　南	已　　出　　版
馮　　友　　蘭	殷　　　鼎	已　　出　　版

世界哲學家叢書（三）

書　　　　　名	作　　　者	出　版　狀　況
湯　用　彤	孫　尚　揚	已　　出　　版
賀　　　麟	張　學　智	已　　出　　版
商　羯　羅	江　亦　麗	已　　出　　版
辨　　　喜	馬　小　鶴	已　　出　　版
泰　戈　爾	宮　　　靜	已　　出　　版
奧羅賓多・高士	朱　明　忠	已　　出　　版
甘　　　地	馬　小　鶴	已　　出　　版
尼　赫　魯	朱　明　忠	已　　出　　版
拉達克里希南	宮　　　靜	已　　出　　版
李　栗　谷	宋　錫　球	已　　出　　版
空　　　海	魏　常　海	排　　印　　中
道　　　元	傅　偉　勳	已　　出　　版
山　鹿　素　行	劉　梅　琴	已　　出　　版
山　崎　闇　齋	岡　田　武　彥	已　　出　　版
三　宅　尚　齋	海老田輝巳	已　　出　　版
貝　原　益　軒	岡　田　武　彥	已　　出　　版
荻　生　徂　徠	王　祥　齡 劉　梅　琴	排　　印　　中
石　田　梅　岩	李　甦　平	已　　出　　版
楠　本　端　山	岡　田　武　彥	已　　出　　版
吉　田　松　陰	山　口　宗　之	已　　出　　版
中　江　兆　民	畢　小　輝	已　　出　　版
蘇格拉底及其先期哲學家	范　明　生	排　　印　　中
柏　拉　圖	傅　佩　榮	已　　出　　版
亞里斯多德	曾　仰　如	已　　出　　版
伊　壁　鳩　魯	楊　　　適	已　　出　　版

世界哲學家叢書 (四)

書　　　　　名	作　者	出　版　狀　況
愛　比　克　泰　德	楊　　適	排　印　中
柏　　羅　　丁	趙　敦　華	已　出　版
伊　本・赫　勒　敦	馬　小　鶴	已　出　版
尼　古　拉・庫　薩	李　秋　零	已　出　版
笛　　卡　　兒	孫　振　青	已　出　版
斯　賓　諾　莎	洪　漢　鼎	已　出　版
萊　布　尼　茨	陳　修　齋	已　出　版
牛　　　　頓	吳　以　義	排　印　中
托　馬　斯・霍　布　斯	余　麗　嫦	已　出　版
洛　　　　克	謝　啓　武	已　出　版
巴　　克　　萊	蔡　信　安	已　出　版
托　馬　斯・銳　德	倪　培　民	已　出　版
梅　　里　　葉	李　鳳　鳴	已　出　版
狄　　德　　羅	李　鳳　鳴	排　印　中
伏　　爾　　泰	李　鳳　鳴	已　出　版
孟　德　斯　鳩	侯　鴻　勳	已　出　版
施　萊　爾　馬　赫	鄧　安　慶	已　出　版
費　　希　　特	洪　漢　鼎	已　出　版
謝　　　　林	鄧　安　慶	已　出　版
叔　　本　　華	鄧　安　慶	已　出　版
祁　　克　　果	陳　俊　輝	已　出　版
彭　　加　　勒	李　醒　民	已　出　版
馬　　　　赫	李　醒　民	已　出　版
迪　　　　昂	李　醒　民	已　出　版
恩　　格　　斯	李　步　樓	已　出　版

世界哲學家叢書（五）

書　　　名	作　　者	出　版　狀　況
馬　克　思	洪　鐮　德	已　出　版
約　翰　彌　爾	張　明　貴	已　出　版
狄　爾　泰	張　旺　山	已　出　版
弗　洛　伊　德	陳　小　文	已　出　版
史　賓　格　勒	商　戈　令	已　出　版
韋　　　伯	韓　水　法	已　出　版
胡　塞　爾	蔡　美　麗	已　出　版
馬克斯・謝勒	江　日　新	已　出　版
海　德　格	項　退　結	已　出　版
高　達　美	嚴　平	已　出　版
盧　卡　奇	謝　勝　義	排　印　中
哈　伯　馬　斯	李　英　明	已　出　版
榮　　　格	劉　耀　中	已　出　版
皮　亞　傑	杜　麗　燕	已　出　版
索　洛　維　約　夫	徐　鳳　林	已　出　版
費　奧　多　洛　夫	徐　鳳　林	已　出　版
別　爾　嘉　耶　夫	雷　永　生	已　出　版
馬　賽　爾	陸　達　誠	已　出　版
阿　圖　色	徐　崇　溫	排　印　中
傅　　　科	于　奇　智	排　印　中
布　拉　德　雷	張　家　龍	已　出　版
懷　特　海	陳　奎　德	已　出　版
愛　因　斯　坦	李　醒　民	已　出　版
皮　爾　遜	李　醒　民	已　出　版
玻　　　爾	戈　革	已　出　版

世界哲學家叢書（六）

書　　　　　名	作　　者	出　版　狀　況
弗　　雷　　格	王　　路	已　　出　　版
石　　里　　克	韓　林　合	已　　出　　版
維　根　斯　坦	范　光　棣	已　　出　　版
艾　　耶　　爾	張　家　龍	已　　出　　版
奧　　斯　　丁	劉　福　增	已　　出　　版
史　　陶　　生	謝　仲　明	已　　出　　版
馮　·　賴　特	陳　　波	已　　出　　版
赫　　　　　爾	孫　偉　平	已　　出　　版
愛　　默　　生	陳　　波	已　　出　　版
魯　　一　　士	黃　秀　璣	已　　出　　版
普　　爾　　斯	朱　建　民	排　　印　　中
詹　　姆　　士	朱　建　民	已　　出　　版
蒯　　　　　因	陳　　波	已　　出　　版
庫　　　　　恩	吳　以　義	已　　出　　版
史　蒂　文　森	孫　偉　平	已　　出　　版
洛　　爾　　斯	石　元　康	已　　出　　版
海　　耶　　克	陳　奎　德	排　　印　　中
喬　姆　斯　基	韓　林　合	已　　出　　版
馬　克　弗　森	許　國　賢	已　　出　　版
尼　　布　　爾	卓　新　平	已　　出　　版